ARBEITSGEMEINSCHAFT FÜR FORSCHUNG
DES LANDES NORDRHEIN-WESTFALEN

GEISTESWISSENSCHAFTEN

108. SITZUNG
AM 21. OKTOBER 1964
IN DÜSSELDORF

ARBEITSGEMEINSCHAFT FÜR FORSCHUNG
DES LANDES NORDRHEIN-WESTFALEN

GEISTESWISSENSCHAFTEN

HEFT 131

HARRY WESTERMANN

Das Verhältnis zwischen Bergbau und öffentlichen Verkehrsanstalten als Gegenstand richterlicher und gesetzgeberischer Bewertung

HERAUSGEGEBEN
IM AUFTRAGE DES MINISTERPRÄSIDENTEN Dr. FRANZ MEYERS
VON STAATSSEKRETÄR i. e. R. PROF. Dr. h. c., Dr. E. h. LEO BRANDT

HARRY WESTERMANN

Das Verhältnis zwischen Bergbau und öffentlichen Verkehrsanstalten als Gegenstand richterlicher und gesetzgeberischer Bewertung

Springer Fachmedien Wiesbaden GmbH

ISBN 978-3-322-98164-6 ISBN 978-3-322-98829-4 (eBook)
DOI 10.1007/978-3-322-98829-4

Ursprünglich erschienen bei Westdeutscher Verlag, Köln und Opladen 1966

Vorwort

Das Verhältnis des Bergbaus zu den öffentlichen Verkehrsanstalten ist ein altes Problem; es ist in jüngster Zeit in einer die Praxis z. T. belastenden Art aktuell geworden. Das Institut für Berg- und Energierecht der Universität Münster ist mit den Fragestellungen unter verschiedensten Gesichtspunkten konfrontiert worden. Die jetzt vorliegende Darstellung faßt die Ergebnisse der einzelnen Arbeiten zusammen.

Herr Rechtsanwalt Dr. *H. Schulte* und Herr Assessor *Fornelli* haben während der ganzen Zeit der Bearbeitung wesentlich mitgewirkt. Ihnen und den Herren der Praxis, die durch Diskussionen und Überlassung praktischen Anschauungsmaterials geholfen haben, ist auch an dieser Stelle herzlich zu danken.

INHALT

A. Grundlegung

I. Eigenart der Fragestellung

1. Überblick

Das hier zu behandelnde Problem ist alt; es hat schon vor Inkrafttreten des ABG die Gerichte beschäftigt[1]. Wie §§ 153, 154 ABG das Verhältnis von Verkehrsanstalten und Bergbau wirklich regeln, ist aus dem Wortlaut der Vorschriften nicht oder nur mit Schwierigkeiten abzuleiten; die Frage blieb daher zunächst offen[2]; seit der Grundsatzentscheidung vom 11. XI. 1891 (RGZ 28, 341 = ZfB 33, 232) hat sich eine ständige Rechtsprechung des RG gebildet, die aber im Schrifttum Widerspruch gefunden hat. Besonders in jüngster Zeit ist das Verhältnis von Bergbau und öffentlichen Verkehrsanstalten erneut untersucht worden. Überwiegend ist das Schrifttum dabei zu einem von der Rechtsprechung abweichenden Ergebnis gekommen[3]. Angesichts des deutlichen Interessenkonflikts und der erheblichen Summen, die auf dem Spiel stehen, ist es nicht verwunderlich, daß die Meinungen sehr unterschiedlich sind und mit Nachdruck vertreten werden[4].

2. Methodische Besonderheit

Das Thema zwingt in seinem bergrechtlichen Teil dazu, eine fast 100 Jahre alte Regelung auf ihre Bedeutung für die heutige Zeit zu prüfen. Schon dadurch wirft es auch recht interessante methodische Fragen auf. Die folgende Darstellung soll einen Mittelweg zwischen der Behandlung der praktischen Fragen und der methodischen einhalten.

[1] Vgl. die Darstellung unten S. 19f.

[2] Noch in der Entscheidung vom 9. VII. 1881 läßt das RG (RGZ 5, 266 = ZfB 23, 391) die Frage unentschieden.

[3] Vgl. die Darstellung unten S. 45ff.

[4] In einem nicht veröffentlichten Gutachten hat sich Prof. *H. Thieme*, Hamburg, zu dem Fragenkomplex geäußert; er kommt im wesentlichen zu einem Ergebnis, das dem hier vertretenen widerspricht.

II. Bedeutung der Kollision von Bergbau und öffentlichen Verkehrsanstalten

Das Problem entsteht dort, wo Anlagen öffentlicher Verkehrsanstalten im Einwirkungsbereich des Bergbaus liegen. Es handelt sich also um eine Kollision im Raum. Die weitgehende Ortsgebundenheit sowohl des Bergbaus als auch der Verkehrsanstalten verhindert in den meisten Fällen, daß die Schwierigkeiten durch ein Ausweichen des Bergbaus oder der Verkehrsanstalten gelöst werden.

1. Ausdehnung öffentlicher Verkehrsanlagen

Die praktische Bedeutung der Kollision ergibt sich aus der Häufigkeit des Bergbaus einerseits und aus der Menge der Verkehrsanlagen andererseits. Gerade in den Bergbaugebieten, insbesondere im Ruhrgebiet, häufen sich Verkehrsanlagen aller Art, so Straßen, Wasserstraßen mit Schleusen und Hebewerken usw. Ein dichtes Bahnnetz durchzieht das Revier. Es werden mehr noch als bisher große und vor allem kleinere Flughäfen in ihm angelegt werden müssen. Das mag mit einigen Zahlenangaben belegt werden: Im Gebiet des Ruhrsiedlungsverbandes gibt es heute etwa 6000 km Gleise der Bundesbahn, etwa 885 km Gleise von Straßenbahnen, 830 km Bundesstraßen sowie 1500 km Landstraßen erster Ordnung[5]. Ein anschauliches Bild gibt die Angabe, daß im Gebiet des Ruhrsiedlungsverbandes je qkm 508 m Bundesstraßen und Landstraßen erster Ordnung existieren[6]. Ferner gibt es im Ruhrgebiet insgesamt 250 km Kanäle mit 79 Häfen und 18 Schleusen[7]. Die Autobahn Kamener Kreuz–Leverkusener Kreuz (über Oberhausen) ist etwa 130 km lang, die Linie Kamener Kreuz–Leverkusen über Hagen etwa 90 km. Dazu kommen 20 km der im Bau befindlichen Sauerland-Linie (Ickern–Dortmund) und die jetzt fertiggestellte Hansa-Linie von Kamen nach Münster[8].

[5] Angaben aus *Gadegast*, Verkehrsprobleme im Ruhrgebiet, in Forschungs- und Sitzungsberichte der Akademie für Raumforschung und Landesplanung Bd. XII, S. 59ff., S. 61 (Straßennetz, Stand 31. III. 1958), S. 72 (Straßenbahnnetz), S. 78 (Bundesbahnnetz).

[6] Angabe nach Planungsatlas des Siedlungsverbandes Ruhrkohlenbezirk, Begleittext zur Karte V/1.

[7] Zusammengestellt nach Westdeutschem Schiffahrts- und Hafenkalender 1964, 31. Aufl., S. 499/500, 504ff., 812ff.

[8] Angaben nach eigener Schätzung.

2. Art der Kollision

Daraus ergeben sich eine ganze Anzahl von Fragen und Schwierigkeiten. Es kann sein, daß die Folgen des Bergbaus es ausschließen, daß auf der Tagesoberfläche Verkehrsanlagen ent- oder bestehen. Es muß dann die eine oder die andere Institution weichen. Häufiger ist es, daß der Bergbau sich auf die Verkehrsanlagen einstellen muß, sei es durch die Art des Abbaus, sei es, daß er teilweise auf den Abbau verzichtet (Stehenlassen von Sicherheitspfeilern). Insgesamt führt das zu einem Verzicht auf den Abbau nicht unbedeutender Mineralmengen. So umfaßt nach einer Mitteilung von *Heinemann*[9] der Sicherheitspfeiler für eine Kanalschleuse bei mittlerer Teufe von 720 m schon mehr als ein Normalfeld. Nach einer älteren Berechnung[10] liegen allein unter den Kanälen des Ruhrgebiets 1,25 Milliarden Tonnen abbauwürdiger Kohle, die nicht gefördert werden dürfen oder können.

Auch die Verkehrsanlagen stellen sich z. T. auf den Bergbau ein. Das bezieht sich auf die Wahl der Trassenführung, auf die Art der Anlagen, insbesondere auf die Brücken, die u. U. in einem besonderen System gebaut werden müssen. Vielfach müssen Kanäle und Straßen höher gelegt werden, um nicht unbeträchtliche Absenkungen von vornherein aufzufangen. Diese Erscheinungen lösen in zwei Richtungen Rechtsfragen aus: Es fragt sich, ob eine solche gegenseitige Rücksichtnahme verlangt werden kann, wer die Einzelheiten bestimmt und insbesondere welche Folgen auftreten, wenn solche Maßnahmen nicht getroffen werden. Besonders bedeutungsvoll ist die Frage, wer die meist erheblichen Kosten der Maßnahmen trägt.

Auch wenn beim Bau der Verkehrsanlagen die bergbaulichen Einwirkungen berücksichtigt werden, sind Schäden an den Anlagen u. U. nicht vermeidbar. Kanäle, Schleusen, Weichen, insbesondere solche besonderer Art, Ablaufberge, Brücken über Straßen usw. sind besonders empfindlich gegen Veränderungen des Untergrundes. Die Behebung solcher Schäden ist meistens recht kostspielig.

3. Belastung des Bergbaus

Die Aufwendungen, die die Bergbauunternehmer zugunsten von Verkehrsanstalten machen müssen, lassen sich nicht in Zahlen für das Bundesgebiet oder für einzelne Bergbaureviere belegen. Sicher ist, daß die Aufwendungen insgesamt erheblich sind. Insbesondere fallen Kosten für bau-

[9] Bergschaden, S. 20.
[10] *Weißner*, Mitteilungen aus dem Markscheidewesen 1953, S. 27.

liche Maßnahmen zur Sicherung von Bauwerken gegen zukünftige Bergschäden (sogenannte Sicherungskosten) an, die auch bei statisch bestimmter Bauweise der Bauwerke bis zu 10% der Baukosten betragen können[11]. Berücksichtigt man, daß im Zuge der Entwicklung oder gar Umstrukturierung des Ruhrgebiets noch erhebliche Verkehrsanlagen gebaut werden müssen, so ergibt sich daraus schon eine große Belastung des Bergbaus durch den Neubau von Verkehrsanlagen. Hinzu kommen die beträchtlichen Aufwendungen für die Beseitigung von Bergschäden an bestehenden Verkehrsanlagen.

Aus der unumgänglichen Konzentration von Verkehrsanlagen über einzelnen Feldern folgt nun, daß die Lasten nicht etwa „den Bergbau“, sondern einzelne Unternehmen treffen, während andere Unternehmen völlig unbelastet bleiben. Das gefährdet u. U. die wirtschaftliche Situation des betroffenen Unternehmens. Vom Standpunkt des einzelnen Unternehmens aus erscheint außerdem die Belastung mit Aufwendungen für Sicherungs- und Bergschadensbeseitigungskosten zufällig oder gar willkürlich: Die *allen* Verkehrsteilnehmern einschließlich der Bergbauunternehmen dienenden Verkehrsanlagen liegen mehr oder weniger zufällig über dem Feld des betroffenen Unternehmens, ohne daß das Unternehmen Abwehrmöglichkeiten hat oder bei Beginn des Abbaus auch nur vorhersehen konnte, daß einmal auf der Tagesoberfläche Verkehrsanlagen angelegt werden würden. Es ist wohl nicht zu bestreiten, daß die Trassenführung zwar in gewisser Weise vorgegeben ist, daß aber oft zwischen mehreren Möglichkeiten gewählt werden kann. Die Entscheidung belastet dann sehr einseitig einzelne Bergbauunternehmen. Besonders schwer werden einzelne Unternehmen betroffen, wenn sich über ihren Grubenfeldern Verkehrswege kreuzen, z. B. Autobahnen und Kanäle, so daß erhebliche Aufwendungen für die Erhaltung der Niveaugleichheit erforderlich werden.

Als markante Beispiele hat der Unternehmensverband Ruhrbergbau folgende Tatbestände mitgeteilt:

Ein Unternehmen hat – berechnet nach dem Preisindex für Tiefbauarbeiten von Ende 1964 – von Juli 1953 bis Juli 1964 eine Summe von 6,73 Millionen DM für die Beseitigung von Bergschäden am Datteln–Hamm-Kanal ausgegeben. Das bedeutet eine Belastung von durchschnittlich 0,73 DM pro Tonne geförderter Kohle.
Der Bau der Autobahn Hansalinie kostet die Zeche infolge der Kreuzung der Autobahn mit dem Datteln–Hamm-Kanal einen im Wege des Vergleichs festgesetzten und in Raten zu zahlenden Betrag von 3,3 Millionen DM.

[11] Angabe des Unternehmensverbandes Ruhrbergbau.

Weitere Beispiele für die u. U. existenzgefährdende Belastung einzelner Unternehmen ergeben auf den folgenden Seiten abgedruckte Kurve und Tabelle.

Das Kurvenbild zeigt vor allem, daß die Belastung infolge der Vermehrung der Verkehrsanlagen erheblich angewachsen ist. Die Belastung der Schachtanlage gibt die gestrichelte Kurve in DM je Tonne Förderung wieder. Sie ist bis zum Jahre 1955 stark gesunken – in erster Linie als Folge der steigenden Förderung. Von 1955 bis 1959 ist sie trotz der gleichzeitig gestiegenen Förderung noch leicht angestiegen, die absoluten Kosten sind also seit 1955 vermehrt. Ab 1959 steigt sodann die Belastung stark an; im Jahre 1963 erreicht sie ein Maximum von 1,91 DM je Tonne geförderter Kohle. Die Strich-Punkt-Kurve führt die Werte der gestrichelten Kurve mit Hilfe des Baukostenindex auf die Werte von 1913 als einheitliche Grundlage zurück. Auf diese Weise bleibt die Steigerung der Baukosten ohne Einfluß; es zeigt sich vielmehr, daß die notwendige Vermehrung der Verkehrsanlagen der Grund für die Steigerung der Belastung dieses Unternehmens gewesen ist. Wie die Strich-Punkt-Kurve überzeugend belegt, ist die Belastung bis einschließlich 1963 auf das zwölffache der ziemlich gleichmäßigen Belastung in den Jahren 1956–1959 angestiegen und beträgt 1963 immerhin bereits etwa das doppelte der Belastung der Jahre 1949–1951.

Die nachstehende Tabelle gibt ein Beispiel für das Zusammentreffen von Bahnanlagen und Bergbau; sie zeigt die absolute Höhe der Aufwendungen für Bergschäden und den erheblichen Prozentsatz, den die Bergschäden an Verkehrsanstalten von den gesamten Bergschäden ausmachen.

Schließlich ist mir noch als Beispiel außerhalb des Ruhrreviers folgender Fall mitgeteilt worden:

Für den modernen Ausbau einer Straße, die 14 km im Bergsenkungsgebiet verläuft, werden folgende Kunstbauten erforderlich:

30 Brückenbauwerke mit insgesamt 2,2 km Länge. Das längste Bauwerk wird 510 m lang sein mit einer Höhe von 25 m;
1,75 km aufgeständerte Straßenteile;
2,17 km Winkelstützmauern in Stahlbeton;
155 m Pfahlwandstützmauern;
80 m Hohlkastenstützmauern.

Die Sicherungskosten werden erheblich sein. Sie lassen sich im Augenblick noch nicht übersehen. Die Sicherungsmaßnahmen können das Entstehen von Bergschäden mit folgeweise sehr erheblichen Reparaturkosten nicht ausschließen (allein eine Zwischenreparatur zur Wiederherstellung der Verkehrssicherheit auf einer Länge von 700 m Straße kostete 600 000 DM).

Sicherlich ließen sich die Beispiele vermehren, sie reichen aber aus, um eine Vorstellung von den Dimensionen der Gesamtkosten und von der das einzelne Bergbauunternehmen treffenden Belastung zu geben. Gerade die – nicht zu vermeidende – zufällige (jedenfalls vom Standpunkt des betroffenen Bergbauunternehmens aus) und absolut ungleichmäßige Verteilung der Lasten auf die einzelnen Unternehmen verlangt, die jetzige Regelung des Zusammenstoßes von Bergbau und öffentlichen Verkehrsanstalten kritisch zu überprüfen.

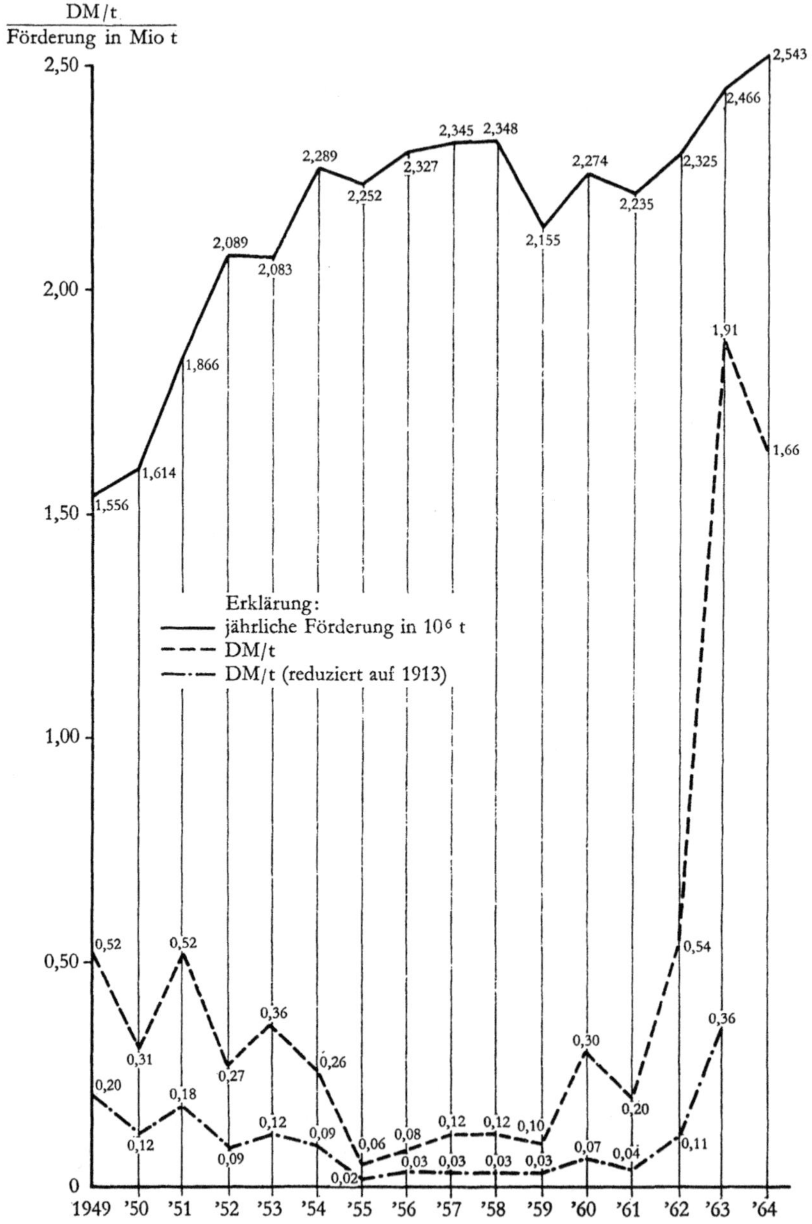

Förderung und Belastung einer Schachtanlage des Ruhrbezirks durch Bergschäden an Verkehrsanlagen

Aufstellung der angefallenen Kosten für Bergschädenbeseitigungen bei der Deutschen Bundesbahn zu Lasten der Zeche *Shamrock 3/4*

Jahr	Bergschäden-gesamtausgaben	davon Ausgaben für Deutsche Bundesbahn	= % der Gesamtausgaben
1926	334 586,—	42 014,—	12,56
1927	588 967,—	302 965,—	51,44
1928	655 538,—	341 351,—	52,07
1929	387 140,—	130 104,—	33,61
1930	719 527,—	155 003,—	21,54
1931	740 103,—	218 035,—	29,46
1932	420 193,—	145 256,—	34,57
1933	333 421,—	140 395,—	42,11
1934	197 233,—	3 062,—	1;55
1935	203 547,—	16 672,—	8,19
1936	304 904,—	25 236,—	8,28
1937	229 715,—	46 505,—	20,24
1938	295 069,—	67 645,—	22,93
1939	572 769,—	317 665,—	55,46
1940	178 671,—	41 195,—	23,06
1941	863 366,—	729 645,—	84,51
1942	247 535,—	197 244,—	79,68
1943	444 871,—	347 748,—	78,17
1944	412 221,—	345 492,—	83,81
1945	81 400,—	21 022,—	25,83
1946	104 833,—	49 124,—	46,86
1947	82 890,—	63 489,—	76,59
1948	325 206,—	281 085,—	86,43
1949	257 478,—	160 583,—	62,37
1950	404 933,—	142 321,—	35,15
1951	510 153,—	334 524,—	65,57
1952	1 182 721,—	820 577,—	69,38
1953	672 176,—	136 207,—	20,26
1954	900 280,—	167 212,—	18,57
1955	548 487,—	214 894,—	39,18
1956	1 896 527,—	1 450 370,—	76,48
1957	1 383 307,—	746 506,—	53,97
1958	933 629,—	352 025,—	37,70
1959	2 272 061,—	1 789 318,—	78,75
1960	2 486 560,—	1 806 380,—	72,65
1961	2 024 623,—	1 694 736,—	83,71
1962	2 679 384,—	1 400 353,—	52,26
1963	1 513 497,—	1 218 752,—	80,53

4. Historische Entwicklung

Das Verständnis für die heutige Situation und ihre Problematik wird durch einen Überblick über die historische Entwicklung in tatsächlicher und rechtlicher Hinsicht erleichtert.

a) Eine besondere Regelung des Verhältnisses von Verkehrsanstalten und Bergbau hat erst das ABG geschaffen. Bis dahin mußten allgemeine bergrechtliche Institutionen die Grundlagen für die Lösung der aus dem Zusammenstoß von Bergbau und Verkehrsanlagen folgenden Fragen abgeben.

In erster Linie kam dabei das Bergschadensrecht in Betracht. Ein allgemeines Bergschadensrecht hat sich aber – gemessen am Alter des Bergbaus und des Bergrechts – erst verhältnismäßig spät entwickelt. Die älteren Bergordnungen regeln das Verhältnis zwischen Bergbau und Grundeigentum nicht durch die Schaffung von Ersatzverpflichtungen des Bergwerkseigentümers gegenüber dem Grundeigentümer, sondern im wesentlichen dadurch, daß sie den Grundeigentümer am Bergbau gesetzlich beteiligen, z. B. durch Mitbaurechte, durch Grund- oder Erbkuxe u. ä.[12]. Mit diesen Beteiligungsrechten wurden alle Entschädigungsansprüche aus der Grundabtretung abgegolten, wie überhaupt deren Probleme in den älteren Bergordnungen in ihrer Bedeutung die des Bergschadens in den Schatten stellten. Das erklärt sich daraus, daß die Probleme des Bergschadens erst mit der modernen Wirtschaftsentwicklung entstanden sind. Bergschäden spielten praktisch keine Rolle, weil der Bergbau im wesentlichen in unbewohnten Gegenden, in den Bergen, betrieben wurde[13]. Eine dem heutigen Bergschadensrecht vergleichbare Regelung findet sich daher in den älteren Gesetzen vor 1865 nicht. Allerdings ist das Bergschadensrecht im preußischen ABG von 1865 insofern keine völlige Neuschöpfung, als bereits vor dieser Zeit das Preußische Obertribunal (ObTrib.) in einigen Entscheidungen dem Grundeigentümer einen Ersatzanspruch für Bergschäden zugebilligt hatte. Ausgangspunkt dieser Rechtsprechung war § 112 II 16 ALR, wonach „für alles, was der Grundeigentümer zum Baue und zum Betriebe des Werkes abgetreten und verloren hat", vollständige Entschädigung zu leisten war. Noch bis zu den 30er Jahren des 19. Jahrhunderts waren Wissenschaft und Rechtsprechung sich darüber einig, daß diese Vorschrift lediglich die Grundabtretung, nicht dagegen den Bergschaden regele. Das Preußische

[12] *Westhoff*, Bergbau und Grundbesitz, Bd. I, S. 1 f.; *Isay*, Komm., 2. Bd., Vorbem. vor § 147 Anm. 1; *Austermann*; Bergschadensrecht, S. 1–4 m. w. N.

[13] Vgl. *Daubenspeck*, Beiträge zur Lehre vom Bergschaden, S. 5 Anm. 1.

Obertribunal hat in drei Entscheidungen aus den Jahren 1839, 1843 und 1849 begonnen, daraus ein dem heutigen vergleichbares System des Bergschadensrechts zu entwickeln[14]. Im wesentlichen stützt sich das Obertribunal darauf, daß nach § 112 II 16 ALR Entschädigungen nicht nur für das zu leisten seien, was „abgetreten“ werde, sondern auch für das, was der Grundeigentümer „verloren“ habe. Die Entscheidungen sind Beispiele dafür, wie die Rechtsprechung durch ausweitende Auslegung einer Vorschrift das Recht den tatsächlichen Gegebenheiten und Erfordernissen anpaßt. Denn diese hatten sich mit der technischen und wirtschaftlichen Entwicklung eines neuzeitlichen Bergbaus und seiner Verlagerung in besiedelte Räume entsprechend verändert. Wenn der Bergbau ursprünglich nach Ort und Art kaum mit Grundeigentümerinteressen unter dem Bergschadensgesichtspunkt kollidierte, so wurde das entscheidend anders, als der Bergbau in bewohnte Gebiete vorstieß und auch selbst eine dichte industrielle Besiedlung mit all ihren Folgen veranlaßte. Die alte Art des Interessenausgleichs der gesetzlichen Beteiligung des Grundeigentümers am Bergbau konnte dem jetzt vordringlich werdenden Bergschadensproblem nicht mehr gerecht werden. Solange der Gesetzgeber schwieg, mußte der Richter den Interessenwiderstreit bewerten; er konnte dazu eine Vorschrift benutzen, die ursprünglich auf eine andere, aber doch in etwa ähnliche Interessenkollision zugeschnitten war.

Zur Entwicklung einer besonderen gesetzlichen Kollisionsregelung zwischen Verkehrsanstalten und Bergbau ist es auf dieser Grundlage nicht gekommen. Für eine solche Spezialregelung bestand solange kein Anlaß, als das Direktionsprinzip als allgemeine Regelung galt (also etwa bis zur Mitte des 19. Jahrhunderts). Dieses Prinzip bedeutete, daß der Bergbau zwar von Privatpersonen in erwerbswirtschaftlichem Interesse betrieben, in jeder Beziehung aber von den staatlichen Bergbehörden nicht nur beeinflußt, sondern geradezu geleitet wurde[15].

[14] Vgl. die Erkenntnisse vom 16. III. 1839 (ObTrib. 4, 354), vom 18. IV. 1843 (ObTrib. 9, 101) und vom 7. XI. 1849 (ObTrib. 18, 71).

[15] Der Ursprung des Direktionsprinzips ist im Freiberger Bergrecht zu suchen. In Fortentwicklung des Rechtes der verschiedenen Bergordnungen erscheint das Prinzip unter dem Einfluß einer absolutistischen Staatsauffassung rein ausgeprägt in den bergrechtlichen Vorschriften des ALR (§§ 82ff. II 16). Danach oblag die technische und kaufmännische Leitung den Bergämtern, die die Bergleute und Beamte einstellten bzw. entließen, die Verkaufspreise festsetzten, Ausgaben genehmigten, Rechnungen kontrollierten usw. Unter dem Einfluß der Wirtschaftstheorien des deutschen Liberalismus wurde das Direktionsprinzip schrittweise beseitigt. Zunächst übertrug das sogenannte Miteigentümergesetz vom 12. V. 1851 den Gewerkschaften eine weitgehende Selbst-

Die Bergbehörden hatten so die Möglichkeit, im Interesse der Oberflächenbenutzung den Abbau ganz oder teilweise zu untersagen oder bestimmte Maßnahmen zu gebieten. So konnten sie auch gerade Verkehrsanlagen vor bergbaulichen Einwirkungen schützen.

Das Bergwerkseigentum war damit unter staatlichen Einfluß gestellt, ohne daß die Frage, ob und gegebenenfalls welche Entschädigungen für Eingriffe in das Bergwerkseigentum zu leisten seien, speziell geregelt worden wäre. Infolgedessen galt insoweit das allgemeine Recht des ALR. Da dieses Recht auch für das Verständnis der Entstehungsgeschichte der §§ 153, 154 ABG bedeutungsvoll ist, soll es, wenn auch knapp, im Zusammenhang dargestellt werden. Maßgebend sind zwei Gruppen von Vorschriften, und zwar §§ 29–31 I 8 und §§ 1/2 I 22 ALR.

§§ 29–31 I 8 ALR lauten:

§ 29. Der Staat kann das Privateigentum seiner Bürger nur alsdann einschränken, wenn dadurch ein erheblicher Schade von Andern oder von dem Staate selbst abgewendet oder ihnen ein beträchtlicher Vorteil verschafft werden, beides aber ohne allen Nachteil des Eigentümers geschehen kann.
§ 30. Ferner alsdann, wenn der abzuwendende Schade, oder der zu verschaffende Vorteil des Staates selbst, oder anderer Bürger desselben, den aus der Einschränkung für den Eigentümer entstehenden Nachteil beträchtlich überwiegt.
§ 31. Doch muß in diesem letzteren Fall der Staat zugleich dafür sorgen, daß der einzuschränkende Eigentümer für den dadurch erleidenden Verlust vollständig schadlos gehalten werde.

In §§ 1 und 2 I 22 heißt es:

§ 1. Den gesetzlichen Einschränkungen des Eigentums ist ein jeder Grundbesitzer sich zu unterwerfen verbunden (§§ 33ff. I 8).
§ 2. Für Einschränkungen und Belastungen dieser Art kann kein Grundbesitzer eine im Gesetze ihm nicht ausdrücklich vorbehaltene Entschädigung fordern.

Der scheinbare Widerspruch der §§ 29–31 I 8 einerseits und der §§ 1/2 I 22 andererseits erklärt sich und löst sich auf, wenn man berücksichtigt, daß in §§ 29ff. I 8 nur solche Einschränkungen gemeint sind, die von einer Verwaltungsbehörde im Einzelfall ausgesprochen werden, ohne daß damit nur

verwaltung; dem Bergamt verblieb im wesentlichen nur die bergtechnische und -polizeiliche Aufsicht. Das Knappschaftsgesetz vom 10. IV. 1854 ließ dann die Verwaltung der Knappschaftskassen aus der Verwaltung des Bergamtes in die der Werksbesitzer und Arbeiter übergehen. Schließlich wurde durch das Gesetz vom 21. V. 1860, betr. die Aufsicht der Bergbehörden über den Bergbau und das Verhältnis der Berg- und Hüttenarbeiter, das Direktionsprinzip als Grundsatz auch förmlich aufgehoben.
Vgl. dazu: *Westhoff-Schlüter*, ZfB 50, 89, 261ff., 490; *Schlüter*, ZfB 76, 293ff.; *Krautschneider*, ZfB 103, 26ff.; *Isay*, Komm., 1. Bd.: 2. Aufl., Einl. Rdn. 3 = S. 84f., § 65 Rdn. 1 = S. 499; 1. Aufl., Vorbem. zu § 80 Rdn. 1 = S. 340f., Vorbem. zu § 94 Rdn. 3 u. 4 = S. 422f.; 2. Bd.: Vorbem. zu § 195 Rdn. 2 = S. 192f.

eine schon auf Grund allgemeiner gesetzlicher Bestimmung bestehende Beschränkung des Eigentums konkretisiert würde, während §§ 1/2 I 22 die gesetzlich angeordneten und dann aktualisierten Einschränkungen des Grundeigentums meinen. Nach dem ALR kam es bei der Prüfung, ob ein polizeilicher Eingriff in das Eigentum zu einer Entschädigung verpflichtete, also darauf an, ob dieser Eingriff nur eine schon gesetzlich angeordnete Einschränkung aktualisierte, oder ob der Eingriff auf Grund der allgemeinen Polizeihoheit eine gesetzlich nicht besonders vorgesehene Beschränkung im Einzelfall anordnete. Diese Auffassung hat vor allem das mit Gesetzeskraft ausgestattete Gutachten des preußischen Staatsministeriums vom 16. XI. 1831[16] bestätigt[17].

Diese Ansichten zu Grundfragen des Eigentums haben sich bei der Beurteilung des Verhältnisses Bergbau und öffentliche Verkehrsanstalten wie folgt ausgewirkt: Die gesamte bekannte Rechtsprechung der damaligen Zeit, wie auch – mit einer Ausnahme – die Literatur behandeln die Entschädigungsfrage ausschließlich unter dem Aspekt des von der Bergbehörde angeordneten Sicherheitspfeilers. Die Frage der Sicherungskosten und die der Beseitigung von Bergschäden ist offensichtlich nicht aufgetaucht. Bei der Anordnung eines Sicherheitspfeilers sind alle – wiederum mit einer Ausnahme – der Ansicht, daß der Bergbau hierfür keinen Ersatz beanspruchen könne, und ebenso einheitlich sind die Begründungen: Das Bergwerkseigentum unterliege einer gesetzlichen Beschränkung im Sinne von §§ 1ff. I 22 ALR. Die Begründungen weichen nur darin teilweise voneinander ab, daß gelegentlich noch weitere Argumente gebracht werden und daß die Meinungen darüber auseinandergehen, woraus sich die „gesetzliche Beschränkung“ ableiten lasse[18].

Nach Erlaß des ABG hat das Obertribunal die Ansicht für Fälle bestätigt, die nach altem Recht zu entscheiden waren[19]. Zustimmend hat sich *Ebmeier*

[16] Vgl. GS S. 256; heute allgemein zitiert als Allerhöchste Kabinettsorder vom 4. XII. 1831 = GS S. 255.

[17] Vgl. ferner ObTrib. vom 9. III. 1849 (Bd. 17, 374) und vom 15. XI. 1850 (Bd. 20, 101).

[18] Vgl. ObTrib. vom 29. III. 1862 = ZfB 3, 359ff., allerdings ohne die ausdrückliche Begründung mit der gesetzlichen Beschränkung des Bergwerkseigentums; ObTrib. vom 20. III. 1863 = ZfB 4, 245ff., übrigens mit Bezugnahme auf das „Chausseereglement“ für die Grafschaft Mark vom 21. V. 1796; dieses schrieb in § 74 vor, daß die unterirdischen Bergwerksanlagen so zu unterhalten seien, daß die darübergehende Straße sich nicht senkt „und zwar bei eigener Haftung und Erstattung alles Schadens“.

[19] So ObTrib. vom 24. II. 1868 = ZfB 10, 271 (275); und vom 6. XII. 1869 = ZfB 11, 313.

geäußert[20]. *Klostermann*[21] stimmt im Ergebnis ebenfalls zu, bestreitet aber die allgemeine gesetzliche Beschränkung des Bergwerkseigentums, denn der Grundeigentümer müsse sich gem. §§ 109–116 b II 16 ALR jede Beschädigung durch den Bergbau gefallen lassen. Daher sei grundsätzlich bei bergbehördlichen Anordnungen zum Schutze der Oberfläche ein Entschädigungsanspruch gem. § 31 I 8 ALR gegeben. Weil aber die Gewinnung von Bodenschätzen mit der Schadensersatzpflicht verknüpft sei, müsse auch bei dem Ersatzanspruch gem. § 31 I 8 ALR für entgangenen Gewinn vorher der Betrag abgesetzt werden, der am Bergschadensersatz erspart worden sei. Da die Bergpolizei stets nur zum Schutz überwiegender Interessen an der Oberfläche tätig werde, scheide ein Ersatzanspruch des Bergwerkseigentümers gem. § 31 I 8 ALR daher praktisch stets aus. Dabei und später im Kommentar[22] verweist *Klostermann* auch auf das Gesetz vom 21. V. 1860[23]. Hieraus leitet er die besondere gesetzliche Beschränkung des Bergwerkseigentums gegenüber den öffentlichen Verkehrsanstalten ab.

Dieser Ansicht ist nur *H. Veith* entgegengetreten. Er stellte sich auf den Standpunkt, daß § 1 des Gesetzes vom 21. V. 1860 nur die allgemeinen Grundsätze von der Polizeigewalt des Staates auf den Bergwerksbetrieb anwende[24]. Das Gesetz erwähne nur die Befugnisse der Bergpolizei und die Fälle, in denen der Bergbehörde das Recht zustehen solle, als Polizeibehörde einzuschreiten. Auch beruft sich *Veith* darauf, „die Ausschließlichkeit und Willkürlichkeit des Gebrauchsrechts des einen Eigentümers finde ihre notwendige Begrenzung in der dem anderen Eigentümer ebenfalls zustehenden Willkürlichkeit und Ausschließlichkeit, und demgemäß dürfe die Benutzung des einen Eigentümers nicht in den Rechtskreis der Benutzung des anderen hinübergreifen"[25].

b) Von dieser rechtlichen Situation aus entwickelte der Gesetzgeber des ABG sein allgemeines Bergschadensrecht und die Regelung der Kollision von Bergbau und Verkehrsanstalten. Bestimmende Faktoren waren die

[20] ZfB 2, 68ff.
[21] ZfB 3, 102, 108ff.
[22] Vgl. 1. Aufl. 1866 S. 287ff.
[23] Vgl. ZfB 1, 1ff. Das Gesetz vom 21. V. 1860 hat das Direktionsprinzip förmlich aufgehoben. Nach § 1 des Gesetzes wurde die Bergaufsicht auf die „Wahrung der Nachhaltigkeit des Bergbaues, der Sicherheit der Baue der Oberfläche im Interesse des Privat- und öffentlichen Verkehrs, des Lebens und der Gesundheit der Arbeiter" beschränkt. Vgl. auch oben S. 17 FN 15.
[24] Vgl. *Veith*, Die Entschädigungsverbindlichkeit der Eisenbahngesellschaften dem Bergwerkseigentümer gegenüber, S. 39ff., 54f., 72.
[25] Vgl. a.a.O. S. 57ff.

schnelle Entwicklung eines neuzeitlichen, industriellen Bergbaus einerseits und andererseits die Notwendigkeit, dem dringend werdenden Verkehrsbedürfnis Rechnung zu tragen. Als Verkehrsmittel standen Mitte des 19. Jahrhunderts die Eisenbahnen fast ausschließlich im Vordergrund. Daraus versteht es sich, daß der Gesetzgeber des ABG eine Regelung wünschte, die die Entwicklung des Eisenbahnnetzes begünstigte. Für das Verständnis und die Bewertung dieser Vorschriften muß bedacht werden, daß damals die Eisenbahnen überwiegend von juristischen Personen des Privatrechts im erwerbswirtschaftlichen Interesse betrieben wurden und auch dort, wo juristische Personen öffentlichen Rechts Träger der Eisenbahnen waren, das erwerbswirtschaftliche Interesse im Vordergrund stand oder doch wesentlich stärker als die heutige Aufgabe der Daseinsvorsorge das Verhalten der Eisenbahnen bestimmte.

Ebenso lag aber dem Gesetzgeber des ABG daran, dem Bergbau eine starke rechtliche Grundlage zu geben, ihm insbesondere die Möglichkeiten rechtlicher und tatsächlicher Art zu bieten, die für die industrielle Entwicklung des Bergbaus notwendig erschienen.

Daraus ergaben sich die grundsätzlichen Ziele des Gesetzes. Die Entstehungsgeschichte der §§ 153, 154 ABG im einzelnen ist der Bedeutung wegen, die ihr für die Auslegung der Bestimmungen beigelegt ist, im unmittelbaren Zusammenhang mit den Auslegungsfragen behandelt[26].

c) Wenn die Entwicklung der Bergbaugebiete 1865 in den Ansätzen auch erkennbar war, so doch nicht ihr Ausmaß. Mit der Entstehung der modernen Industriegebiete ist die Bedeutung der Kollision von Bergbau und Verkehrsanstalten im besonderen so gestiegen, daß die quantitative Veränderung zur qualitativen geworden ist oder doch werden kann.

Das geht einmal auf die Steigerung des Bergbaus nach Umfang und Intensität, mehr noch auf die unvorhersehbare Zunahme der Oberflächenbebauung zurück. Das verdeutlichen einige Zahlen aus der Entwicklung des rheinisch-westfälischen Industriegebietes: Dort hat die jährliche Steinkohlenförderung von 8,5 Millionen t im Jahre 1865 über 60 Millionen t im Jahre 1900 auf 124 Millionen t im Jahre 1956[27] zugenommen, während sich die Bevölkerung – bezogen auf das Gebiet des Ruhrsiedlungsverbandes – von ca. 900000 Einwohnern über 2,5 Millionen auf 5,5 Millionen Einwohner entwickelt hat[28]. Mit dieser Entwicklung ist eine grundlegende Änderung

[26] Vgl. unten S. 56ff.
[27] Nach *Gebhardt*, Ruhrbergbau, S. 492/493.
[28] Nach dem Planungsatlas des Ruhrsiedlungsverbandes, Text zur Karte III/4.

der Oberflächenbenutzung einhergegangen, nicht nur eine Bebauung mit Wohngebäuden, sondern in erster Linie auch mit umfangreichen, bergschadenempfindlichen Industrien (eisen- und stahlerzeugende und -verarbeitende Industrie sowie Chemie- und Glasindustrie). Die Zahl der Verkehrsanstalten ist entsprechend gewachsen. Es kommt hinzu, daß die Anlagen infolge der fortschreitenden Technik gegen Bergbaueinwirkungen empfindlicher geworden sind (so sind z. B. die Eisenbahnanlagen seit der Elektrifizierung gegen Senkungen empfindlicher als vorher).

Neben der tatsächlichen Entwicklung ist zu bedenken, daß die Befriedigung des Verkehrsbedürfnisses *heute* eindeutig als Teil der allgemeinen Daseinsvorsorge und damit als öffentliche Aufgabe verstanden wird.

d) In gewisser Beziehung stehen wir heute vor einer erneuten Veränderung der Situation durch die Notwendigkeit einer Umstrukturierung des Kohlenbergbaugebiets. Teile des Gebietes sollen aus einer gewissen Einseitigkeit des Bergbaus herausgeführt und zu einem vielseitigeren Industriegebiet entwickelt werden. Es handelt sich also wieder um eine Veränderung im Raum, die diesmal dadurch gekennzeichnet ist, daß sie eindeutig von vorsorgender, lenkender Hand des Staates beeinflußt oder gar herbeigeführt werden soll. Die Regelung des Verhältnisses zwischen Bergbau und Verkehrsanstalten als raumabhängiges und raumgestaltendes Recht bleibt von dieser Entwicklung nicht unberührt. Das hängt insbesondere damit zusammen, daß gerade für die geplante Entwicklung u. U. neue Verkehrslinien geschaffen werden müssen. Das aktualisiert die angedeutete Problematik[29].

III. Interessenwiderstreit kollidierender Nutzungsrechte im Raum

1. Die beteiligten Interessen

Der Überblick über die Entwicklung des Problems macht deutlich, daß es sich bei ihm um einen Interessenwiderstreit kollidierender Nutzungsrechte im Raum handelt.

Der Träger der Verkehrsanstalt als Grundeigentümer möchte sein Grundstück für die Verkehrsanlagen ungestört von bergbaulichen Einwirkungen nutzen können; sein Interesse geht dahin, Einwirkungen auf das Grund-

[29] Das ist übrigens nicht das einzige bergrechtliche Problem, das die Bemühungen um eine Umstrukturierung des Reviers aufwerfen. Das allgemeine Bergschadensrecht und die Frage, ob und unter welchen Bedingungen die Bergbauunternehmen hier Grundeigentum zur Industrialisierung des Gebiets zur Verfügung stellen können oder sollen, sind weitere Teilfragen des Gesamtkomplexes.

stück mit nachteiligen Folgen für die Verkehrsanlage zu verhindern oder, falls das nicht möglich ist, die Aufwendungen ersetzt zu bekommen, die wegen des Bergbaus im vorhinein getroffen werden oder die bei Beseitigung eingetretener Schäden entstehen. – Der Bergbauberechtigte ist daran interessiert, in seinem Bergbaubetrieb nicht oder doch nur beschränkt durch die – von seinem Standpunkt aus – zufällige Lage der Verkehrsanlagen im Einwirkungsbereich seines Bergbaus beeinträchtigt zu werden. Solche Beeinträchtigungen können in der Pflicht bestehen, den Bergbau ganz oder teilweise einzustellen, bestimmte Maßnahmen zu treffen oder die Kosten schadenverhindernder oder -beseitigender Aufwendungen zu tragen.

Diese Kollision ist ein besonderer Fall des allgemein möglichen Zusammenstoßes von Grundeigentum und Bergwerkseigentum. Sie ist spezialisiert durch die tatsächliche Eigenart der Verkehrsanlagen (besondere Empfindlichkeit) und durch ihre Bedeutung im öffentlichen Leben, was Vorhandensein und Beschaffenheit der Anlagen (Sicherheitsfragen) angeht.

Umfang und Art der Kollision sind nicht nur raum-, sondern auch zeitbedingt. Ebenso sind die Bewertungsmaßstäbe im Grundsätzlichen und in Einzelheiten wandelbar.

Da das Thema nicht nur auf die Lösung des Problems im geltenden Bergrecht abgestellt ist, sondern schlechthin die Frage nach der gesetzgeberischen und richterlichen Wertung eines Interessenwiderstreits aufwirft, ist ein kurzer Blick auf die allgemeine Methode der rechtlichen Bewertung solcher Fragen empfehlenswert.

2. Methode der gesetzlichen Interessenbewertung

Die Entscheidung über den Interessenwiderstreit erwächst aus der gesetzgeberischen Interessenbewertung, die ihrerseits in der Gerechtigkeitsvorstellung des Gesetzgebers begründet ist. Das ist in mehrfacher Hinsicht von Bedeutung. Auseinanderzuhalten sind die „Begehrensvorstellungen“, die die Beteiligten haben oder haben müssen, wenn sie eine für sie günstige Regelung anstreben, d. h. die Interessen und die Maßstäbe, die an die Interessen bei der Bewertung angelegt werden.

Der Gesetzgeber wertet die widerstreitenden Interessen[30]. Der Wertungs-

[30] Das ist, wie *Larenz*, Methodenlehre S. 124, kritisch gegenüber meiner Darstellung in „Streitentscheidung“ bemerkt, ein psychologischer Vorgang, von dem das Ergebnis, der Wertungsmaßstab als Inhalt des Gesetzes, terminologisch und auch methodisch schärfer unterschieden werden muß, als es in meiner Darstellung (a.a.O., S. 11ff.) geschehen ist.

vorgang ist eine vielschichtige Abwägung des Für und Wider der möglichen Lösungen. Die entscheidende Aufgabe des Gesetzgebers ist es, die Interessen und ihre Gegensätze an seiner Gerechtigkeitsidee zu messen und nach Möglichkeit aus dieser die Bewertungsmaßstäbe und sodann die Rechtsfolgen abzuleiten. Die Gerechtigkeitsidee wird aber oft in ihrer Allgemeinheit nichts über die konkreten Interessengegensätze aussagen. Der Gesetzgeber muß dann seine Gerechtigkeitsidee zu konkretisieren versuchen, um sie für die spezielle Frage aussagefähig zu machen. Dabei wirkt die ganze Fülle der wirtschafts- und sozialpolitischen Ansichten und Bestrebungen des Gesetzgebers auf die Entscheidung ein. Es ist auch nicht zu bestreiten, daß volkswirtschaftliche und andere Zweckmäßigkeitsgesichtspunkte Bewertungsmaßstäbe abgeben können. Insbesondere kann unter mehreren gleichermaßen gerechten Entscheidungen die mit dem zweckmäßigsten Ergebnis den Vorzug verdienen. Außerdem sind auch Praktikabilitätsgesichtspunkte (das Streben nach Einfachheit der Rechtsanwendung) von erheblicher Bedeutung. Je mehr die zu schaffende Norm auf Reihen- und Massenvorgänge anzuwenden ist, desto stärker tritt das Praktikabilitätsstreben in den Vordergrund. In solchen Fällen müssen vor allem leicht feststellbare und zu handhabende Maßstäbe gesetzt werden. Subtile Einzelregelungen ohne formalisierte Entscheidungen mögen hingegen da am Platz sein, wo es sich um die Regelung verhältnismäßig seltener, komplizierter Einzeltatbestände handelt.

Die Gegenüberstellung von Interessen und Bewertungsmaßstäben macht deutlich, daß das Wesentliche in der Norm nicht das Bewertungsobjekt (die Interessen), sondern der Bewertungsmaßstab ist. Die Konkretisierung der Gerechtigkeitsidee ist als Ausdruck und Mittel des Willens zur Herstellung einer gerechten Sozialordnung der wichtigste Teil des Gesetzes, aus dem sich die konkreten Rechtsfolgen ergeben[31].

[31] Es ist daher auch nur bedingt richtig, die auf *Heck* zurückgehende Methode noch als Interessenjurisprudenz zu bezeichnen. Sie sollte besser „Wertjurisprudenz" oder ähnlich genannt werden. Ähnlich wie hier sieht auch *Reinhardt* die entscheidende Aufgabe in dem Auffinden der für die jeweils notwendige Interessenbewertung maßgebenden „Ordnungsgesichtspunkte", vgl. *Reinhardt-König*, Richter und Rechtsfindung, S. 17 ff. Die „Ordnungsgesichtspunkte" sind dabei wohl nichts anderes als die hier so bezeichneten Bewertungsmaßstäbe. Die Wertungsfreiheit des Gesetzgebers erkennt deutlich auch *Hubmann*, AZP 155 (1956) S. 94/95 an: „Die gesetzlichen Entscheidungen sind daher nicht ... lediglich eine Resultante verschiedener miteinander ringender Interessen, sondern verschiedener positiver und negativer Vorzugstendenzen." Vorzugstendenzen sind die Bewertungsfaktoren (a.a.O., S. 92). Vgl. dazu ferner *Wieacker*, Gesetz und Richterkunst, S. 9: „So wichtig für die Gerechtigkeit des Urteils die zutreffende Orientierung der verbindlichen Maßstäbe an der Wirklichkeit des Streitfalles,

An dieser Unterscheidung ändert sich dadurch nichts, daß der Träger der zu bewertenden Interessen auch der Staat sein kann, sei es, daß er selbst unmittelbar als Rechtssubjekt berührt ist, sei es, daß eine formell von ihm unterschiedene juristische Person öffentlichen Rechts als Rechtssubjekt beteiligt ist, deren Interesse materiell das des Staates ist. Das mag die Unterscheidung von Interesse und Bewertungsmaßstab theoretisch insbesondere deswegen schwierig machen, weil der Staat die „Interessen der Allgemeinheit" wahrnimmt und diese Eigenart des verfolgten Interesses zugleich einen Bewertungsmaßstab abgeben kann. Die Unterscheidung fällt deswegen aber nicht fort. Praktisch bedeutungsvoller ist angesichts der ausschließlichen Rechtsetzungsgewalt des Staates, daß insoweit der Träger der Interessen über deren Bewertung selbst entscheidet. Jedoch wirkt die Aufteilung der Funktionen (Gewaltenteilung) einer Überbewertung der staatlichen Interessen entgegen. Die gedankliche Unterscheidung von Interessen und Bewertungsmaßstab gerade im Fall der staatlichen Interessen kann ein wertvolles Mittel für die kritische Analyse des Gesetzes sein: Sie zeigt gegebenenfalls eine korrekturbedürftige Überbewertung staatlicher Interessen im Verhältnis zu privaten auf.

Bei seiner Entscheidung hat der Gesetzgeber weitgehend Wahlfreiheit. Nur zum Teil ist die Art, nach der die Gerechtigkeitsidee für die Spezialregelung konkretisiert werden kann, in der Verfassung oder in der rechtskulturellen Auffassung vorgegeben. Die Bindung an die Verfassung hat in den für unsere Staats- und Rechtsstruktur kennzeichnenden Überprüfungsmöglichkeiten der Gesetze durch die Gerichte, insbesondere durch das Bundesverfassungsgericht, ihren praktischen Ausdruck gefunden.

Die Wertmaßstäbe sind nicht nur Motive des Gesetzgebers, sondern sind, soweit sie objektiv zu bestimmen sind, *Inhalt der Norm selbst*; als solche sind sie für die Auslegung des Gesetzes verbindlich[32]. Es kann zwar im Einzelfall sehr schwierig sein, die nicht ausdrücklich ausgesprochenen Bewertungsmaßstäbe festzustellen, ausgeschlossen ist es dagegen nicht. Die Ent-

also auch an den widerstreitenden Interessen ist, die Interessenanalyse kann noch nicht jene Maßstäbe selbst liefern." Deutlich auf die hier vertretene Theorie vom Aufbau der Norm zielt auch *Engisch*, Die Idee der Konkretisierung in Recht und Rechtswissenschaft unserer Zeit, S. 107: „Die Interessen und Triebtendenzen sind zwar Gegenstand, nicht aber ohne weiteres „Inhalt" des Rechts. Inhalt des Rechts sind die Bewertungen der Interessen und Triebtendenzen als schutzwürdig oder als unberechtigt, als höher- oder geringwertig usw. In den Bewertungen aber ist das Recht frei". (Ähnlich ferner S. 110 a.a.O.).

[32] Vgl. insbes. *Westermann*, Streitentscheidung, S. 17.

stehungsgeschichte kann wertvolle Anhaltspunkte liefern; Rückschlüsse sind ferner aus vergleichbaren gesetzlichen Bewertungsfällen zu ziehen. Hinzuweisen ist auch darauf, daß nicht erforderlich ist, daß der „historische Gesetzgeber" als Person sich von der betreffenden Wertvorstellung tatsächlich leiten ließ. Die Möglichkeit, dem Gesetz einen von der Person des „historischen Gesetzgebers" unabhängigen Inhalt- und Systemzusammenhang zuzubilligen, gilt in besonderer Weise auch für die Bestimmung der Bewertungsmaßstäbe[33].

3. Methode der richterlichen Interessenbewertung

Die gesetzgeberische Bewertung ist generell und abstrakt. Bei der Rechtsanwendung jeder Art werden die generell und abstrakt angeordneten Rechtsfolgen auf den Einzelfall angewandt. Das ist eine Subsumtion des Sachverhalts unter den gesetzlichen Tatbestand ohne eigene Wertung dessen,

[33] Die Unabhängigkeit vom Willen des historischen Gesetzgebers ist kennzeichnend für die sogenannte objektive Theorie, die fast gleichzeitig zum ersten Mal in den Jahren 1885, 1886 von *Binding* (Handbuch des Strafrechts I, S. 450ff.), *Wach* (Handbuch des deutschen Zivilprozeßrechts, I., S. 254ff.) und *Kohler* (Grünhuts Zeitschrift Bd. 13, S. 1ff.) vertreten wurde. Bedeutsames Anliegen – auch ihrer späteren Vertreter, die sich im einzelnen stark voneinander unterscheiden – ist das Bemühen um eine „gegenwartsbezogene" Auslegung eines Rechtssatzes, die dem Bedeutungswandel der Norm Rechnung trägt. Vgl. *Bekker*, JherJb. 34, S. 71ff.; *Brütt*, Die Kunst der Rechtsanwendung, S. 50ff.; *Esser*, Einführung in die Grundbegriffe, S. 183ff.; *Kretschmar*, Über die Methode der Privatrechtswissenschaft, S. 38; *Radbruch*, Rechtsphilosophie, S. 110ff.; *Reichel*, Gesetz und Richterspruch, S. 67ff.; *Rumpf*, Gesetz und Richter, S. 120; *Schwinge*, Teleologische Begriffsbildung im Strafrecht, S. 57ff.
Die sogenannte subjektive Theorie will dagegen auf dem Weg über die Entstehungsgeschichte und die amtlichen Begründungen dem Willen der an der Gesetzgebung beschäftigten Personen besondere Bedeutung zumessen. Dem gegenüber bindet sich die objektive Theorie an den Wortlaut. Die Entstehungsgeschichte des Gesetzes und der Wille der natürlichen Personen, die das Gesetz geschaffen haben, spielen für sie keine oder nur eine untergeordnete Rolle. Vgl. dazu *Reichel*, Gesetz und Richterspruch, S. 92ff., insbes. S. 125; *Kohler*, Grünhuts Zeitschrift, Bd. 13, S. 1ff.. Jedoch wird die Notwendigkeit, bei der Auslegung auf den Zeitpunkt der Rechtsanwendung abzustellen, heute überall anerkannt, da auch insofern der ursprüngliche scharfe Gegensatz von subjektiver und objektiver Auslegungsmethode nicht mehr besteht. Überwiegend werden bei der Auslegung Elemente beider Methoden berücksichtigt. Vgl. hierzu insbesondere *Larenz*, Methodenlehre, S. 238ff.; *Staudinger-Brändl*, Komm. zum BGB, I. Bd., Einl. VII Rdn. 55; *Schönke*, Einführung, S. 24. Deutlich wird dies vor allem auch bei der von *Zimmermann*, *G.* u. *D. Reinicke* und *Bender* vertretenen sogenannten „mehrstufigen" oder „progressiven" Rechtsfindungsmethode. Vgl. dazu insbes. *Bender*, JZ 1957, 593ff. m.w.N. Auch das Bundesverfassungsgericht vertritt grundsätzlich die objektive Theorie, vgl. insbes. BVerfGE 1, 299ff., 312 (kritisch dazu *Müller*, JZ 1962, 471ff.). Vgl. auch BArbG, Großer Senat, Betrieb 1962, 911.

der das Recht anwendet. Nicht immer kann das Gesetz aus den Bewertungsmaßstäben Rechtsfolgen mit solcher Präzision der Grenzen ableiten, daß eine bloße Subsumtion des Einzelfalles unter den gesetzlichen Tatbestand ausreicht. In solchen Fällen wählt das Gesetz daher die Generalklausel, innerhalb derer der Richter (oder wer sonst das Recht anwendet) an Hand der Wertmaßstäbe des Gesetzes die Rechtsfolgen im einzelnen bestimmen muß. Auch das ist Bewertung, bei der der Bewertungsmaßstab im Gegensatz zur Rechtssetzung feststeht.

Es kann auch sein, daß die Bewertung und ihr maßgebender Grund nicht klar sind. Dann setzt die richterliche Auslegung ein: Sie ist in erster Linie Ermittlung der gesetzlichen Interessenbewertung und der konkretisierten Gerechtigkeitsvorstellung, die diese Bewertung und die Rechtsfolgeanordnung rechtfertigt. Begrifflich stellt der Richter auch dabei fest, was Inhalt des Gesetzes ist, dem er unterworfen ist. Das gilt auch dann, wenn eine subjektive Verknüpfung der Bewertung mit einem bestimmten Grund in der Person des „historischen Gesetzgebers" nicht feststellbar ist, und selbst dann, wenn feststeht, daß diesem die Begründung des Bewertungsmaßstabes nicht bewußt gewesen ist. Je mehr aber die Möglichkeit genutzt wird, unklare oder unvollständige Bewertungsgrundlagen und -maßstäbe durch Ausfüllung der Lücken nach den zur Zeit der Auslegung das Gesamtsystem des Rechts beherrschenden Grundsätzen[34] zu füllen, desto eher nähert sich tatsächlich und funktionell die feststellende Tätigkeit des Richters der bewertenden.

Rechtsfortbildende Tätigkeit des Richters endlich ist da am Platze und gerechtfertigt, wo z. B. infolge Veränderung der tatsächlichen Verhältnisse die z. Z. der Schaffung des Gesetzes zu treffende Verknüpfung der Bewertungsgrundlagen mit den Bewertungsmaßstäben und Rechtsfolgen nicht mehr besteht. Dem Richter ist dann nicht nur erlaubt, sondern sogar geboten, dieses Auseinanderfallen der ursprünglichen Einheit dadurch zu beheben, daß er dem wesentlichsten Teil der Norm den Vorzug gibt, nämlich der für ihn durch Auslegung erkennbaren Grundlage der Bewertung. Aus ihr hat er dann den veränderten Verhältnissen entsprechende Bewertungsmaßstäbe und Rechtsfolgen abzuleiten[35]. Das ist „denkender Gehorsam gegenüber dem Gesetz".

Die damit angedeutete Stellung des Richters bzw. die diese Stellung

[34] Zur objektiven Theorie vgl. BVerfGE 1, 299.
[35] Vgl. auch BArbG (Großer Senat), Betrieb 1962, 911.

inhaltlich bestimmende Bindung des Richters an das Gesetz kann hier nicht in ihren Einzelheiten dargestellt werden.

Als Beispiel für solche richterliche Rechtsfortbildung sei nur auf RGZ 154, 161 und die dieser Entscheidung folgende Rechtsprechung zu § 906 BGB verwiesen. Der Bewertungsgrund des § 906 BGB ist, daß die Beeinträchtigung eines Grundstücks durch ortsübliche Benutzung eines anderen Grundstücks entschädigungslos hinzunehmen ist, weil so der Lage der beteiligten Grundstücke im Raum raumordnend und für die Beteiligten zumutbar Rechnung getragen ist. Als sich durch die industrielle Ballung und fortschreitende Technik die aus dieser Grundlage abgeleitete Bewertung und Rechtsfolge (entschädigungslose Duldungspflicht) als nicht mehr richtige Folge aus der fortdauernd richtigen und bindenden Bewertungsgrundlage erwies, entschloß sich der Richter zum rechtsfortbildenden Schritt[36].

4. Vergleich der Kollisionsregelung des ABG mit dem Planfeststellungsverfahren

Die erste Aufgabe der gesetzlichen Bewertung einer solchen Kollision ist die Wahl der Lösungsmethode. Das deckt sich weitgehend mit der Wahl der anzuwendenden Rechtsinstitute. Diese Wahl hat nicht nur rechtstechnische Bedeutung. Sie stellt vielmehr zugleich die Problemlösung in ein bestimmtes System, d. h. in einen Funktionszusammenhang. Auf diese Weise bekommt die Wahl der Lösungsmethode auch materielle Bedeutung. Danach ist ein Blick auf die Stellung des Problems im Rechtssystem erforderlich.

Bisher ist nur von der bergrechtlichen Regelung die Rede gewesen. Daneben bietet sich das sogenannte Planfeststellungsverfahren an. Die beiden Institute unterscheiden sich nicht nur rechtstechnisch, sondern auch nach ihrem Wesen und ihrer Funktion.

Die ABG-Regelung geht von der Kollision von Grundeigentum und Bergbauberechtigung aus. In diese baut sie eine spezielle Kollisionsregelung ein, die der Besonderheit des räumlichen Zusammentreffens von Verkehrsanlagen und Bergbau gerecht werden soll. Auf eine kurze Formel gebracht, läßt sich das als Kollisionsregelung raumabhängiger und raumgestaltender Nutzungsrechte bezeichnen. Es geht um die „gerechte Regelung des privaten Interessenkonfliktes" mit der gleichzeitigen Einbeziehung der raum-

[36] Vgl. dazu statt aller *Westermann*, Welche gesetzlichen Maßnahmen zur Luftreinhaltung und zur Verbesserung des Nachbarrechts sind erforderlich? – Vgl. auch *Kleindienst*, Der privatrechtliche Immissionsschutz nach § 906 BGB, S. 26ff., der in dieser Rechtsprechung eine einengende Auslegung des § 906 sieht.

gestaltenden Wirkung der Ausübung der beteiligten Rechte und ihrer Regelung[37].

Im Planfeststellungsverfahren handelt es sich um ein öffentlich-rechtliches Institut. In dem Verfahren werden die Zulässigkeit und alle Einzelheiten der beabsichtigten Verkehrsanlagen unter dem Gesichtspunkt des öffentlichen Interesses, aber auch unter dem der beteiligten privaten Interessen geprüft und unmittelbar bestimmt[38].

Solche Planfeststellungsverfahren gibt es für alle Arten von Verkehrsanlagen, für Straßen jeder Art, Eisenbahnen, Wasserstraßen, Flughäfen. Für jede Verfahrensart bestehen zwar in Einzelheiten unterschiedliche gesetzliche Regelungen; die Verfahren und ihre Zwecke sind aber in den Grundzügen einheitlich. Historischer Ausgangspunkt und Vorbild für alle Verfahrensarten sind die Planfeststellungsverfahren und ihre Vorläufer für die Eisenbahnen gewesen[39]. Immer handelt es sich um die planerische Festlegung der Anlagen mit der Entscheidung über die Zulässigkeit und Art der Ausführung. Der raumordnende Zweck der Pläne ist deutlich betont. Das Verfahren, allgemein als „Fachplanung“ bezeichnet, ersetzt alle anderen Genehmigungsverfahren.

[37] Die Rechtsfolgeanordnungen privatrechtlicher Normen bestehen in aller Regel darin, daß automatisch wirkende Rechte und Pflichten der Beteiligten angeordnet werden. Es kann aber sein, daß auch bei privatrechtlichen Normen erst richterliche Gestaltungsurteile die Folgen schaffen. Das ändert aber letztlich an der Charakterisierung der Normen nichts, da die Abhängigkeit vom Urteil nur bezweckt, den Rechtserfolg nicht vor sicherer Feststellung seiner Voraussetzungen durch staatliche Organe eintreten zu lassen.

[38] Vgl. S. 32 und unten S. 97ff.

[39] Der Ursprung des Rechtsinstitutes der Planfeststellung ist sowohl in sachlicher wie auch terminologischer Hinsicht in § 4 PrEbG vom 3. XI. 1838 zu suchen; so überzeugend *Blümel*, Bauplanfeststellung I, S. 87/88.

B. Das Recht des ABG

I. Systematische Stellung der §§ 153, 154 ABG

Das Verhältnis zwischen Verkehrsanstalten und Bergbautreibenden regeln die §§ 153, 154 ABG. Die Vorschriften bilden unter der Überschrift „Von dem Verhältnisse des Bergbaues zu öffentlichen Verkehrsanstalten" den dritten Abschnitt des fünften Titels, der seinerseits überschrieben ist „Von den Rechtsverhältnissen zwischen den Bergbautreibenden und den Grundbesitzern".

1. §§ 153, 154 ABG als Sonderfall der Regelung des Verhältnisses von Grundeigentum und Bergwerkseigentum

Wenn dieser systematischen Stellung im Gesetz die Bedeutung zugemessen wird, die ihr zukommt, müssen §§ 153,154 ABG als Sonderfall der Regelung des Verhältnisses Grundeigentum–Bergwerkseigentum verstanden werden. Im Gegensatz dazu stünde etwa die Auffassung, die den Gesichtspunkt der Wahrung des öffentlichen Interesses an den Verkehrsanlagen als systematische Grundlage der §§ 153, 154 ABG ansieht. Eine solche Auffassung scheitert aber – abgesehen davon, daß sie den Einbau der Vorschriften als dritten Abschnitt des fünften Titels nicht zu erklären vermag – daran, daß die Regelung der §§ 153, 154 ABG ohne die Verbindung mit den Vorschriften des fünften Titels kaum verständlich, auf keinen Fall aber ausreichend ist, um das Zusammentreffen von Verkehrsanlagen und Bergwerkseigentum zu regeln. Gegen diese Auffassung spricht auch, daß die in einem anderen Titel stehende Vorschrift des § 196 ABG die Funktion, die öffentlichen Interessen zu wahren, voll aufnimmt.

Wenn also §§ 153, 154 ABG nicht nur der äußeren Stellung, sondern auch dem systematischen Gehalt nach zum fünften Titel gehören, so schließt das nicht aus, daß das öffentliche Interesse an den Verkehrsanlagen die Grundsatzregelung des Verhältnisses zwischen Grundeigentum und Bergwerkseigentum modifiziert, wenn das Grundeigentum mit Anlagen eines öffentlichen Verkehrsträgers bebaut wird.

Dieses erste Ergebnis veranlaßt zu einem Blick auf die allgemeine Regelung des Verhältnisses von Grundeigentum und Bergwerkseigentum.

2. Allgemeines Verhältnis von Grundeigentum und Bergwerkseigentum

Ausgangspunkt ist, daß sowohl der Bergbauberechtigte als auch der Grundeigentümer sein Recht nach freiem Belieben nutzen kann. Weder kann der Bergwerkseigentümer verlangen, daß der Grundeigentümer sein Eigentum in bestimmter Weise nutzt oder bestimmte Nutzungen unterläßt, noch kann umgekehrt der Grundeigentümer auf die Ausübung des Bergwerkseigentums einwirken. Wohl aber muß der Grundeigentümer alle Einwirkungen des Bergbaus auf sein Grundeigentum dulden. Dieser Duldungspflicht ist keine Grenze gesetzt. Der Bergbau ist auch rechtmäßig, wenn die von ihm ausgelösten Folgen auf der Oberfläche ein Gebäude zerstören oder die Bebaubarkeit oder sonstige Nutzung des Grundstücks ausschließen. Das Verhältnis von Wertschöpfung durch den Bergbau und Schaden am Grundstück im konkreten Fall ist für die Duldungspflicht gleichgültig; es findet auch keine Güterabwägung etwa im Sinn von §§ 228, 904 BGB statt[40]. Soweit hat das ABG den Interessenkonflikt zwischen Grundeigentum und Bergwerkseigentum durch die Unterordnung der Grundeigentümerinteressen unter die des Bergbauberechtigten gelöst.

Nun ist der Bergbau nur nach Maßgabe eines Betriebsplans möglich. Zwar kann die Bergbehörde dem Plan widersprechen, das bedeutet aber keine Güterabwägung im Interesse Privater. Allgemeinem polizeilichem (ordnungsbehördlichem) Grundsatz entsprechend sind im Betriebsplanverfahren vielmehr nur Gefahren zu berücksichtigen, durch die das öffentliche Interesse berührt wird[41]. So erstreckt sich die Bergaufsicht des § 196 Abs. 2 ABG insbesondere auf den Schutz gegen gemeinschädliche Einwirkungen des Bergbaus. Die Beschädigung eines Privatgrundstücks ist aber regelmäßig nicht gemeinschädlich[42]. Auch die Schädigung von Grundstücken der öffentlichen Hand ist nicht ohne weiteres ein Gemeinschaden[43].

Zum Ausgleich verpflichtet § 148 ABG den Bergwerkseigentümer, jeden Schaden am Grundstück oder dessen Zubehör dem Grundeigentümer zu ersetzen, ohne daß der Anspruch von der Rechtswidrigkeit oder vom Verschulden des Bergbauberechtigten abhängig wäre.

Grund dieser Vorschrift im Sinn der oben geschilderten Normtheorie ist:

[40] Vgl. *Isay*, 2. Bd., Vorbem. vor § 135 Anm. 2; RG JW 99, 615 Nr. 22.
[41] Vgl. *Isay*, 1. Bd., § 67 Anm. 5; 2. Bd., § 196 Anm. 3.
[42] Vgl. statt aller *Ebel-Weller*, § 196 Anm. 3 g (S. 359).
[43] Vgl. RB vom 5. I. 1875 = ZfB 16, 257.

Das ABG bewertet die Interessenkollision zwischen Bergbau und Grundeigentum in einer generellen, abstrakten Entscheidung. Es steht auf dem Standpunkt, daß der Bergbau jeder anderen Nutzung vorzuziehen ist, wenn diese mit ihm kollidiert. Das ABG vertraut dabei auf das privatwirtschaftliche Regulativ der Ersatzpflicht aus § 148 ABG. Der Umfang dieser Ersatzpflicht wird dadurch beeinflußt, daß der Bergbauberechtigte keinen Einfluß auf die Benutzungsart der Oberfläche hat. Aber auch hier hat der Gesetzgeber ein mittelbares Regulativ eingebaut, nämlich das des § 150 ABG. Der Grundgedanke dieser Vorschrift ist, daß der Grundeigentümer für Schäden an einem Gebäude keinen Ersatz bekommt, wenn das Gebäude im Hinblick auf die zu erwartenden bergbaulichen Einwirkungen „unvernünftigerweise errichtet ist". § 150 ABG erweist sich so als „mittelbar raumgestaltende Vorschrift", indem sie mitwirkt, einen den Raumverhältnissen (d. h. dem Bergbau und seinen Folgen) nicht entsprechenden Bau hintanzuhalten.

Eine Gegenüberstellung der §§ 148, 150 ABG mit dem Planfeststellungsverfahren ermöglicht einen Vergleich zwischen privatrechtlichen und öffentlich-rechtlichen raumgestaltenden Vorschriften: Die erwähnten Vorschriften des ABG sind Privatrecht; das Planfeststellungsverfahren ist ein öffentlichrechtliches Verfahren. Das ABG wählt eine abstrakte Regelung, deren Folgen automatisch eintreten. Es läßt die Entscheidungsbefugnis der beteiligten Privatrechtssubjekte in ihrem jeweiligen Bereich uneingeschränkt. Es wählt seine Folgen aber so, daß mittelbar die Interessen auf eine sinnvolle Raumnutzung gerichtet werden. Das Privatrecht vertraut hier, wie in der Regel, auf die mittelbare Wirkung seiner Anordnungen, ohne unmittelbar in die freie Entscheidung der Privatrechtssubjekte einzugreifen. Anders das Planfeststellungsverfahren. Es verfolgt unmittelbar die Absicht, den bedeutsamen Einzelfall in allen Einzelheiten zu regeln. Es schafft ein Verfahren, innerhalb dessen die Behörde den Einzelfall nach Ermessen beeinflussen kann. Dabei ist die Allseitigkeit der Interessenabwägung und -beeinflussung ausgesprochenes Ziel des Verfahrens. Diese Gegenüberstellung wirft ein gewisses Licht auf die Strukturverschiedenheit von Privatrecht und öffentlichem Recht; es soll zwar nicht behauptet werden, daß hier eine begriffliche Abgrenzung aufgedeckt sei, wohl aber scheint mir die Verschiedenheit symptomatisch zu sein.

3. Spezialregelung für das Verhältnis von Verkehrsanstalten und Bergwerkseigentum

Innerhalb dieses Rahmens entwickeln nun §§ 153, 154 ABG eine Spezialregelung für die Kollision zwischen Bergbau und Grundeigentum, das mit Verkehrsanlagen bebaut ist. Die Besonderheit dieser Regelung erwächst aus der Besonderheit der Situation. Diese ergibt sich aus folgenden Einzelpunkten:

An den Verkehrsanlagen besteht ein besonderes öffentliches Interesse. Dabei geht es einmal darum, das Entstehen und den Bestand der Verkehrsanlagen zu sichern. Es muß gewährleistet sein, daß Verkehrsanlagen in ausreichendem Umfange gebaut und dauernd und möglichst ohne Unterbrechung betrieben werden können. Die Bedeutung dieses Interesses für die Allgemeinheit bedarf angesichts des großen und ständig steigenden Verkehrsbedürfnisses und der Abhängigkeit des gesamten öffentlichen und privaten Lebens von seiner Befriedigung keines Nachweises. Für die Sicherheit der Verkehrsanlagen im Sinn der Verhinderung der Gefahren für die Verkehrsteilnehmer sorgt das allgemeine Ordnungsrecht.

Von diesem öffentlichen Interesse an dem „Ob und Wie des Verkehrs", das in unserem Zusammenhang auf die Sachbeschaffenheit des mit Verkehrsanlagen bebauten Bodens gerichtet ist, ist die Frage zu unterscheiden, wer die aus dem räumlichen Zusammentreffen von Bergbau und Verkehrsanlagen entstehenden Kosten zu tragen hat. Hier stehen sich das Interesse des Trägers der Verkehrsanstalt und das Interesse des Bergwerkseigentümers gegenüber. Die Allgemeinheit ist nur insoweit von der Entscheidung dieser Frage berührt, als ihr an einer möglichst billigen Befriedigung des Verkehrsbedürfnisses gelegen sein muß.

Die spezielle Interessenkollision von Bergbau und Verkehrsanlagen wird im Vergleich zu der allgemeinen von Bergwerkseigentum und Grundeigentum dadurch verschärft, daß die Verkehrsanlagen sehr weitgehend ortsgebunden sind und daß der Bergbau von der Lagerstätte abhängig ist. Der Bergbau kann den Standort nicht wählen, sondern muß dort abbauen, wo das Mineral liegt. Andere Bauten als Verkehrsanstalten können, wenn sie nicht überhaupt aus dem Bergbaugebiet fortbleiben, doch zumindest besonders gefährdete Flächen meiden. Das ist bei Straßen, Kanälen und Eisenbahnen mit ihren das Bergbaugebiet durchziehenden langgestreckten Trassen nicht oder nur sehr bedingt möglich. Selbst besonders bergschadenempfindliche, auf verhältnismäßig engem Raum zu errichtende Anlagen wie

Schleusen, Brücken, Verschiebebahnhöfe mit Drehscheiben und sonstigen empfindlichen technischen Anlagen können zum Teil dem besonderen Einwirkungsbereich des Bergbaus nicht fernbleiben, wenn das auch hier mit allen zur Verfügung stehenden Möglichkeiten angestrebt werden muß.

II. Inhalt der §§ 153, 154 ABG

Von dieser Grundlage aus muß der Inhalt der §§ 153, 154 ABG bestimmt werden. Die Vorschriften lauten[44]:

§ 153 (Verkehrswege und Verkehrsmittel)
(1) Gegen die Ausführung von Landstraßen, Eisenbahnen, Kanälen und anderen öffentlichen Verkehrsmitteln, zu deren Anlegung dem Unternehmer durch Gesetz oder besondere Verordnung das Enteignungsrecht verliehen ist, steht dem Bergbautreibenden ein Widerspruchsrecht nicht zu.
(2) Vor Feststellung der solchen Anlagen zu gebenden Richtung sind diejenigen, über deren Bergwerke dieselben geführt werden sollen, von der zuständigen Behörde darüber zu hören, in welcher Weise unter möglichst geringer Benachteiligung des Bergwerkseigentums die Anlage auszuführen sei.

§ 154 (Ansprüche gegen Verkehrsträger)
(1) War der Bergbautreibende zu dem Bergwerksbetriebe früher berechtigt, als die Genehmigung der Anlage (§ 153) erteilt ist, so hat er gegen den Unternehmer der Anlage einen Anspruch auf Schadensersatz. Ein Schaden ist nur insofern zu ersetzen, als entweder die Herstellung sonst nicht erforderlicher Anlagen in dem Bergwerke oder die sonst nicht erforderliche Beseitigung oder Veränderung bereits in dem Bergwerke vorhandener Anlagen notwendig wird.
(2) Können die Beteiligten sich über die zu leistende Entschädigung nicht gütlich einigen, so erfolgt ihre Festsetzung nach Anhörung beider Teile und mit Vorbehalt des Rechtsweges durch einen Beschluß des Oberbergamts, welcher vorläufig vollstreckbar ist.

§ 155 ist eine heute bedeutungslose Übergangsvorschrift; sie ist durch Gesetz vom 24. IX. 1937 aufgehoben.

1. Begriff der öffentlichen Verkehrsanstalt

Der Begriff der öffentlichen Verkehrsanstalt im Sinne dieser Vorschriften ist dadurch charakterisiert, daß es sich um ortsfeste Einrichtungen zum Transport von Personen, Gütern oder Nachrichten handeln muß. Daß dem Träger der Verkehrsanstalt das Enteignungsrecht zustehen muß, folgt aus dem Bestreben des Gesetzes, nur Verkehrsanstalten zu begünstigen, deren Betrieb im öffentlichen Interesse liegt. Danach fallen außer den in § 153

[44] Der Wortlaut der Vorschriften ist in der für NRW geltenden Fassung wiedergegeben. Hinsichtlich der Fassungen der in den anderen Ländern geltenden entsprechenden Bestimmungen siehe *Heller-Lehmann*, Deutsche Berggesetze.

ABG aufgezählten Arten von Verkehrsanlagen auch Autobahnen, Flugplätze, Post- und Telegrafeneinrichtungen sowie Kleinbahnen im Sinne des Eisenbahnrechts unter die Vorschrift. Gemeint sind aber nur die Anlagen, die unmittelbar dem Verkehr dienen und deshalb aus Gründen der Verkehrssicherheit und der Aufrechterhaltung des Betriebes geschützt werden müssen. Bei Eisenbahnen gehören dahin außer den Gleisanlagen die Bahnhöfe, Güter- und Lagerschuppen sowie Betriebswerke, nicht aber die Ausbesserungswerke. Anlagen, die ausschließlich privatem Verkehrsinteresse dienen, wie insbesondere Grubenanschlußbahnen, Seilbahnen usw. fallen nicht unter § 153 ABG[45].

2. Auslegung der §§ 153, 154 ABG

Die Inhaltsbestimmung insbesondere von § 153 ABG ist schwierig; von ihr hängt im Ergebnis auch die praktische Bedeutung des § 154 ABG ab.

Die Schwierigkeiten der Interpretation von § 153 ABG beruhen darauf, daß weder bei Abs. 1 noch Abs. 2 aus dem Wortlaut ersichtlich ist, ob und welche privatrechtlich bedeutungsvollen Rechtsfolgen angeordnet werden. Und von einem privatrechtlichen Charakter und Inhalt des § 153 ABG ist angesichts der geschilderten systematischen Stellung der Vorschrift und den sonstigen Gründen auszugehen[46].

a) Abs. 1 schließt ein Widerspruchsrecht des Bergwerkseigentümers gegen die Ausführung der aufgezählten Verkehrsanlagen aus. Es ist schwer zu bestimmen, was das bedeutet. Wie oben S. 32 gesagt ist, ist einer der wesentlichsten Grundsätze der Regelung der Interessenkollision von Bergwerkseigentum und Grundeigentum, daß – von § 150 ABG abgesehen – der Bergwerkseigentümer keinerlei Einfluß auf die Art der Bebauung der Oberfläche über seinen Feldern hat. Insoweit ordnet § 153 Abs. 1 ABG den Ausschluß eines Widerspruchsrechts an, das es nach dem Gesetz gar nicht gibt.

Das Gesagte gilt in verstärktem Maße für die Bebauung der Oberfläche mit Anlagen öffentlicher Verkehrsträger. Ihnen gegenüber hat weder der Bergwerkseigentümer noch der Nachbar im Oberflächeneigentum ein Widerspruchsrecht. Für den in § 153 ABG geregelten Spezialfall ist also der Ausschluß eines Widerspruchsrechts unverständlich, wenn an ein Widerspruchsrecht zur Verhinderung des Baues von Verkehrsanlagen gedacht ist.

45 Vgl. dazu *Krautschneider*, ZfB 106, 206; *Heinemann*, Bergschaden, S. 120f.; *Diester*, Glückauf 1951, 254, 255f.

46 Vgl. oben S. 30.

Gerade darauf aber deutet der Wortlaut des § 153 Abs. 1 ABG mit der Formulierung „gegen die Ausführung von ..." hin.

Der bei dieser Sachlage naheliegende Schluß, den Ausschluß des Widerspruchsrechts auf das Planfeststellungsverfahren zu beziehen (seit 1838 gab es für die Eisenbahn ein dem heutigen Planfeststellungsverfahren entsprechendes Verfahren[47]), ist nicht möglich. Es gibt und gab auch in diesem Verfahren kein materiell-rechtlich wirkendes Widerspruchsrecht, sondern nur eine Möglichkeit, mit Anregungen und Bedenken gehört zu werden. Ein solches Recht auf Gehör mit eventuellen verfahrensrechtlichen Folgen kann aber § 153 Abs. 1 ABG nicht gemeint haben. Der ganze Inhalt von § 153 Abs. 2 ABG besteht im Wortlaut der Vorschrift darin, ein Recht des Bergwerkseigentümers auf Anhörung zu schaffen. Nun könnte eingewandt werden, der Ausschluß des Widerspruchsrechts in § 153 Abs. 1 bezöge sich auf das „Ob" der Anlage, die Anhörung nach Abs. 2 auf ihr „Wie". Der Wortlaut des Abs. 2 („Vor Feststellung der solchen Anlagen zu gebenden Richtung") dehnt aber das Anhörungsrecht auch auf die „Richtung der Anlage", d. h. auf die Trassenführung aus. Eine einschränkende Auslegung dahin, daß die Bergwerkseigentümer nicht über die Richtung, sondern nur über die von der Richtung unabhängigen Einzelheiten der Anlage zu hören seien, ist m. E. ausgeschlossen, da es dann nicht hieße „*Vor* der Feststellung". Die Bestimmung der Richtung im Sinn der Trassenführung ist aber gerade das Hauptmittel, um zu vermeiden, daß die Anlage z. B. auf besonders gefährdeten Flächen gebaut wird.

Das wird an einem einfachen Beispiel klar: Die Bahn möchte eine D-Zug-Strecke neu verlegen. Die geplante Trasse geht über eine Bruchkante, die das mit der Strecke zu bebauende Gebiet starken Einwirkungen aussetzt. Soll der Bergwerkseigentümer nicht über die Frage der Trassenführung, die bei 50–100 m Verlegung vielleicht ohne Einwirkungsgefahr möglich ist, gehört werden, wohl aber über die mehr oder weniger bedeutungslosen, verbleibenden Einzelheiten?

Das läßt sich auch so formulieren, daß zwischen dem „Ob", dem „Wo" und dem „Wie" der Verkehrsanlage unterschieden wird. Das „Ob" bezieht sich auf die Frage der Befriedigung der speziellen Verkehrsbedürfnisse, das „Wo" auf die Trassenführung, das „Wie" auf die Einzelheiten der Bauten. Unterscheidet man in der Weise, so ist sicher, daß der Bergbautreibende nur am „Wo und Wie" interessiert ist. Eine Äußerung, geschweige denn ein Widerspruchsrecht zum „Ob" steht ihm nicht zu. Die Anhörung i. S. des Abs. 2 ist also auf das „Wo" und „Wie" zu beziehen.

[47] Vgl. oben S. 29 FN 39.

Danach würde bei einer Unterscheidung von ausgeschlossenem Widerspruchsrecht in Abs. 1 und angeordneter Anhörung in Abs. 2 aus § 153 ABG nur abzuleiten sein, daß der Bergwerkseigentümer über die Frage, ob *überhaupt* eine Verkehrsanlage gebaut werden soll, nicht zu hören sei, wohl aber, daß er bezüglich aller Einzelheiten im Planfeststellungsverfahren Anregungen und Bedenken geltend machen könnte. Das zeigt, daß eine solche Auslegung nicht möglich ist: Das so eingeengte Widerspruchsrecht bezüglich des Baues der Verkehrsanlage schlechthin gibt es nicht einmal in Andeutungen irgendwo in unserem Recht. Bestünde es, hätte der Bergwerkseigentümer keinerlei Interesse an einem solchen Widerspruchsrecht; ihn interessiert nur die Lage der Verkehrsanlagen im Einwirkungsbereich seines Bergbaus.

Diese Überlegungen zeigen, daß § 153 Abs. 1 ABG nicht den Inhalt haben kann, daß dem Bergwerkseigentümer ein materiell-rechtliches oder verfahrensrechtliches Widerspruchsrecht genommen wird. Das gilt schon für die Zeit des Inkrafttretens des ABG, ist nicht erst Folge einer späteren Rechtsentwicklung.

b) Die Auseinandersetzung mit dem Ausschluß des Widerspruchsrechts in § 153 Abs. 1 ABG hat schon gezeigt, daß das in Abs. 2 angeordnete Recht des Bergwerkseigentümers auf Gehör keine materiell-rechtliche Bedeutung hat. Das in Ansätzen vorhandene Planfeststellungsverfahren für die Eisenbahn und das Verhalten der Verwaltungsbehörde bei Genehmigung sonstiger Verkehrsanlagen sichert dem Bergwerkseigentümer schon ohne § 153 Abs. 2 ABG eine Anhörung zu. Auch im übrigen gelten die gegen eine solche nur verfahrensrechtliche Inhaltsbestimmung für Abs. 1 angeführten Gründe auch für Abs. 2.

c) § 154 Abs. 1 ABG enthält mit der Anordnung eines „Schadensersatzanspruches" des Bergwerkseigentümers eine eindeutige materielle, privatrechtliche Rechtsfolgeanordnung. Die Vorschrift erklärt sich aus dem Rechtszustand z. Z. der Schaffung des ABG[48]. Das frühere Direktionsprinzip ließ alle behördlichen (damals bergpolizeilichen) Anordnungen zu, auch wenn durch sie im Interesse der Verkehrsanlagen der Abbau verboten oder besondere Maßnahmen unter Tage angeordnet wurden. Auf Grund des ALR blieben diese Eingriffe entschädigungslos. Hier sollte § 154 ABG mit dem Ersatzanspruch abhelfen. Die Auslegung ist nun insofern schwierig, als der Begriff „sonst nicht erforderliche Anlagen" inhaltlich davon abhängt,

[48] Vgl. oben S. 16ff.

welche Grundsätze die Regelung der Interessenkollision zwischen Verkehrsanlagen und Bergwerkseigentum beherrschen: Ist das Bergwerkseigentum bedingungslos den Interessen der Verkehrsanstalt untergeordnet, muß also gegebenenfalls der Abbau unterbleiben, so sind alle Opfer des Bergwerkseigentümers zugunsten der Verkehrsanstalten keine Maßnahmen, um die Verkehrsanstalt zu schützen, sondern um den Bergbau trotz der grundsätzlich nicht zugelassenen Beeinträchtigung der Verkehrsanlagen weiterführen zu können. Der Inhalt von § 154 ABG ist also nicht zu bestimmen, ohne daß die Grundsätze der gesetzlichen Interessenbewertung für den Konflikt Bergbau–Verkehrsanlagen feststehen.

3. Auslegung durch die Rechtsprechung

Der Auslegung dieser unklaren gesetzlichen Regelung durch die Rechtsprechung kam entscheidende Bedeutung zu. Sie kommt der gesetzlichen Bewertung nahe, wenn aus § 153 ABG, dessen Wortlaut auf eine bloße verfahrensrechtliche Bedeutung hinweist, eine materielle, privatrechtliche Wirkung abgeleitet wird.

a) Das preußische Obertribunal vertrat in seiner Entscheidung vom 10. XII. 1878[49] noch die Ansicht, der Bergwerkseigentümer stehe der öffentlichen Verkehrsanstalt gegenüber wie jedem anderen Grundeigentümer. Der Bergwerkseigentümer sei zwar durch § 196 ABG insofern beschränkt, als er polizeiliche Anordnungen zugunsten des öffentlichen Verkehrs befolgen müsse; diese Bestimmung wolle dem Bergwerkseigentum jedoch keine von anderen Vermögensrechten verschiedene Stellung einräumen und sei insbesondere auch nicht als Ausfluß aus einer im Wesen des Bergwerkseigentum selbst liegenden „Beschränktheit" aufzufassen.

b) Nachdem das Reichsgericht in einer Entscheidung vom 9. VII. 1881[50] diese Frage noch offen ließ, kam es in der Entscheidung vom 11. XI. 1891[51] zu einer echten Bewertung der Interessenkollision. Diese Entscheidung ist die Grundlage aller weiteren Urteile des RG über das Verhältnis Bergbau – öffentliche Verkehrsanstalten geblieben. Es ging in dem vom RG entschiedenen Streitfall erstmals um die Anwendung des § 150 ABG gegenüber dem Schadensersatzanspruch des Trägers von Verkehrsanstalten wegen Beschädigung der Anlagen. Das RG löste die Frage, indem es eine grund-

[49] Vgl. ZfB 20, 529, 533.
[50] Vgl. ZfB 23, 391 = RGZ 5, 266.
[51] Vgl. ZfB 33, 232 = RGZ 28, 341.

sätzliche Lehre vom Verhältnis der Verkehrsanstalten zum Bergbautreibenden entwickelte. Der Grundsatz, der alle Folgen dieser Lehre tragen soll, ist: Die Bergbauinteressen sind denen der Verkehrsanstalten absolut untergeordnet; das Abbaurecht ist kraft Gesetzes zugunsten der Verkehrsanstalten beschränkt bzw. der Bergbauberechtigte ist entsprechend verpflichtet. Es heißt wörtlich: „Sie (gemeint ist die Vorschrift des § 154 ABG) setzt voraus und gibt durch die Beschränkung des Entschädigungsanspruchs auf den vom Bergbautreibenden im Interesse der Verkehrsanstalten zu machenden Aufwand deutlich zu erkennen, daß der Bergbautreibende in Ausübung seines Rechts vor den kollidierenden Interessen der Verkehrsanstalten zurücktreten muß, nicht auf Grund polizeilichen Eingreifens im Einzelfalle, sondern vermöge einer *gesetzlichen* Beschränkung des Bergwerkseigentums und der entsprechenden, dem Bergbautreibenden obliegenden gesetzlichen Verpflichtung, die zur Sicherung der öffentlichen Verkehrsanstalten gegen die Einwirkung des Bergbaues erforderlichen Vorkehrungen gemäß den Anordnungen der Bergbehörde (§ 196 a.a.O.) zu treffen“ [52].

Das RG findet also die Begründung einmal im § 154 ABG, indem es argumentiert, die Beschränkung des Entschädigungsanspruchs des Bergwerkseigentümers in § 154 Abs. 1 ABG lasse deutlich erkennen, daß der Bergbautreibende in Ausübung seines Rechts vor den Interessen der öffentlichen Verkehrsanstalt nicht auf Grund polizeilichen Eingriffs im Einzelfall zurückzutreten habe, sondern vermöge einer gesetzlichen Beschränkung des Bergwerkseigentums. Zum anderen meint es, der Ausschluß des Widerspruchsrechts in § 153 Abs. 1 ABG finde seine „Erklärung allein durch die Voraussetzung einer aus der staatlichen Konzession der betreffenden Verkehrsanstalt den beteiligten Bergbautreibenden kraft des Gesetzes erwachsenden Beschränkung und entsprechenden Verpflichtung“ [53].

Diese Schlußfolgerungen werden mit folgenden Punkten aus der Entstehungsgeschichte der §§ 153, 154 ABG maßgeblich begründet:

Das Direktionsprinzip habe ursprünglich den Bergbehörden ermöglicht, eine Kollision zwischen Verkehrsanstalten und Bergbau zu verhindern; dieses Prinzip sei zwar durch das Gesetz vom 21. V. 1860 generell aufgehoben, zugunsten der Verkehrsanstalten jedoch bis zum Inkrafttreten des ABG ausdrücklich aufrecht erhalten worden. Unter der Herrschaft des ALR und des Gesetzes vom 21. V. 1860 habe die weit überwiegende Mehrheit

[52] Vgl. ZfB 33, 235 = RGZ 28, 343.
[53] Vgl. ZfB 33, 236 = RGZ 28, 344.

der Rechtslehrer und Gerichtshöfe angenommen, daß dem Bergwerksbesitzer für die ihm im Einzelfall zum Schutze einer Eisenbahn bergpolizeilich auferlegten Beschränkungen eine Entschädigung nicht gebühre, weil es sich nicht um einen polizeilichen Eingriff in das Eigentum, sondern um eine gesetzliche Beschränkung desselben im Sinne der §§ 1, 2 I 22 ALR handele[54]. Das ABG stehe auf dem gleichen Standpunkt. Der amtlich veröffentlichte Entwurf von 1862 habe noch keine besonderen Vorschriften über das Verhältnis des Bergbaus zu den öffentlichen Verkehrsanstalten enthalten. Die Ergänzung des ABG durch §§ 153, 154 gegenüber dem Entwurf von 1862 sei veranlaßt durch die dem Bergbau ungünstige Rechtsprechung und habe die Ausgleichung der Interessen des Bergbaus und des öffentlichen Verkehrs nach den Grundsätzen der Billigkeit bezweckt. Als Ausgleichsinstitution wird dann neben dem Anspruch aus § 154 ABG das Recht des Bergbaus auf Anhörung aus § 153 Abs. 2 ABG angesehen[55].

Das RG kam auf dieser Grundlage zum Ausschluß des § 150 ABG für die Bauten von Verkehrsanstalten. Denn wegen der gesetzlichen Beschränkung sei, so folgert das RG, jede Beschädigung der Verkehrsanstalt durch den nach deren Genehmigung und Errichtung fortgesetzten Bergbau zumindest objektiv rechtswidrig. Dadurch werde § 148 ABG so ausgestaltet, daß für die Annahme eines mitwirkenden Verschuldens des Beschädigten im Sinne des § 150 ABG kein Raum bleibe. Denn der das Bergbaurecht beschränkende gesetzliche Schutz der öffentlichen Verkehrsanstalten decke die letzteren, soweit sie errichtet worden seien, schlechthin gegen den künftigen Bergbau, und die hypothetische Erkennbarkeit der Gefahr zur Zeit der Errichtung liege sonach außerhalb der zwischen dem Schaden und dem nach Errichtung der Anlage fortgesetzten Bergbau bestehenden Kausalität. Der Bergbau handele somit auf eigene Gefahr[56].

Diese Meinung ist in vielen späteren Urteilen des RG bestätigt worden. Die letzte Entscheidung stammt vom 22. XII. 1937[57]. Bemerkenswert ist, daß das RG sich in keiner dieser Entscheidungen um eine weitere Begründung bemüht hat. Die erste Entscheidung verweist auf die Grundsatzentscheidung vom 11. XI. 1891; seitdem wird die Rechtsprechung, ohne

[54] Vgl. dazu die Darstellung des Rechts des ALR (oben S. 18f).
[55] ZfB 33, 234–236 = RGZ 28, 342/343.
[56] ZfB 33, 237 = RGZ 28, 344/345.
[57] Vgl. RG Urteile vom 4. I. 1896 = ZfB 37, 237; vom 15. II. 1902 = ZfB 43, 358; vom 17. V. 1904 = ZfB 46, 270 = RGZ 58, 147; vom 30. XI. 1921 = ZfB 63, 104 = RGZ 103, 221; vom 24. II. 1923 = ZfB 64, 225; vom 22. XII. 1937 = ZfB 78, 474.

daß das RG sich erneut mit Gründen und Gegengründen auseinandersetzt, als ständige Rechtsprechung bezeichnet.

Eine Pflicht zur Rücksichtnahme auf den Bergbau bei dem Bau einer neuen Verkehrslinie ließe sich vielleicht mit diesen Urteilen noch vereinbaren. Aber auch eine derartige Pflicht hat das RG in der Entscheidung vom 24. II. 1923[58] verneint. Das wird jedoch allein mit dem bereits in der früheren Entscheidung enthaltenen Argument begründet, der Erbauer der neuen Verkehrslinie habe damit rechnen dürfen, daß der Bergbautreibende die zur Sicherung der Anstalt erforderlichen Maßregeln treffen werde. Wenn der Bergwerksbesitzer trotzdem seinen Bergbau ohne Rücksicht auf die Sicherheit der Verkehrsanlagen fortsetze, tue er dies nunmehr auf die Gefahr hin, der Verkehrsanstalt gemäß § 148 ABG ersatzpflichtig zu werden.

Von diesem Standpunkt des absoluten Vorrechts der öffentlichen Verkehrsanstalten aus ergibt sich eine Auslegung des § 154 Abs. 1 ABG, die es unwahrscheinlich macht, daß jemals ein Bergwerkseigentümer auf Grund dieser Vorschrift eine Ersatzleistung der öffentlichen Verkehrsanstalten erlangt. In der Entscheidung des RG vom 9. VII. 1881[59] ist gesagt, „sonst nicht erforderliche Anlagen" im Sinne des § 154 Abs. 1 ABG lägen nicht vor, wenn derartige Maßnahmen ganz oder teilweise auch zu dem Zweck getroffen würden, den Betrieb des Bergwerks auch nach der Errichtung der Verkehrsanlagen fortzuführen. Ist der vom RG in dem Urteil vom 11. XI. 1891 angenommene Standpunkt zutreffend, so werden alle Maßnahmen des Bergbautreibenden getroffen, um den sonst nicht zulässigen Abbau weiterzuführen, lösen also keinen Ersatzanspruch aus. Eingehend erörtert worden ist dieses Problem in der Rechtsprechung des RG später nicht mehr. Es wird nur noch ohne weitere Begründung die alte Entscheidung vom 9. VII. 1881 zitiert[60]. Diese Rechtsprechung hat verständlicherweise die Praxis der Behörden und der Verkehrsanstalten entscheidend beeinflußt, so daß sich die Formulierung aufdrängt, die Rechtsprechung habe § 154 ABG zu einer praktisch und auch wohl theoretisch unanwendbaren Vorschrift gemacht.

Die Rechtsprechung des RG bezieht sich auf den nach Offenlegung des Plans für die Verkehrsanstalten fortgesetzten Abbau. Das ist folgerichtig, da das RG den Vorrang der Verkehrsanstalt aus der staatlichen Genehmi-

[58] Vgl. ZfB 64, 225.
[59] Vgl. ZfB 23, 391 = RGZ 5, 266.
[60] Vgl. z. B. RG ZfB 63, 104, 113.

gung der Verkehrsanstalt ableitet. Für den alten Abbau gilt dann das übliche Recht, insbesondere auch § 150 ABG[61].

Die Analyse der RG-Rechtsprechung zeigt, daß ihr Kern in der Ansicht über den gesetzlichen Bewertungsmaßstab besteht: Die Unterordnung der Interessen des Bergbaus unter die des Verkehrs wegen der Bedeutung, die der Verkehr für die Allgemeinheit hat.

Die Folgerungen daraus seien nochmals kurz zusammengefaßt: Der Abbau, der fortgesetzt wird, nachdem im Planfeststellungsverfahren für die Verkehrsanlagen der Plan öffentlich ausgelegt ist, ist (im Gegensatz zu den Folgen des vorher betriebenen, sogenannten alten Abbaus) rechtswidrig; folglich ist der Träger der Verkehrsanstalt nicht verpflichtet, auf den Bergbau bei der Planung Rücksicht zu nehmen. (Eine andere Frage ist, welche Anordnungen die Behörden im Planfeststellungsverfahren treffen oder wie sich der Träger der Verkehrsanstalt *tatsächlich* verhält. Vgl. dazu unten S. 101ff.) Die Fortsetzung des Abbaus braucht die Verkehrsanstalt nicht zu erwarten. § 150 ABG wird damit unanwendbar; folglich muß der Bergbautreibende jeden Schaden an der Anlage ersetzen. § 154 ABG wird, wie schon erwähnt, zu einer inhaltslosen Vorschrift, für die kaum ein Anwendungsfall zu konstruieren ist.

Diese Entscheidung der Interessenkollision ist von der Art und dem Zeitpunkt des Erwerbs des Bodens durch den Träger der Verkehrsanstalt unabhängig; insbesondere kommt es nicht darauf an, ob der Erwerber wußte, daß mit Einwirkungen eines fortgesetzten Bergbaus auf den Boden zu rechnen sei.

Das soll auch bei Enteignung des Bodens zugunsten der Verkehrsanstalt gelten. Die Ansicht, die die bedingungslose Unterordnung der Bergbauinteressen unter die Verkehrsinteressen verficht, möchte selbst bei Enteignung des Oberflächeneigentums des Bergwerkseigentümers zugunsten einer öffentlichen Verkehrsanstalt die geschilderten Folgen eintreten lassen. Der Bergwerkseigentümer erhält ohne Rücksicht auf die Aufwendungen für Erwerb und Erhaltung der Oberfläche und des Anlasses des Erwerbs nur den Verkehrswert der Flächen ersetzt; der sogenannte Ersparniswert bleibt

[61] Vgl. RG, Urt. v. 11. XI. 1891 = RGZ 28, 341 = ZfB 33, 232; RG, Urt. v. 15. II. 1902 = ZfB 43, 358; RG, Urt. v. 17. V. 1904 = RGZ 58, 147 = ZfB 46, 270; RG, Urt. v. 30. XI. 1921 = RGZ 103, 221 = ZfB 63, 104; RG, Urt. v. 24. II. 1923 = ZfB 64, 225; RG, Urt. v. 13. XI. 1926 = RGZ 115, 224 = ZfB 68, 195; RG, Urt. v. 22. XII. 1937 = ZfB 78, 460. Vgl. auch *Heinemann*, Bergschaden, S. 123f.; *Krautschneider*, ZfB 106, 206, 209.

unberücksichtigt. Dieser Ersparniswert besteht für den Bergwerkseigentümer darin, daß er als Eigentümer der Oberfläche die Bebauung mit bergschädenempfindlichen Anlagen und folglich Bergschädenersatzverpflichtungen hintanhalten kann[62].

[62] Die Rechtsprechung hat zwar grundsätzlich anerkannt, daß der Ersparniswert zu entschädigen ist (LG Essen, Urt. v. 20. VI. 1929 = JW 1930, 3787). Bei der Enteignung zugunsten öffentlicher Verkehrsanstalten hat jedoch das RG jede Entschädigung versagt (RG, Urt. v. 17. V. 1904 = RGZ 58, 147 = ZfB 46, 270; RG, Urt. v. 3. III. 1914 = RGZ 84, 254). Es hat diese Entscheidung im wesentlichen damit begründet, daß der Bergbau sich der ihm im Interesse des öffentlichen Verkehrs auferlegten gesetzlichen Beschränkung entzöge, wenn er die daraus folgenden Vermögensnachteile über eine Entschädigung für den Ersparniswert auf den Unternehmer der öffentlichen Verkehrsanstalt abwälzen würde. Ob diese Ansicht – selbst bei Zugrundelegung der Grundentscheidung des RG – zutrifft, ist von der Antwort auf subtile Fragen zum Enteignungsrecht, insbesondere zur Enteignungsentschädigung abhängig (Enteignungsentschädigung nach § 7 PrEnteigG nur in Geld; die Verpflichtung des Trägers der Verkehrsanlage zu einer Bergschädenverzichterklärung soll gegen den Grundsatz der Geldentschädigung verstoßen. Vgl. Beschluß des Regierungspräsidenten in Arnsberg vom 18. II. 1956, nicht veröffentlicht).
In der Literatur haben zunächst nur *Klostermann-Fürst-Thielmann* (S. 154 Anm. 3, S. 436) der Rechtsprechung des RG zugestimmt; a. A. sind: *Isay*, 2. Bd., § 154 Anm. 5, S. 126; *Arndt*, § 154, Anm. 3 und Gruchot 52, 63, 79ff.; *Westhoff*, Bd. II, S. 414f.; *Loebell*, S. 156f.; *Brassert-Gottschalk*, S. 632 und in der neueren Literatur *Heinemann*, S. 125f. Während die ältere Literatur die Ablehnung der Rspr. vor allem darauf gestützt hat, daß bei der Enteignung der individuelle Wert des Grundstücks und damit auch der Ersparniswert ersetzt werden müsse, wendet sich *Heinemann* schon gegen die Grundlage dieser Rechtsprechung (Sonderstellung der Verkehrsanstalten) und bringt damit auch deren Folgerung zu Fall. Neuerdings hat *Thieme* (Rechtsgutachten über das Verhältnis von Bergbau und öffentlichen Verkehrsanstalten) das Ergebnis der Rechtsprechung des RG bestätigt, allerdings mit anderer Begründung. *Thieme* begründet seine Ansicht u. a. damit, daß bei der Bemessung der Enteignungsentschädigung berücksichtigt werden müsse, daß der Wert des fraglichen Grundstücks und damit auch der zu erzielende Verkaufspreis um den Bergschaden vermindert sei. Da es für die Bemessung der Enteignungsentschädigung maßgeblich auf den erzielbaren Preis ankomme, könne der Ersparniswert nicht berücksichtigt werden (vgl. Gutachten S. 56ff.). *Thieme* beruft sich dabei auf die Rechtsprechung des BGH, nach der ein subjektiver Wert in der Enteignungsentschädigung nicht zu berücksichtigen ist. – Würde man aber der von *Thieme* vorgeschlagenen Methode folgen, so käme man in diesen Fällen, in denen die Sicherungskosten den Verkehrswert übersteigen, dazu, daß der Grundstückseigentümer bei der Enteignung noch zuzahlen müßte. Auch folgendes erscheint befremdlich: Wenn der Träger der Verkehrsanlage später Sicherungskosten ersetzt verlangt, die den Verkehrswert des Grundstücks übersteigen, so beruft er sich damit praktisch auf einen besonderen subjektiven Wert, den das Grundstück gerade für ihn hat. Demgegenüber erscheint es dann aber als inkonsequent, es dem Bergbau zu versagen, sich seinerseits auf einen für ihn bestehenden Ersparniswert des Grundstücks zu berufen, indem man diesen Ersparniswert als subjektiven Wert qualifiziert. – Davon abgesehen erscheint es überhaupt als unrichtig, den Ersparniswert als einen subjektiven Wert zu bezeichnen und daraus zu schließen, er sei bei der Höhe der Ent-

4. Auslegung durch das Schrifttum

Das Schrifttum, das ursprünglich der Rechtsprechung des Reichsgerichts weitgehend zugestimmt hat[63], lehnt in neuerer Zeit die vom RG vertretene Ansicht der gesetzlichen Beschränkung des Bergwerkseigentums zugunsten der öffentlichen Verkehrsanstalten überwiegend ab. Erörtert wird dabei in erster Linie die Frage der Geltung des § 150 ABG, während das Problem der Pflicht zu gegenseitiger Rücksichtnahme dahinter zurücktritt.

eignungsentschädigung nicht zu berücksichtigen. Die bekannte Rechtsprechung des BGH zum Ausschluß subjektiver Werte von der Enteignungsentschädigung zielt zwar stets darauf ab, dem Enteigneten die Berufung auf besondere Chancen zu nehmen, die das betreffende Grundstück für ihn bietet (vgl. BGHZ 37, 273; 30, 287; 30, 356; 14, 367). Hierzu bringt der BGH aber selbst auch erhebliche Einschränkungen, nämlich in den Fällen, in denen die Enteignung des Grundstücks gleichzeitig ein Eingriff in einen Gewerbebetrieb ist (vgl. insbes. BGHZ 30, 356; 14, 367). Das ist dann der Fall, wenn das Grundstück dadurch für den Eigentümer einen besonders hohen Wert hat, daß es einen Teil einer „Organisation, einer Einheit sachlicher und anderer Mittel, die ein planmäßiges Wirtschaften ermöglichen", darstellt. Dann ist der subjektive Wert des Grundstücks nicht nur eine Chance, sondern ein „konkreter Wert", der entschädigt werden muß (vgl. dazu auch *Dittus*, NJW 1965, 2179ff.). Die geschilderten Merkmale liegen auch beim bergbaueigenen Grundstück vor, das nur erworben ist, um Bergschadensansprüche hintanhalten zu können. Dieses Grundstück ist insofern Teil des Bergwerksbetriebes, als es dem Bergwerkseigentümer einen rationellen Mineralabbau ermöglicht. Darin liegt nicht nur eine Chance, sondern ein „konkreter Wert". Beim Erwerb des Grundstücks durch den Bergbau mag zwar ungewiß sein, welche Bergschädenansprüche hintangehalten werden. Aber gerade diese Ausschaltung einer völlig ungewissen zukünftigen Entwicklung der Oberfläche ist für den Bergbau von großem Wert. Sie allein sichert ihn davor, daß sich seine Abbauplanung nach Jahren als eine schwerwiegende Fehldisposition herausstellt. Der Ankauf und der Besitz bergschadengefährdeter Grundstücke ist für den Bergbau eine wichtige Grundlage seiner Abbauplanung und seiner Finanzplanung. Damit sind diese Grundstücke wesentliche Elemente seines Betriebes; er hat sich mittels ihres Erwerbs „konkrete Werte" geschaffen. Danach kann sich *Thieme* jedenfalls nicht auf die Rechtsprechung des BGH berufen, wenn er meint, der Ersparniswert sei bei der Enteignung nicht zu entschädigen. Diese Rechtsprechung und andere – wohl überwiegende – Argumente sprechen vielmehr gegen *Thiemes* Ansicht. Die vielschichtige Problematik kann hier aber nicht erschöpfend behandelt werden. – Vgl. zum Problem auch *Hans-Peter Klein*, Der Ersparniswert in der Enteignung von Grundstücken eines Bergbautreibenden, Diss. Münster 1964.

[63] Das ältere Schrifttum zum ABG hat sich überwiegend und vielfach ohne eigene Stellungnahme der Auffassung des RG angeschlossen. So folgen insbes. *Schlüter-Hense* (Anm. 4b zu § 150 und III zu §§ 153–155) und *Klostermann-Thielmann* (§ 150 Anm. 2 und § 153 Anm. 3) ohne Kritik der Meinung des RG, während *Brassert-Gottschalk* zwar unter Verweisung auf die Rspr. den absoluten Vorrang der Verkehrsanstalten betonen und ohne eigene Begründung den Ausschluß des § 150 ABG für nachfolgenden Abbau annehmen (zu § 150 Anm. 11 und zu § 153 Anm. 4), aber doch auch darauf hinweisen, daß es Zweck der §§ 153, 154 sei, die Interessen des Bergbaus

Einer eingehenden Kritik hat die Rechtsprechung des RG *Müller-Erzbach* unterzogen[64]. Die Kritik von *Müller-Erzbach* geht vor allem dahin, daß die angenommene gesetzliche Inhaltsbeschränkung zugunsten der Verkehrsanstalt weder mit dem Wortlaut der §§ 153, 154 ABG noch mit dem System des ABG vereinbar sei und daß die gefolgerte Freistellung von den Folgen „schuldhafter Schadensselbstverursachung" grundlegenden allgemeinen Rechtsgedanken widerspreche, zumal sie der angestrebten Schadensverhinderung entgegenwirke.

Im neueren Schrifttum, das die Rechtsprechung des RG überwiegend ablehnt, haben sich *Heinemann*[65] und *Boldt*[66] dieser Ansicht angeschlossen. *Boldt* nimmt dabei eine Pflicht der Verkehrsanstalt zur Rücksichtnahme an,

und des öffentlichen Verkehrs, soweit sie einander entgegenstehen, möglichst auszugleichen (zu § 153 Anm. 1). *Westhoff* lehnt dagegen die Theorie von einer generellen gesetzlichen Beschränkung des Bergwerkseigentums unter Verweisung auf die Entstehungsgeschichte des ABG zwar ab (vgl. ZfB 43, 450ff.), wobei er sich insoweit ausdrücklich auch gegen die Grundsatzentscheidung des RG vom 11. XI. 1891 über die gesetzliche Beschränkung des Bergwerkseigentums gegenüber den öffentlichen Verkehrsanstalten wendet (a.a.O., S. 469ff.); gleichwohl billigt er aber an anderer Stelle die Rechtsprechung des RG zu § 150, ohne dafür eine eigene Begründung zu geben (vgl. ZfB 44, 454ff., 478f.; vgl. auch Bergbau und Grundbesitz I, 362f., II 399ff.). Ganz ähnlich *Arndt*, der sich ebenfalls einerseits gegen die Annahme einer „gesetzlichen Prägravation des Bergbaues zugunsten öffentlicher Verkehrsanstalten" wendet (vgl. Gruchot 52, 63ff., 75), andererseits aber die Rechtsprechung des RG zu § 150 ABG kritiklos wiedergibt (vgl. Kommentar § 150 Anm. 1; ausdrücklich gegen die Rspr. des RG aber in der Frage des sogenannten Ersparniswertes, vgl. oben S. 43 FN 62). *Bitta* stimmt dagegen schon der Grundentscheidung des RG zu, daß das Bergwerkseigentum gegenüber den öffentlichen Verkehrsanstalten gesetzlich eingeschränkt sei (ZfB 44, 117ff., 128); *Bitta* vertritt dabei allerdings die Ansicht, daß eine gesetzliche Beschränkung des Bergwerkseigentums nur den öffentlichen Verkehrsanstalten, nicht aber auch anderen öffentlichen oder gemeinnützigen Anlagen gegenüber bestehe. Schließlich billigt auch *Fleischhauer* (ZfB 52, 247ff., 250, 251) die Ergebnisse der Rechtsprechung des RG in vollem Umfang, ohne auf deren Begründung näher einzugehen.

Auch in dem älteren Schrifttum haben sich jedoch schon kritische Stimmen gegenüber der Rspr. des RG mit dem Versuch erhoben, deren Ergebnisse einzuschränken. Zunächst haben *Starck* (JW 1914, 582ff.) und *Isay* (2. Bd., § 153 Anm. 5) das Ergebnis der Rechtsprechung abzumildern versucht. Dem Grundgedanken des RG folgend haben sie geschlossen, daß die Gefahr der Beschädigung von Verkehrsanlagen durch früheren Bergbau die Verkehrsanstalt trägt. Im Gegensatz zur Ansicht des RG (ausdrückliche Klarstellung im Urteil des RG vom 30. XI. 1921 = RGZ 103, 221, 225f.) sind sie also der Auffassung, der Verkehrsanstalt stehe ein Ersatzanspruch aus § 148 ABG für Schäden, die auf älteren Bergbau zurückgehen, nicht zu (ebenso *Boldt*, Kommentar § 153 Anm. 4d).

[64] Vgl. ZfB 69, 515ff.

[65] Bergschaden S. 120ff.

[66] Kommentar, § 153 Anm. 4d und 5b; ZfB 79, 339, 351ff.

die er aus volkswirtschaftlichen und rechtspolitischen Gesichtspunkten folgert. *Heinemann* charakterisiert das Verhältnis des Bergbaus zu den Verkehrsanstalten als Gemeinschaftsverhältnis mit gegenseitiger Anpassungspflicht[67]. Auch *Reuss–Grotefend–Dapprich*[68] betonen eine gegenseitige Pflicht zur Rücksichtnahme. *Feuth*, der die Rechtsprechung des RG ebenfalls ablehnt, leitet aus § 153 Abs. 2 ABG eine Pflicht zur Rücksichtnahme auf die Interessen des Bergbaus ab[69].

Rudolf Isay[70] hat die Kritik fortgesetzt und grundsätzlich die Rechtsprechung des RG unter dem zusätzlichen Gesichtspunkt des Art. 14 GG abgelehnt. § 154 Abs. 1 ABG sei mit dem Inkrafttreten des Grundgesetzes wegen Verstoßes gegen Art. 14 GG insoweit unwirksam geworden, als er den Entschädigungsanspruch des betroffenen Bergwerkseigentümers dem Umfange nach beschränke oder völlig ausschließe; denn die zum Schutze öffentlicher Verkehrsanstalten erlassenen bergbehördlichen Anordnungen legten dem betroffenen Bergwerkseigentümer ein Sonderopfer auf. Wenn ein nach diesem Zeitpunkt bergpolizeilich genehmigter Betriebsplan oder eine nach § 198 ABG ergangene Sonderanordnung im Interesse einer Verkehrsanstalt das Stehenlassen von Sicherheitspfeilern oder kostspielige Abbaumethoden vorsehe, so habe der Bergbautreibende einen Anspruch auf Entschädigung ohne Rücksicht darauf, ob die Verleihung älter oder jünger sei als die Genehmigung der Verkehrsanstalt[71].

In der neueren Literatur finden sich auch Stellungnahmen, die die Ansicht

[67] A. a.O., S. 127.
[68] Kommentar, § 153 Anm. 1.
[69] NJW 1955, 773ff. und Glückauf 1954, 368ff.
[70] Glückauf 1954, 1519ff., insbes. S. 1522–1525.
[71] Zustimmend *Kassenbeck*, JW 1956, 51f. und *Feuth*, NJW 1956, 53f. Die Dissertation von *Siewert* weicht von der Ansicht *Rudolf Isays* insofern ab, als sie einen Verstoß gegen Art. 14 GG nur dann annimmt, wenn dem älteren Bergbau Abbaubeschränkungen zugunsten einer Verkehrsanstalt auferlegt werden. § 154 Abs. 1 ABG sei mit dem Inkrafttreten des Grundgesetzes insoweit unwirksam geworden, als durch diese Bestimmung der Ersatzanspruch des älter berechtigten Bergwerkseigentümers hinsichtlich der Entschädigung für Substanzverluste eingeschränkt werde (vgl. S. 107ff. und S. 138ff.). Darüber hinaus lehnt *Siewert* die RG-Rechtspr. mit der Begründung ab, sie nehme zu Unrecht die Rechtswidrigkeit des fortgesetzten Abbaus an (Verkehrsgerechtes Verhalten als Rechtfertigungsgrund, vgl. S. 85ff.). *Kremer* (ZfB 99, 409, 420ff.) kommt zu dem Ergebnis, daß § 154 Abs. 1 insoweit gegen Art. 14 GG verstößt, als dem Bergbau zugunsten der Verkehrsanstalten Beschränkungen auferlegt werden, die den Rahmen des Zumutbaren überschreiten. Da weder eine einseitige Bevorzugung der öffentlichen Verkehrsanstalten noch des Bergbaus der Besonderheit der Situation gerecht werde, müsse im Einzelfall abgewogen werden, ob dem Bergbau oder der Verkehrsanstalt die erforderliche Maßnahme zugemutet werden könne.

des RG stützen. *Haustein*[72] leugnet zwar nicht ausdrücklich jede Pflicht zur Rücksichtnahme bei Errichtung der Verkehrsanstalten; er will aber offensichtlich so verstanden werden, wenn er sich mit der Formulierung des RG identifiziert „die Verkehrsanstalt ist nach ihrer Errichtung gegen den Bergbau in jeder Hinsicht gedeckt". Diese völlige Unterordnung der Bergbauinteressen unter die Verkehrsanstalt ist nach *Haustein* auch nicht durch Art. 14 GG in Frage gestellt[73], da der Gesetzgeber bei der Inhaltsgestaltung des Bergwerkseigentums, das durch Hoheitsakt verliehen werde, freie Hand habe und angesichts der Ortsgebundenheit der Verkehrslage die Benachteiligung des Bergbaus sachlich gerechtfertigt sei. *Thieme* meint, aus dem Vorrang der Verkehrsanstalten, der sich aus dem Gesamtzusammenhang und der Entstehungsgeschichte der §§ 153, 154 ABG ergäbe, folge die Nichtanwendbarkeit des § 150 ABG im Verhältnis zwischen Verkehrsanstalten und Bergbau. Eine Verpflichtung zur gegenseitigen Rücksichtnahme, insbesondere aus der Lehre vom „nachbarlichen Gemeinschaftsverhältnis", bestehe zu Lasten der Verkehrsanstalt nicht. Da das Bergwerkseigentum von vornherein nur mit einer Beschränkung gegenüber öffentlichen Verkehrsanstalten verliehen werde, seien gem. §§ 67, 196 ABG getroffene bergbehördliche Anordnungen zugunsten öffentlicher Verkehrsanstalten (z. B. Sicherheitspfeiler) keine Enteignung im Sinne des Art. 14 GG[74]. Im Gegensatz zu *Thieme* hebt *Marschall*[75] hervor, daß auch die Verkehrsanstalt Rücksicht auf benachteiligende Folgen nehmen müsse. Da *Marschall* grundsätzlich von der Rechtsprechung, also von einer gesetzlichen Beschränkung des Bergwerkseigentums zugunsten der Verkehrsanstalt ausgeht, erscheint es verständlich, wenn er meint, diese Pflicht der Verkehrsanstalt zur Rücksichtnahme besage noch nicht, daß ihr bei der Rücksichtnahme oder für die Rücksichtnahme erhöhte Kosten zugemutet werden können oder müssen. Ohne Kritik wird die Rechtsprechung des RG schließlich von *Kodal* wiedergegeben[76].

Bemerkenswert ist, daß *Schmidt*[77], der die vom RG angenommene gesetzliche Beschränkung des Bergwerkseigentums zugunsten öffentlicher Verkehrsanstalten grundsätzlich bejaht, eine Pflicht zur Rücksichtnahme der

[72] DÖV 1956, 102ff.
[73] Insoweit insbes. Erwiderung auf die von *Rudolf Isay* (Glückauf 1954, 1519ff.) vertretene Auffassung.
[74] Rechtsgutachten, Zusammenfassung S. 64, 65.
[75] BFStrG § 17 Rdn. 11.
[76] Straßenrecht, S. 132ff.
[77] Bundesbahn 1953, 913ff.

öffentlichen Verkehrsanstalten auf Bergbauinteressen ausdrücklich anerkennt und ihre Verletzung unter § 254 BGB bringt. Er meint wörtlich:

„Dagegen dürfte bei Selbstverursachung des Schadens durch die öffentlichen Verkehrsanstalten bei Neuanlagen nach allgemeinen Rechtsgrundsätzen der Einwand schuldhafter Schadensselbstverursachung nicht abzulehnen sein. Denn § 153 ABG verlangt bei Ausführung einer neuen Verkehrsanlage eine ‚möglichst geringe Benachteiligung des Bergwerkseigentums' und § 154 gewährt dem Bergwerkseigentümer bei Priorität einen Ersatzanspruch gegen die Verkehrsanstalt, wenn er in deren Interesse besondere Aufwendungen zum Schutz der Verkehrsanlagen machen muß." (Vgl. S. 920.)

Gegen eine Sonderstellung der Verkehrsanstalt im Vergleich zu sonstigen öffentlichen Interessen ist ausdrücklich auch *Meyer*[78]. Die Verkehrsanstalt soll danach ausschließlich durch § 196 ABG geschützt sein, ohne daß zwischen Verkehrsanstalten und sonstigen Anlagen, deren Vorhandensein und Funktionieren dem öffentlichen Interesse dienen, zu unterscheiden sei.

Die neuesten Kommentare zum Bergrecht von *Miesbach–Engelhardt* und *Ebel–Weller* üben wiederum Kritik an der Rechtsprechung des RG. *Miesbach–Engelhardt* wenden sich schon gegen den Ausgangspunkt der reichsgerichtlichen Rechtsprechung für den Ausschluß von § 150 ABG, wonach jede Beeinträchtigung der Verkehrsanlage, die nach ihrer Errichtung vorgenommen wird, rechtswidrig sei. Diese Auffassung sei wirtschaftlich untragbar und auch aus dem Gesetz nicht zu entnehmen. Geringfügigere Einwirkungen des Bergbaus seien nicht gemeinschädlich (§ 196 ABG) und daher auch nicht rechtswidrig. Die Berufung des Bergwerksbesitzers auf mitwirkendes Verschulden sei infolgedessen nur bei solchen Beeinträchtigungen ausgeschlossen, die den Bestand oder die Funktionsfähigkeit der Anlage gefährdeten[79]. Beschränkungen, die dem Bergwerkseigentümer zugunsten öffentlicher Verkehrsanstalten auferlegt würden, stellten im übrigen dann eine Enteignung nach Art. 14 GG dar, wenn in den Wesensgehalt des Bergwerkseigentums eingegriffen werde (z. B. Verzicht auf den Abbau des größeren Teils eines Vorkommens). Ein Entschädigungsanspruch des Bergwerkseigentümers setze allerdings voraus, daß er das Bergwerkseigentum bereits vor Errichtung der Anlage erhalten habe, da er sonst die örtliche Gegebenheit in Kauf nehmen müsse[80]. Auch *Ebel–Weller* sind der Ansicht, daß nicht jede Beschädigung öffentlicher Verkehrsanlagen durch fortgesetzten Bergbau objektiv rechtswidrig sei, sondern nur eine solche Beeinträchtigung, durch die die Verkehrsanlage vernichtet oder verkehrsunsicher

[78] ZfB 102, 216 insbes. S. 218.
[79] Vgl. Überblick vor § 153 ABG Rdn. I 2.
[80] Vgl. Überblick vor § 153 Rdn. III.

werde, und zwar auch nur dann, wenn die schädigende Betriebshandlung unter Nichtbeachtung bestehender Gebote und Verbote (Betriebsplan, zugunsten der Verkehrsanstalten auferlegte Sicherungsvorkehrungen) vorgenommen worden sei[81]. Daher sei auch davon auszugehen, daß die §§ 150 I ABG und § 254 BGB grundsätzlich auch gegenüber dem Unternehmer öffentlicher Verkehrsanstalten Anwendung fänden[82]. § 154 Abs. 1 ABG sei mit dem Inkrafttreten des GG insoweit verfassungswidrig und damit rechtsungültig, als er einen Entschädigungsanspruch des Bergwerkseigentümers beschränke oder ausschließe. Es könne nicht anerkannt werden, daß das Eigentum von vornherein mit jeder nur möglichen hoheitlichen Maßnahme potentiell belastet sei. Werde durch Maßnahmen zugunsten öffentlicher Verkehrsanstalten die bisherige, ungestört ausgeübte Nutzung des Bergwerkseigentums beeinträchtigt, so liege darin im allgemeinen ein Sonderopfer und damit eine zur Entschädigung verpflichtende Enteignung[83].

Eine ähnliche Ansicht wird auch in der jüngsten Veröffentlichung zu §§ 153, 154 ABG von *Krautschneider*[84] vertreten. *Krautschneider* will bei wesentlichen Eingriffen in das Bergwerkseigentum zugunsten der öffentlichen Verkehrsanstalt Ansprüche aus Art. 14 GG geben, da das Bergwerkseigentum nicht von vornherein inhaltlich beschränkt sei, also wie jedes andere subjektive Recht durch dieses Verfassungsgebot geschützt sei. Dementsprechend hält *Krautschneider* den nach Offenlegung des Plans fortgesetzten Abbau mit schädlichen Folgen für die Verkehrsanstalt nicht für rechtswidrig, so daß gegen den Ersatzanspruch des Trägers der Verkehrsanstalt aus § 148 ABG der Einwand mitwirkenden Verschuldens zulässig ist.

5. Kritische Analyse der Rechtsprechung

Dieses auffällige Gegenüberstehen einer alten, häufig bestätigten Rechtsprechung und des heute überwiegend ablehnenden Schrifttums legt eine gründliche Analyse der RG-Rechtsprechung nahe.

a) Ausgangspunkt der kritischen Betrachtung muß die Feststellung sein, daß §§ 153, 154 ABG auslegungsbedürftig sind. Die Auslegungsbedürftigkeit ergibt sich aus dem dargestellten Fehlen der Anordnung materiellrechtlicher Rechtsfolgen im Text der Vorschriften. Die sonst deutlich und

[81] Vgl. § 153 Anm. 5.
[82] Vgl. § 153 Anm. 6.
[83] Vgl. § 154 Anm. 3.
[84] ZfB 106, 206ff. (211).

ausdrücklich angeordnete Rechtsfolge muß also durch Auslegung bestimmt werden. Wesentlich ist dann, daß die völlige Unterordnung der Bergbauinteressen unter die des Verkehrs, von der das RG ausgeht, jedenfalls nicht im Wortlaut der §§ 153, 154 ABG ausgedrückt ist.

b) Meines Erachtens ist das tragende Argument im Sinne der RG-Rechtsprechung das Argument aus dem Inhalt des § 154 und des § 153 Abs. 1 ABG. Auf diese Weise will das RG seine Ansicht aus dem Inhalt des Gesetzes selbst ableiten. Es sieht vor allem in der Beschränkung des Anspruchs aus § 154 ABG auf bestimmte Ersatzfälle den Ausdruck des gesetzgeberischen Willens, die Bergbauinteressen den Verkehrsinteressen unterzuordnen, und damit den Bewertungsmaßstab im Sinne der hier vertretenen Normentheorie[85]. Ein solcher Schluß von der Rechtsfolgeanordnung auf den Bewertungsmaßstab ist grundsätzlich möglich, nur ist zu prüfen, ob er im vorliegenden Fall berechtigt ist.

c) Der Gedanke, in der Gewährung eines Anspruchs und in seiner teilweisen inhaltlichen Beschränkung den gesetzlichen Ausdruck des Willens zu sehen, das mit Ersatzansprüchen geschützte Bergbauinteresse dem Verkehrsinteresse unterzuordnen, kann für die *heutige* Systematik nicht durchdringen.

Es sei zur Erläuterung auf die Behandlung der nachbarlichen Kollision in § 906 BGB hingewiesen. Für die Rechtsprechung zu § 906 BGB alter Fassung war die Gewährung eines Teilausgleichs für „existenzvernichtende, ortsübliche Beeinträchtigungen" nicht Ausdruck des Willens der völligen Überordnung des Interesses an der emittierenden Grundstücksnutzung über das Abwehrinteresse des Betroffenen oder umgekehrt, sondern gerade ein Weg zum Interessen*ausgleich*. Eher ließe sich umgekehrt aus dem völligen Abschneiden eines Ersatzanspruches in dem alten § 906 auf die Unterordnung des einen Interesses unter das andere schließen, wenn nicht festzustellen wäre, daß der Gesetzgeber im Begriff der Ortsüblichkeit einen seine Regelung rechtfertigenden Maßstab und letztlich auch einen Interessenausgleich gesehen hätte. Vollends gilt das für die Neufassung des § 906: Die teilweise Gewährung und das teilweise Versagen eines Anspruchs, jedenfalls in bestimmten Fällen, läßt nicht auf die Einseitigkeit der Interessenbewertung schließen, sondern auf den Ausgleichswillen.

Die RG-Argumentation ist aber von der Situation des ALR aus zu verstehen[86]. Das RG meint, wenn das Bergwerkseigentum nicht ein kraft Gesetzes inhaltlich beschränktes Recht gewesen wäre, hätte es einer besonderen Anordnung des Entschädigungsanspruchs nicht bedurft; vielmehr wäre bei unbeschränktem Inhalt des Bergwerkseigentums schon nach allgemeinem Recht bei Eingriffen in das Bergwerkseigentum ein Anspruch auf

[85] Vgl. oben S. 23ff.
[86] Vgl. dazu oben S. 18f.

vollen Ersatz gegeben gewesen. Folglich schließt das RG aus § 154 ABG, daß das Bergwerkseigentum gegenüber den Verkehrsanstalten keinen Inhalt habe.

Dagegen ist zunächst zu bedenken, daß die Vorschriften des ALR, von denen aus das RG argumentiert, nicht mehr gelten. Das wäre nur dann bedeutungslos, wenn festzustellen wäre, daß der Gesetzgeber des ABG mit der Anpassung an die ALR-Systematik von sich aus die vom RG angenommene Bewertung der Interessen *gewollt* hätte. Dann wäre nicht nur eine Anlehnung an das allgemeine Recht zur Zeit des Erlasses des ABG gegeben gewesen, sondern eine bewußte Übernahme der Systematik als Mittel der Bewertung, die von dem Außerkrafttreten der allgemeinen Vorschriften unberührt geblieben wäre. Wenn dem so wäre, müßte allerdings ernstlich geprüft werden, ob die völlige Schutzlosigkeit des Bergwerkseigentums gegenüber den Verkehrsanstalten, die nach dem Rechtszustand des ALR möglich war, nicht gegen Art. 14 GG verstieße. In der Tat ist zu sagen: Wenn die Beschränkung des Bergwerkseigentums in § 154 ABG vom Enteignungsrecht des ALR getragen wurde und als konkrete Folgerung des damaligen allgemeinen Verhältnisses des privaten subjektiven Rechts gegenüber dem Staat anzusehen ist, so müßte sie angesichts des Widerspruchs zu Art. 14 GG seit Inkrafttreten des GG fortfallen. Das wird allerdings dann nicht deutlich, wenn man unbesehen von der herkömmlichen Abgrenzung zwischen Eigentumsbindung und Enteignung ausgeht. Bei einer derartigen Betrachtungsweise wäre das Argument des Reichsgerichts[87] von der gesetzlichen Beschränkung des Bergwerkseigentums nicht zu widerlegen: Wenn das Bergwerkseigentum mit der gesetzlichen Beschränkung gegenüber der öffentlichen Verkehrsanstalt verliehen ist, dann kann es durch Ausnutzung dieser Einschränkung nicht verletzt werden. Das Problem muß jedoch anders gesehen werden. Die vom Reichsgericht angenommene „gesetzliche Beschränkung“ bedeutet nichts anderes als den bei der Verleihung gesetzlich vorgesehenen Vorbehalt, daß die verliehenen Befugnisse später durch hoheitliche Maßnahmen entschädigungslos zunichte gemacht werden können. Hier drängt sich nun die Parallele zu den Fällen auf, in denen Rechte unter dem Vorbehalt entschädigungslosen Widerrufs verliehen werden. In derartigen Fällen muß nach der Rechtsprechung entgegen dem Vorbehalt entschädigt werden, wenn auf der Grundlage der Verleihung bereits Kapital

[87] *Haustein* (DÖV 1956, 102ff.) hat dieses Argument gegen die von *Rudolf Isay* (Glückauf 1954, 1519ff.) geltend gemachten verfassungsrechtlichen Bedenken besonders eindringlich verteidigt.

und Arbeit investiert worden sind, die durch den Widerruf entwertet werden[88].

Das mag indessen dahingestellt bleiben, da meines Erachtens die Schlußfolgerung des RG schon ohne Rücksicht auf Art. 14 GG nicht zutrifft. Es ist zwar richtig, daß *vor* Inkrafttreten des ABG in das Bergwerkseigentum zugunsten von Verkehrsanstalten ersatzlos eingegriffen werden konnte. Wenn das ABG dies ändern wollte (und daß das der Wille des Gesetzgebers war, ergibt sich aus der unten mitgeteilten Entstehungsgeschichte sehr deutlich), war es für den Gesetzgeber dringend empfehlenswert, das im Gesetz auch ausdrücklich zu sagen. Mit § 154 ABG drückt sich dann nicht der Wille des Gesetzgebers aus, das Bergwerkseigentum den Verkehrsanstalten gegenüber als inhaltsloses Recht zu behandeln, sondern umgekehrt der Wille, dem Bergwerkseigentum im Gegensatz zum bisherigen Zustand einen – allerdings beschränkten – Schutz zu gewähren. Danach ist zu sagen, daß ein Wille des Gesetzgebers, den Bergbau für den Fall des Zusammenstoßes mit den Interessen der öffentlichen Verkehrsanstalten als inhaltsloses Recht zu gestalten, nicht festzustellen ist. Mehr als eine Schlußfolgerung dahin, daß der Gesetzgeber es gegenüber dem allgemeinen Recht des ALR für notwendig hielt, bei behördlichen Eingriffen einen Ersatzanspruch zu gewähren, ist aus § 154 ABG nicht zu schließen.

Aber selbst wenn mit dem RG anzunehmen wäre, daß das ABG das Bergwerkseigentum als inhaltlich beschränktes Recht *wollte*, wäre noch der Inhalt der Beschränkung zu ermitteln. In diesem Zusammenhang ist entscheidend, daß es in § 1 I 22 ALR heißt: „den *gesetzlichen* Einschränkungen". Maß und Umfang der gesetzlichen Beschränkung des Bergwerkseigentums zugunsten der Verkehrsanstalt müßten also vom Gesetz erkennbar angeordnet sein. Das führt wieder zu §§ 153, 154 ABG und damit zur Frage nach dem Inhalt dieser Vorschriften zurück. Nun ist in diesem Zusammen-

[88] Vgl. BGHZ 25, 266 = NJW 1957, 1927. Hier ging es darum, ob den Technischen Überwachungsvereinen, denen ihre Tätigkeit nur unter dem Vorbehalt jederzeitigen Widerrufs erlaubt war, diese Tätigkeit unter Berufung auf den Widerrufsvorbehalt entschädigungslos untersagt werden könne. Der BGH hat das verneint, und zwar wegen der Investitionen, die der Verein gemacht hatte, um die erlaubte Tätigkeit überhaupt ausüben zu können. – Vgl. ferner BVerfGE 1, 264 (277): Dort wird zwar der Grundsatz aufgestellt, als Eigentum i. S. von Art. 14 GG gelte nicht eine vorwiegend durch das öffentliche Recht gewährte und bestimmte Rechtsposition wie der Gewerbebetrieb eines Bezirksschornsteinfegermeisters. Andererseits erkennt das Gericht aber auch an, daß eine durch eigene Leistung und Kapitalaufwand geschaffene Sach- und Rechtsgesamtheit dem reinen Sacheigentum gleichzustellen ist. Vgl. auch BGHZ 15, 20 und BSG JZ 1958, 20.

hang wohl nicht zu bestreiten, daß der Inhalt von § 154 ABG die völlige Unterordnung der Bergwerksinteressen unter die Interessen der Verkehrsanstalt gerade *nicht* erkennen läßt.

Die Kritik gegenüber dem RG verstärkt sich, wenn man die von der Literatur wohl allgemein abgelehnte These des RG von der Rechtswidrigkeit des fortgesetzten Abbaus hinzunimmt. Diese Folge ist weder in § 154 noch in § 153 oder sonstwie im ABG als gesetzlich angeordnete Inhaltsbeschränkung des Bergwerkseigentums auch nur angedeutet.

Aus dem Vorhandensein des § 154 ABG läßt sich danach die RG-These von der grundsätzlichen Beschränkung des Bergwerkseigentums gegenüber den öffentlichen Verkehrsanstalten nicht herleiten.

Wohl aber könnte aus der Gegenüberstellung von Zubilligung und Verneinung von Ansprüchen auf ein gewisses Übergewicht des einen Interesses über das andere geschlossen werden. Diese – meines Erachtens allein zutreffende – Methode müßte beide Tatbestandsgruppen mit den zugebilligten oder verneinenden Ersatzfällen einander gegenüberstellen und dann Schlüsse auf die grundsätzliche Gewichtverteilung zu ziehen versuchen. Das tut das RG aber nicht. Ein solcher Versuch würde auch nicht viel helfen, da der Begriff „sonst nicht erforderliche Anlagen“ inhaltlich erst von der Grundsatzentscheidung her bestimmt werden kann. § 154 ABG ist erst mittels dieser Begriffsbestimmung, die gleichzeitig Bestimmung des Bewertungsmaßstabs ist, anwendbar. Folglich kann aus § 154 ABG so nicht auf die Grundsatzmaßstäbe geschlossen werden. Tatsächlich geht die hier zur Diskussion gestellte Ansicht so vor, daß sie den vom RG aus § 154 ABG entwickelten Maßstab auf den Begriff „sonst nicht erforderliche Anlagen“ anwendet. Pointiert gesprochen läßt sich das auch so formulieren: Aus der Beschränkung der Ersatzfälle in § 154 ABG wird eine grundsätzliche Unterordnung der Bergbauinteressen geschlossen, die dann mit Hilfe der Inhaltsbestimmung des Begriffs „sonst nicht erforderliche Anlagen“ in § 154 ABG dazu führt, daß aus der Beschränkung der Ersatzfälle praktisch ein Ausschluß des Anspruchs wird.

Aus dem Inhalt des Gesetzes stammt ferner das Argument des RG, daß der Ausschluß des Widerspruchsrechts durch die gesetzliche Beschränkung des Bergwerkseigentums als Folge der Konzession der Verkehrsanstalten zu erklären sei[89]. Oben ist dargestellt[90], daß ein gesetzlicher Ausschluß eines Widerspruchsrechts nicht materielle Folge des § 153 ABG sein kann.

[89] Vgl. RG, Urt. v. 11. XI. 1891 = RGZ 28, 341, 344 = ZfB 33, 232, 236.
[90] Vgl. S. 36f.

Der Ausschluß eines nicht bestehenden Widerspruchsrechts zwingt nicht dazu, eine völlige Unterordnung der Bergbauinteressen unter die Verkehrsinteressen als Inhalt des Gesetzes anzunehmen. Es bieten sich vielmehr andere Auslegungsmöglichkeiten an. Es könnte auch sein, daß § 153 Abs. 1 ABG ein Redaktionsversehen und danach bedeutungslos wäre. Es ist aber auch möglich, in der als Ausschluß des Widerspruchsrechts nicht verständlichen Rechtsfolgeanordnung den unklaren Ausdruck einer anderen materiell-rechtlichen Anordnung zu sehen. Der Unterschied ergibt sich daraus, daß es einmal um einen Rückschluß von einer Rechtsfolge auf ihren Bewertungsmaßstab und folgeweise um den weiteren Schluß auf die sonstigen Folgen aus diesem Maßstab geht, zum anderen es sich darum handelt, aus der unklaren oder gar dem ausdrücklichen Wortlaut nach unverständlichen Formulierung des Gesetzes die „vom Gesetz gewollte Rechtsfolgeanordnung" abzuleiten. Diese Auslegungsfrage ist unten anläßlich des Versuchs einer eigenen Auslegung des § 153 ABG behandelt[91].

d) Die Argumentation aus dem Inhalt der §§ 153, 154 ABG deckt danach, wenn man vom Wortlaut der Vorschriften ausgeht, die These des RG von der völligen Unterordnung der Bergbauinteressen unter die des Verkehrs nicht. Das RG ist nun dadurch zu seiner Auslegung gekommen, daß es die Entstehungsgeschichte entscheidend mit heranzieht.

Es ist daher zu prüfen, ob die Entstehungsgeschichte allein oder in Verbindung mit der inhaltlichen Argumentation des RG die Auslegung des RG erzwingt oder rechtfertigt.

aa) Bei einer im Wortlaut kaum oder schwer verständlichen Vorschrift, wie es § 153 ABG ist, ist die Entstehungsgeschichte ein wichtiges Mittel für den wertenden Willen des Gesetzgebers[92].

[91] Vgl. S. 70ff.

[92] Zur Entstehungsgeschichte eines Gesetzes zählen insbesondere die wirtschaftlichen und sozialen Verhältnisse zur Zeit der Entstehung des Gesetzes als Motiv der gesetzgeberischen Willensbildung; ferner die aktuellen Reformbestrebungen, der Rechtszustand und Stand der Rechtswissenschaft, überhaupt die ganzen geistigen Strömungen und Vorstellungsinhalte der Zeit. Die Entstehungsgeschichte ist also das Substrat des gesetzgeberischen Willens. Auffindbar ist sie meistens in den sogenannten Gesetzesmaterialien, d. h. der Vorgeschichte nebst Vorarbeiten, Entwürfen, Motiven, Denkschriften und Gutachten. Vgl. dazu insbesondere *Larenz*, Methodenlehre, S. 248ff.; *Enneccerus-Nipperdey*, Allgemeiner Teil, Bd. 1, § 55; *Liver*, Der Wille des Gesetzes, S. 17. Die Unzuverlässigkeit der Gesetzesmaterialien für die Erforschung des von den Urhebern des Gesetzes tatsächlich Gewollten betont *Burckhardt*, Methode und System des Rechts, S. 277ff.

Nun ist es schwierig, den Willen des historischen Gesetzgebers festzustellen. Die Schwierigkeiten wachsen, je älter das auszulegende Gesetz ist. Beim 100jährigen ABG ist auch zu bedenken, daß für das Zustandekommen des Gesetzes ein Zusammenwirken des Königs, des Herrenhauses und des Hauses der Abgeordneten erforderlich war. Grundsätzlich ist nicht zweifelsfrei, welche Bedeutung die Äußerungen von Kommissionen und insbesondere der führenden Männer in diesen Kommissionen haben. Sehr häufig deuten auch verschiedene Stellen in den Erörterungen bei der Entstehung des Gesetzes mindestens in Einzelheiten auf einen abweichenden Willen oder unterschiedliche Vorstellungen der einzelnen Beteiligten hin. Man darf auch nicht verkennen, daß Gesetze durch Mehrheitsbeschluß zustandekommen. Daneben kann im Einzelfall einmal eine konkrete Frage in der Diskussion um das Gesetz erörtert sein. Der diesbezügliche Wille der Mehrheit kann und wird i. d. R. die Entscheidung der konkreten Frage nach Inkrafttreten des Gesetzes stark beeinflussen. Aus der Einzelfallentscheidung können Rückschlüsse auf die Grundtendenz des „historischen Gesetzgebers" möglich sein.

Der Wille des historischen Gesetzgebers hat danach nur insoweit Bedeutung, als aus den meist in den Materialien enthaltenen Äußerungen der beteiligten Personen eine die Mehrheit beherrschende Grundtendenz feststellbar ist. Diese Grundtendenzen sind die grundlegenden rechtspolitischen Entscheidungen und Ziele, die durch das Gesetz verwirklicht werden sollen[93]. Sie sind, wenn die Mehrheit der Mitglieder einer gesetzgebenden Körperschaft sie unterstützt, der Wille des historischen Gesetzgebers. „Wille des Gesetzes" sind sie dann, wenn sie im Gesetz selbst unzweideutigen oder durch Auslegung ermittelbaren Ausdruck gefunden haben. Wertvolle Auslegungshilfen sind in der Regel die Normvorstellungen der Gesetzesverfasser besonders dann, wenn der Inhalt der von ihnen eingebrachten Entwürfe mit dem Wortlaut oder Inhalt des endgültigen Gesetzes übereinstimmt. Die Vorstellungen, die die Mehrheit der an der Entstehung des Gesetzes Beteiligten beherrschen, lassen meistens erkennen, wie die zur Diskussion stehenden Interessen bewertet werden und aus welchem Grunde der Bewertungsmaßstab abgeleitet wird. Ein solcher Mehrheitswille läßt sich auch sehr viel leichter ermitteln als der über einzelne Formulierungen und Abgrenzungen.

Diese Verwendung des sogenannten Willens des Gesetzgebers deckt sich

[93] Vgl. *Larenz*, Methodenlehre, S. 248.

auch damit, daß Recht Schaffen in erster Linie Interessenbewertung bedeutet und daß diese Bewertung vorzüglich Sache des Parlaments ist.

bb) Die Entwicklung des allgemeinen Bergschadensrechts und die ursprüngliche Behandlung der Kollision von Bergbau und Verkehrsanstalten ist oben in Grundzügen geschildert[94]. Hier ist vor allem bedeutungsvoll, wie es zu der besonderen Regelung in §§ 153, 154 ABG gekommen ist. Im Entwurf von 1862 waren solche Vorschriften nicht enthalten; ihre Einfügung war, wie das Reichsgericht hervorhebt[95], durch die dem Bergbau insoweit ungünstige Rechtsprechung des Obertribunals veranlaßt. Die Einfügung bezweckte, den Bergbau insoweit besserzustellen. Im Vordergrund der Erörterungen standen daher die Fragen, in welchem Umfang den Bergbautreibenden Ersatzansprüche zustehen sollten, d. h. im wesentlichen wurde § 154 ABG erörtert. Dabei ist es sowohl in den Kommissionen des Herrenhauses und des Hauses der Abgeordneten als auch im Plenum des Herrenhauses zu lebhaften Diskussionen gekommen. Als Quellen, aus denen sich die angestellten Erwägungen und die sich daraus ergebenden Normvorstellungen ergeben, kommen insbesondere die Motive zum endgültigen Regierungsentwurf eines Allgemeinen Berggesetzes für die Preußischen Staaten[96], eine Rede, die der Generalstaatsanwalt *Grimm*, ein Mitglied des Herrenhauses, im Verlaufe der Beratungen im Herrenhaus gehalten hat[97], und der Bericht der Kommission des Hauses der Abgeordneten[98] in Betracht.

a_1) Die Motive gehen von der Rechtsprechung zu den Ersatzansprüchen des Bergwerkseigentümers gegen die Träger der Verkehrsanstalten aus. Die eigentliche Begründung der vorgesehenen Neuregelung zu §§ 153 bis 155 ABG sei ihrer Bedeutung wegen wörtlich wiedergegeben:

„Die Gründe dieser Entscheidungen[99] beruhen im Wesentlichen auf der Ansicht, daß der mit einem Bergwerke Beliehene kein unbeschränktes Recht zur Besitznahme der in dem Felde vorkommenden Mineralien habe, sondern den bestehenden Gesetzen gemäß

[94] Vgl. S. 16ff.

[95] Vgl. RG, Urt. v. 11. XI. 1891 = RGZ 28, 341, 342 = ZfB 33, 232, 235.

[96] Abgedruckt in ZfB 6, 55, 174ff. und bei *Hahn*, S. 295ff.

[97] Abgedruckt in ZfB 6, 344ff.

[98] Bericht der XIX. Kommission über den Entwurf eines Allgemeinen Berggesetzes für die Preußischen Staaten, abgedruckt in: Stenographische Berichte über die Verhandlungen des Hauses der Abgeordneten, Anlagen, 4. Teil, Nr. 125–145 (Nr. 126), Berlin 1865, S. 1210ff., insbes. S. 1245ff.; und bei *Hahn* S. 301ff.

[99] Gemeint sind die Urteile des ObTrib. vom 28. III. 1862 und 20. III. 1863, die einen Ersatzanspruch des Bergwerkseigentumers wegen der Anordnung von Sicherheitspfeilern zugunsten von Eisenbahnanlagen verneint haben (vgl. Motive, ZfB 6, 174).

den Anordnungen der Bergbehörde, insbesondere auch in Bezug auf die Sicherheit der Oberfläche im Interesse des Privat- und öffentlichen Verkehrs unterworfen sei. Hieraus folge, daß die durch diese Anordnungen begründeten Beschränkungen nicht als solche Einschränkungen des Privateigenthums angesehen werden können, für welche nach §§. 29–31 Th. I Tit. 8 A. L. R. der Staat und demgemäß nach §. 20 des Gesetzes vom 3. November 1838 auch die Eisenbahngesellschaft Schadloshaltung zu gewähren habe.

Diese Begründung ist indeß nicht unangefochten geblieben. Aber auch abgesehen hiervon, gewinnt die Frage, soweit ihre rechtliche Beurtheilung auf die Bergregalität und die hieraus abgeleitete besondere Natur des Bergwerkseigenthums gestützt worden ist, nach den Grundsätzen des gegenwärtigen Entwurfs eine veränderte Gestalt. Denn nach letzterem kann dem Bergwerkseigenthume, der Polizeihoheit des Staates gegenüber, keine von anderen Vermögensrechten rechtlich verschiedene Stellung angewiesen werden, wenn auch die Befugnisse der Bergpolizei ausgedehnter sind.

Demzufolge würde es nicht mehr gerechtfertigt sein, dem Bergwerkseigenthümer, der allgemeinen gesetzlichen Regel entgegen, jeden Anspruch auf Schadloshaltung für die im Interesse des öffentlichen Verkehrs ihm auferlegten Einschränkungen zu versagen. Überdies stehen einem solchen Anspruche entschiedene Billigkeitsgründe, namentlich dann zur Seite, wenn der Bergwerkseigenthümer für seinen Theil keinen Vortheil, vielleicht sogar Nachtheil von einer über sein Grubenfeld geführten Verkehrsstraße zu erwarten hat, oder wenn ein Grubenfeld nach verschiedenen Richtungen von Eisenbahnen durchschnitten wird.

Andererseits kommt aber bei der Frage über den Umfang des dem Bergwerkseigenthümer zuzuerkennenden Entschädigungsanspruchs wesentlich in Betracht, daß gerade die gemeinnützigen Verkehrsanstalten besondere Berücksichtigung hierbei verdienen. Denn die Einschränkungen, welchen der Bergwerkseigenthümer aus Veranlassung solcher Anlagen unterworfen wird, kommen keineswegs nur allein dem Unternehmer der Letzteren, sondern dem gesamten Publikum und auch dem Bergwerkseigenthümer selbst in sofern zu Statten, als auf diese Weise Beschädigungen der Oberfläche durch seinen Betrieb, für welche er sonst aufkommen müßte, abgewandt werden. Würde überdies der Entschädigungsanspruch des Bergwerkseigenthümers soweit ausgedehnt, daß demselben der Werth der Mineralien, welche zum Schutze öffentlicher Verkehrsanstalten ungewonnen bleiben müssen, zu vergüten wäre, so würden solche Anlagen in Bergbaubezirken, wo das Terrain auf weite Erstreckungen mit Bergwerksverleihungen bestrickt ist, durch die Höhe der zu leistenden Entschädigungen erdrückt oder ihre Ausführung geradezu unmöglich gemacht werden, worunter in der Regel der Bergbau selbst zu leiden hätte. Zudem kann aber auch die Entschädigung deshalb nicht durch den Werth der von der Gewinnung ausgeschlossenen Mineralien bestimmt werden, weil diese Mineralien selbst dem Bergwerkseigenthümer nicht entzogen werden, sondern nur sein Ausbeutungsrecht suspendiert bleibt und unter Umständen in nicht ferner Zeit wieder in Wirksamkeit treten kann.“ [100]

Es folgt dann eine Begründung, weswegen es für den geschilderten Ersatzanspruch nicht auf das zeitliche Verhältnis zwischen Verleihung des Bergwerks und der Konzession der Verkehrsanstalt ankomme, da die ursprünglich vorgesehene Regelung einen Ersatzanspruch ohne die später geforderte Priorität des Bergwerkseigentums geben wollte.

[100] Vgl. Motive, ZfB 6, 174–176.

Es heißt dann entscheidend weiter:

„Diese den Rücksichten der Billigkeit gegen beide Theile entsprechende Bestimmung trifft der §. 154.
Dem so festgestellten Entschädigungsanspruche des Bergbautreibenden muß gleichzeitig der Grundsatz gegenüber gestellt werden, daß der Bergbautreibende gegen die Ausführung öffentlicher Verkehrsanstalten kein Widerspruchsrecht hat. Denn das solchen Anlagen beigelegte Expropriationsrecht bezieht sich seinem Zwecke gemäß nur auf das Grundeigenthum und dessen Zubehörungen, nicht auch auf das unterirdische Bergwerkseigenthum. Letzteres muß sich indeß ebenfalls diejenigen Beschränkungen gefallen lassen, ohne welche die Ausführung oder Erhaltung öffentlicher Verkehrsanstalten nicht möglich sein würde. Zur Beseitigung von Zweifeln hierüber ist das Widerspruchsrecht durch §. 153 ausdrücklich ausgeschlossen.“ [101]

Bemerkenswert an dieser Motivation ist meines Erachtens

: Der Anlaß zur Regelung. Die Motive wollten die Stellung des Bergwerkseigentümers gegenüber den Verkehrsanstalten verbessern.
: Die Überlegung, daß das Bergwerkseigentum der Polizeihoheit des Staates gegenüber keine von anderen Vermögensrechten verschiedene Stellung habe.

Inkonsequent ist es dann allerdings, wenn die Motive wegen des Umfangs des Entschädigungsanspruchs darauf hinweisen, daß die Verkehrsanstalten gemeinnützig seien und daher besonderen Schutz verdienen. Dieses Argument könnte nämlich bei Anwendung der §§ 29–31 I 8 ALR nicht zu einer Minderung des Schadensersatzes führen. (Vgl. den oben wörtlich wiedergegebenen Text dieser Vorschriften: § 31 I 8 ALR spricht von vollständiger Schadloshaltung, Voraussetzung ist gerade eine Begünstigung anderer oder des Staates, also des Gemeinwohls.)

: Der Wille zum Interessen*ausgleich*, an Stelle einer einseitigen Über- oder Unterbewertung des einen oder anderen Interesses, der meines Erachtens besonders bedeutungsvoll ist.

Zu § 153 ABG ist kaum etwas gesagt. Der Ausschluß des Widerspruchsrechts ist als Ersatz einer fehlenden Enteignungsmöglichkeit des Bergwerks begründet. Daraus ist eine Duldungspflicht bezüglich der Beschränkungen abgeleitet. Es verdient hervorgehoben zu werden, daß der Bergwerkseigentümer sich „diejenigen Beschränkungen gefallen lassen (muß), ohne welche die Ausführung oder Erhaltung öffentlicher Verkehrsanstalten nicht möglich sein würde“.

Überhaupt sind die heute im Vordergrund stehenden Fragen der Sicherungskosten für die Verkehrsanlagen und die der Schadensersatzpflicht für Schäden an den Anlagen in den Äußerungen zur Entstehungsgeschichte

[101] Vgl. Motive, ZfB 6, 176f.

nicht behandelt. Daraus ist zu schließen, daß den Beteiligten nicht bewußt war, daß diese Fragen geregelt werden mußten. Die beabsichtigte finanzielle Erleichterung der Errichtung von Verkehrsanstalten ist offensichtlich nur in § 154 ABG berücksichtigt, folglich ist der dort geregelte Ersatzanspruch eingeschränkt. Insbesondere ist die Frage diskutiert, ob dem Bergbauberechtigten auch ein Ersatzanspruch dafür zustehen sollte, daß er Teile des Minerals nicht abbauen kann. Die Frage ist im Interesse der Verkehrsanstalten und infolge bestimmter Vorstellungen über das Abbaurecht verneint worden.

b_1) Bemerkenswert aus den Landtagsverhandlungen ist ein Satz aus der Rede, mit der der Berichterstatter für das Haus der Abgeordneten, der Abgeordnete *von Beughem*, die Plenarsitzung im Abgeordnetenhaus eingeleitet hat. Er lautet:

„Im Einzelnen, meine Herren, ist der Entwurf allerdings nicht frei von Unklarheiten und Mängeln; man kann auch bei der Regelung einzelner Materien eine andere Meinung begründen, namentlich bei den Bestimmungen über das Verhältniß des Bergbaues zu den oberirdischen Verkehrsanstalten. Allein, meine Herrn, das liegt nun einmal in der Unvollkommenheit aller menschlichen Dinge, und es würde auch ein in der Kommission und hier im Hause amendirter Entwurf davon nicht frei geblieben sein. Ich gehe daher über diese Punkte hier hinweg.“ [102]

c_1) *Grimm* geht in seiner vor dem Herrenhause gehaltenen Rede[103] von der uneingeschränkten Nutzungsbefugnis des Grundeigentümers bezüglich seines Eigentums aus. Er folgert daraus, daß auch der Träger der Verkehrsanstalt, der auf Grund rechtsgeschäftlichen Erwerbs oder durch Enteignung Grundeigentümer geworden ist, sein natürliches Recht ausübe, wenn er Verkehrsanlagen baue. Dem stellt er die schützenswerten Bergbauinteressen gegenüber[104]. Es heißt dann wörtlich:

„Der Grundeigenthümer muß sich gefallen lassen, daß sein Grund und Boden unbrauchbar gemacht wird, jedoch nur gegen vollständige Entschädigung. Der Grund für diese Ausnahme liegt in einem öffentlichen Interesse, dem Interesse nämlich, welches das Gemeinwesen an der Gewinnung der unterirdischen Schätze hat.
Nun kann aber ein noch höheres öffentliches Interesse es erfordern, daß das Grundeigenthum zur Errichtung irgend einer Anlage brauchbar bleibe oder wieder brauchbar gemacht werde. Es würde z. B. ein solches öffentliches Interesse eintreten, wenn Jemand auf seinem Grund und Boden eine Eisenbahn baute, welche ein nothwendiges Verbindungsglied zwischen zwei für den Staat wichtigen Eisenbahnen bildete. In einem solchen Falle würde das Ausnahmerecht, vermöge dessen der Bergwerksbesitzer verlangen kann, daß das Grundeigenthum ihm gegen Zahlung einer Geldentschädigung weiche, zurücktreten

[102] Vgl. Verhandlungen des Landtags, zusammengestellt von *Brassert*, ZfB 6, 297.
[103] ZfB 6, 344ff.
[104] Vgl. ZfB 6, 347.

müssen. Wenn dies aber geschieht, so wird nicht auf Kosten des Bergwerksbesitzers dem Grundeigenthümer ein Recht beigelegt, sondern der Grundeigenthümer bleibt im Besitz seines natürlichen Rechts, auf seinem Grund und Boden alles das vorzunehmen, wozu derselbe bestimmt ist. Es würde gar kein Grund vorliegen, aus welchem der Grundeigenthümer verpflichtet sein könnte, dafür Entschädigung zu leisten, daß ihm das natürliche Recht, sein Eigenthum unbeschränkt, namentlich auch zum Bau einer Eisenbahn zu benutzen, ausnahmsweise nicht entzogen wird, während er doch, wenn es ihm entzogen würde, seinerseits Entschädigung von dem Bergwerksbesitzer zu fordern hätte. Würden die öffentlichen Verkehrsanstalten, insbesondere die Eisenbahnen in der Art gebaut, daß jeder Eigenthümer auf seinem eigenen Grund und Boden die entsprechende Strecke baute, so würde eine entschiedene Verletzung des Eigenthumsrechts darin liegen, wenn dem Grundeigenthümer die Verpflichtung auferlegt würde, dafür Entschädigung zu leisten, daß der Bergwerksbesitzer ihm den Grund und Boden zum Bau nicht unbrauchbar machte, oder denselben wieder in einen zum Bau brauchbaren Zustande versetzte.

Die Sache macht sich indessen gewöhnlich nicht so. Nicht die Grundeigenthümer bauen, sondern es treten Unternehmer öffentlicher Verkehrsanstalten auf, welchen das Expropriationsrecht verliehen wird. Dem Prinzipe nach tritt, wie schon bemerkt, ein solcher Unternehmer gänzlich in die Rechte des expropriirten Eigenthümers, er hat alle Rechte desselben, also auch das Recht, zu verlangen, daß ihm ohne Entschädigung ein solider Baugrund belassen, oder daß ein solcher wieder hergestellt werde. Da aber ein solcher Unternehmer auf die Genehmigung seiner Anlage, auf die Ertheilung des Expropriationsrechts keinen Rechtsanspruch hat, so ist der Gesetzgebung die Möglichkeit eröffnet, die ihm erst zu ertheilende Genehmigung an beschränkende Bedingungen zu knüpfen, also auch an die Bedingung, dem Bergwerksbesitzer einen Schadensersatz zu leisten, auf welchen dieser sonst keinen Anspruch haben würde.

Wenn feststände, daß alle öffentlichen Verkehrsanstalten, deren Anlegung im öffentlichen Interesse wünschenswerth ist, einen entsprechenden Gewinn brächten, wenn es namentlich gewiß wäre, daß keine derartige Eisenbahn ungebaut bliebe, wenn sie auch mit schwerer Entschädigungspflicht gegen die Bergwerksbesitzer belastet wäre, so würde es kein Bedenken haben, daß das Gesetz diesen Unternehmern die Verpflichtung auferlegte, jeden Schaden, welcher den Bergwerksbesitzern entstände, zu tragen. Allein die Voraussetzung, unter der es möglich wäre, so zu verfahren, tritt nicht immer ein; nicht alle Verkehrsanstalten sind gewinnbringend. Es giebt solche, deren Anlegung im öffentlichen Interesse sehr wünschenswerth ist, die aber einen Gewinn nicht versprechen. Unter solchen Umständen hat die Gesetzgebung, welche alle öffentlichen Interessen gleichmäßig zu wahren hat, nicht freie Hand. Sie kann und darf den Bergwerksbesitzern einen Anspruch auf Entschädigung, welchen sie an sich nicht haben, nur geben, soweit dadurch das Entstehen öffentlicher Verkehrsanstalten nicht gefährdet wird. Die Königliche Staatsregierung und insbesondere der Herr Handelsminister, zu dessen Ressort die Verkehrsanstalten sowohl, wie die Bergwerke gehören, hält es für zulässig, die Unternehmer der Verkehrsanstalten zu einer Entschädigung zu verpflichten, wie § 154 sie näher bestimmt. Es wird keine Bedenken haben, auf dieser Grundlage hin einen in solcher Weise begrenzten Anspruch auf Schadensersatz zu gewähren.

Es bleibt nur die Frage übrig, ob noch ein weiter gehender Entschädigungsanspruch gesetzlich bewilligt werden kann, namentlich für Stehenlassen von Sicherheitspfeilern, mit anderen Worten dafür, daß Mineralien, die sonst abgebaut werden könnten, nicht abgebaut werden dürfen. Die Staatsregierung und derselbe Herr Handelsminister erklären, daß ein so weit ausgedehnter Entschädigungsanspruch das Entstehen wichtiger Verkehrsanstalten gefährden würde. Die Thatsache ist meines Erachtens an sich schon nicht zu bezweifeln. Wenn man aber darüber Zweifel hegen könnte, so ist das ein Punkt, wo vorzugsweise der Staatsregierung die volle Sachkenntniß zugetraut werden muß, und wo es bedenklich sein würde, einer etwa abweichenden, nicht so sondirten eigenen Meinung zu folgen.

Geht man hiervon aus, so würde es nicht gerechtfertigt sein, den Bergwerksbesitzern, obgleich ihnen ein Rechtsanspruch nicht zur Seite steht, ein gesetzliches Recht auf einen weiter gehenden Schadenersatz zu geben. Ein solches unbedingtes gesetzliches Recht ist um so weniger zu geben, als nach den Bestimmungen des §. 153, wie schon erwähnt, die Bergwerksbesitzer vor Feststellung der Richtungslinie einer Verkehrsanstalt gehört werden sollen. Wenn im einzelnen Falle Billigkeitsgründe dafür sprechen, daß den Bergwerksbesitzern eine größere Entschädigung zu Theil werde, so hat die Regierung es in ihrer Hand, die Ertheilung der Konzession zu der Verkehrsanstalt an die Bedingung zu knüpfen, daß der durch das Stehenlassen von Sicherheitspfeilern erwachsende Schaden ganz oder theilweise vergütet werde. – –

Was ich bisher zu entwickeln versucht habe, fasse ich dahin zusammen: Die etwaigen Rechte der bestehenden Bergwerke auf den Ersatz alles und jeden Schadens sind durch den §. 155 vollständig gewahrt. Sie können durch das Gesetz nur gewinnen, in keiner Weise aber verlieren. Sie gewinnen in der That, wenn der oberste Gerichtshof bei seiner bisherigen Rechtsprechung verbleibt. In Beziehung auf die künftig zu beleihenden Bergwerke hat die Gesetzgebung freie Hand. Denn eine erst zu ertheilende Verleihung kann auch mit Beschränkungen ertheilt werden, hier mit der Beschränkung, daß ohne Anspruch auf Entschädigung die erforderlichen Sicherheitspfeiler müssen stehen gelassen werden.

Diese Beschränkung befindet sich übrigens im vollen Einklange mit der Natur des Grundeigenthums im Verhältniß zum Bergwerkseigenthum. Sie ist im Allgemeinen für nothwendig zu erachten, damit nicht die öffentlichen Interessen gefährdet werden, welche der Staat an dem Entstehen der Verkehrsanstalten hat. Damit übrigens alle Interessen ihre Berücksichtigung finden können, sollen die Bergwerksbesitzer vor der Bestimmung der Richtungslinie gehört werden. Und wenn es sich dabei finden sollte, daß aus besonderen Gründen der Billigkeit den Bergwerkseigenthümern eine größere Entschädigung zu gewähren sei, so hat die Staatsregierung es in der Hand, die Ertheilung der Konzession an diese Bedingung zu knüpfen. Auf solche Weise wird, wie ich glaube, allen Rechten und allen Interessen vollständig Rechnung getragen.“ [105]

Die hier ausgedrückte Ansicht ist offensichtlich stärker als die der Motive von den Anschauungen über das grundsätzliche Verhältnis vom Grundeigentum zum Bergwerkseigentum bestimmt. Sehr bemerkenswert ist die Erkenntnis, daß die Kollision zwischen den Interessen des Trägers der Verkehrsanstalt und denen des Bergbautreibenden erst durch die staatliche Konzession für die Verkehrsanlagen entsteht und daß auf die Konzession kein Anspruch besteht. Eindeutig motivierend ist auch hier der Wille, einen praktikablen *Interessenausgleich* zu suchen. Die Ansichten über die Konstruktion sollen nur die grundsätzlichen Möglichkeiten der Regelung der einen oder anderen Art begründen. Bedeutungsvoll für die heutige Auslegung ist meines Erachtens, daß auch hier § 153 Abs. 2 ABG die Funktion zuge-

[105] Vgl. ZfB 6, 347–350.

messen wird, die Einschränkung des Entschädigungsanspruchs auszugleichen.

Die Ansicht von *Grimm* wird noch deutlicher, wenn man die Entscheidung des Obertribunals vom 10. XII. 1878[106] heranzieht, an der *Grimm* als Senatspräsident mitgewirkt hat[107]. Nimmt man nicht an, daß *Grimm* überstimmt war (wozu kein Anlaß besteht), so muß diese Entscheidung im Zusammenhang mit seiner Rede gesehen werden. Es ist dann unübersehbar deutlich, daß *Grimm* als einer der maßgebenden Beteiligten nicht davon überzeugt war, daß das Bergwerkseigentum gegenüber den Verkehrsanlagen ein inhaltsloses Recht sei. Es heißt in der zitierten Entscheidung wörtlich:

„In Erwägung, daß nun zwar der Bergwerkseigenthümer den abstrakten Konsequenzen seines Rechts gegenüber, durch die den Bergbau der polizeilichen Aufsicht unterwerfende Bestimmung des §. 196 des Berggesetzes im Betriebe seines Bergbaues insofern allerdings beschränkt erscheint, als er den von der Behörde unter anderen Zwecken auch zum Schutze der Oberfläche im Interesse der persönlichen Sicherheit und des öffentlichen Verkehrs für nöthig erachteten Anordnungen nachzukommen hat, daß indeß diese Bestimmung dem Bergwerkseigenthümer der Polizeihoheit des Staates gegenüber keine von anderen Vermögensrechten rechtlich verschiedene Stellung anweisen will (vergl. Motive des Gesetzes bei Hahn S. 295), also namentlich nicht als Ausfluß aus einer im Wesen des Bergwerkseigenthums selbst liegenden Beschränktheit desselben aufzufassen ist, vielmehr, wie auch in den Motiven zu dem von der Regierung vorgelegten Gesetzentwurfe ausdrücklich gesagt ist, das wirkliche und wesentliche Korrelat zu dem in Frage stehenden Entschädigungsanspruche des §. 154 ist, indem sie mit diesem Anspruche zusammengenommen das Mittel bildet, wodurch der Gesetzgeber die aus der an sich unbeschränkten Ausübung des Bergwerkseigenthums entstehenden Kollisionen mit der Sicherheit einer öffentlichen Verkehrsanstalt im öffentlichen Interesse hat beseitigen und die Interessen beider Theile ausgleichen wollen.“[108]

Für *Grimm* ist also offensichtlich nicht die Vorstellung maßgebend gewesen, das Bergwerkseigentum sei ein gesetzlich beschränktes Recht, in das ohne Entschädigung eingegriffen werden könnte (in ObTrib. vom 10. XII. 1878 ist sogar die Gleichstellung von Bergwerkseigentum mit den sonstigen Rechten bezüglich des Schutzes gegen polizeiliche Eingriffe ausdrücklich festgestellt). Wenn überhaupt konstruktive Gründe für die Vorschläge kausal waren, dann eher die über das grundsätzliche Verhältnis von Bergwerkseigentum und Grundeigentum, das durch die Benutzung des Bodens vom Bau für Verkehrsanlagen beeinflußt wird. Wesentlicher aber ist der Wille gewesen, einen vernünftigen und den wirtschaftlichen Bedürfnissen der Zeit entsprechenden Ausgleich zwischen Bergbau- und Verkehrs-

[106] ZfB 20, 529.
[107] Vgl. ZfB 20, 529, 530 FN 1.
[108] Vgl. ZfB 20, 529, 533.

interessen zu schaffen. Trotz der ausführlichen Darstellung des Problems behandelt *Grimm* von den praktischen Fragen nur den Umfang des Entschädigungsanspruchs und die Verpflichtung des Bergwerkseigentümers, einen Sicherheitspfeiler stehenzulassen. Bemerkenswert ist ferner, daß *Grimm* in § 153 Abs. 2 ABG einen Schutz des Bergwerkseigentums sieht.

d1) Der Bericht der Kommission des Hauses der Abgeordneten macht zunächst das Ausgleichsstreben wieder deutlich zum Mittelpunkt der Motivation[109]. Es heißt wörtlich:

„II. Im Einzelnen. §. 153 ist nach dem so eben Angeführten unbeanstandet anzunehmen. Die Aenderung des Herrenhauses im Alinea 1. ist lediglich redaktionell; die Zufügung des Alinea 2. eine Verbesserung. Es wird hier nämlich bestimmt, daß, bevor die künftige Richtung der bevorstehenden Verkehrsanlage festgestellt wird, die Bergwerksbesitzer darüber gehört werden sollen, in welcher Weise unter möglichst geringer Benachtheiligung des Bergwerkseigenthums die Anlage auszuführen sei. Diese Anordnung beruht auf dem Bestreben, die streitenden Interessen des Bergbaues und des öffentlichen Verkehrs mit einander möglichst auszugleichen[110]. Der frühere Grundsatz der alten Berg-Ordnungen, daß der Bergbau vor allen anderen Gewerben unbedingt den Vorzug habe, ist nach der Ansicht der Kommission den wirthschaftlichen Anforderungen der gegenwärtigen Industrie- und Verkehrsverhältnisse gegenüber nicht aufrecht zu halten; es muß vielmehr danach gestrebt werden, das Fortbestehen der beiden kollidirenden Unternehmen neben einander möglich zu machen. Diesem Bestreben entspricht das Alinea 2. Gerade die hier angeordnete vorgängige Erörterung wird, je eingehender und sorgfältiger sie stattfindet, um desto mehr in den meisten Fällen einen richtigen Ausgleich herbeiführen und dadurch das Gebiet und den Umfang, sowie den Streit und die Kosten später nachfolgender Entschädigungsansprüche ungemein beschränken.“[111]

Es ist dann zu den Entscheidungen der Gerichte zur Entschädigungsfrage Stellung genommen. Ferner findet sich ein Vergleich mit den sonstigen Berggesetzen der Zeit. Es wird weiter gesagt, daß ein Antrag, auch die Abtretung von Oberflächeneigentum eines Bergwerkseigentümers an den Träger der Verkehrsanstalt im Berggesetz zu regeln, abgelehnt werden müsse, da das eine allgemeine Frage des Enteignungsrechts sei. Ferner wird ein Antrag abgelehnt, Entschädigungsansprüche des Bergwerkseigentümers gegenüber dem Träger der Verkehrsanstalt für Verlust von Abbaumöglichkeiten zu geben[112]. Die entscheidende Motivation der beschlossenen Regelung ergibt sich sodann aus Folgendem:

[109] Vgl. Stenographische Berichte über die Verhandlungen des Hauses der Abgeordneten, Anlagen, 4. Teil Nr. 125–145 (Nr. 126), Berlin 1865, S. 1245ff.; abgedruckt auch bei *Hahn* S. 301ff.

[110] Sperrung von mir.

[111] Vgl. Stenographische Berichte S. 1245 und bei *Hahn* S. 302.

[112] Vgl. Stenographische Berichte S. 1246–1247 und bei *Hahn* S. 302–305.

„Die Gründe, welche die Kommission bestimmten, dem Entwurf in seiner gegenwärtigen Fassung zuzustimmen, waren im Wesentlichen folgende:

A. Man nahm in Uebereinstimmung mit den durch das Ober-Tribunal ausgesprochenen Rechtsgrundsätzen an, daß der Bergwerkseigenthümer durch die Verleihung kein unbeschränktes Recht zur Besitznahme der in seinem Grubenfelde vorkommenden Mineralien erlange, sondern den bestehenden Gesetzen gemäß den Anordnungen der Bergbehörde, insbesondere auch in Bezug auf die Sicherheit der Oberfläche im Interesse des öffentlichen Verkehrs unterworfen sei, und hieraus folge, daß die durch diese Anordnungen begründeten Beschränkungen nicht als solche Einschränkungen des Privateigenthums angesehen werden können, für welche nach §§ 29.–31. des Allgemeinen Landrecht Theil I., Tit. 8. der Staat und demgemäß an dessen Stelle nach §. 20. des Eisenbahngesetzes vom 3. November 1838 die Eisenbahngesellschaft Entschädigung zu gewähren habe.

B. Im Prinzip sei der Grundeigenthümer der zunächst und Haupt-Berechtigte. Aus Gründen des öffentlichen Interesses, welches die Gewinnung der Mineralien und deshalb den Betrieb des Bergbaues fordere, seien dem Grundeigenthum diejenigen Beschränkungen gegen Entschädigung auferlegt, von welchen oben die Rede gewesen ist. Bei Kollisionen zwischen Verkehrsanstalt und Bergbau fordere ein noch höheres und allgemeineres Interesse, daß diese dem Grundeigenthum auferlegten Beschränkungen für diese Kollisionsfälle nicht in Kraft treten, sondern ruhen. Wenn in diesen Fällen der Grundeigenthümer dem Bergbau nicht zu weichen haben, so werde dem Ersteren nicht auf Kosten des Bergwerksbesitzers ein Recht neu beigelegt, sondern es bleibe vielmehr der Grundeigenthümer im Besitze seines ursprünglichen und natürlichen Rechts, über seinen Grund und Boden zu verfügen. Es liege kein Grund vor, weshalb der Grundeigenthümer dafür Entschädigung leisten solle, daß ihm sein natürliches Recht auf unbeschränkte Benutzung seines Eigenthums nicht entzogen werde, während er doch, wenn es ihm entzogen würde, seinerseits Entschädigung von dem Bergwerksbesitzer zu fordern hätte.

Durch die Seitens der entgegengesetzten Ansicht prätendirten Entschädigungsansprüche würden unter Umständen das Zustandekommen von öffentlichen Verkehrsanstalten, namentlich von Eisenbahnen, und dadurch wesentliche wirthschaftliche und allgemeine Interessen gefährdet sein.

Durch die im Alinea 2. des §. 153. angeordnete vorgängige Erörterung über die der neuen Verkehrsanlage zu gebende Richtung sei zudem die Gelegenheit gegeben, einerseits den dem Bergwerkseigenthum drohenden Schaden zu vermeiden oder wesentlich zu verringern, andererseits die Ertheilung der Konzession für die neue Verkehrsanlage an solche Bedingungen zu knüpfen, durch welche, wenn Gründe der Billigkeit dafür sprechen, dem Bergwerksbesitzer größere oder geringere Entschädigungsansprüche für den einzelnen Fall beigelegt werden.

C. Es sei außerdem in Betracht zu ziehen, daß jede der beiden kollidirenden Anstalten, nämlich der Bergbau, sowie die Eisenbahn und die Chaussee aus der anderen Vortheil ziehe, dergestalt, daß sich in vielen Fällen kaum werde feststellen lassen, auf welcher Seite der größere Vortheil sich befinde, und ob nicht der durch den Nichtabbau der Sicherheitspfeiler entstehende Nachtheil durch die aus der Existenz der Eisenbahn dem Bergwerke zugeführten Vortheile weit überwogen werde. Der Haupthebel der wunderbar raschen Entwickelung des bei weitem wichtigsten Theiles unserer Bergwerks-Industrie, nämlich des Steinkohlen-Bergbaues, liege besonders in den Eisenbahnen, welche nicht nur selbst starke Konsumenten sind, sondern auch vermöge billiger Fracht die Verbrauchskreise der inländischen Steinkohlen nach allen Richtungen hin erweitern, theils das vegetabilische Brennmaterial, theils die vom Auslande eingeführten Steinkohlen verdrängend. Es wurde hierbei auf die statistischen Mittheilungen in dem Bericht der Budget-Kommission über den Etat der Bergwerks-Verwaltung für das Jahr 1865 (Drucksachen der gegenwärtigen Session Nr. 163.) verwiesen.

D. Wenn man im Gegensatz zu den vorstehenden Erwägungen die bestehende Gesetzgebung nach deren durch das Ober-Tribunal konstant ausgesprochenen Auffassung ändern, und dem Bergwerksbesitzer eine seither ihm nicht zustehende oder die Grenzen des §. 154. des vorliegenden Entwurfs übersteigende Entschädigungs-Berechtigung beilegen wolle, so müsse man hierin eine Kränkung der Rechte aller bereits bestehenden Eisenbahnen und sonstigen Verkehrsanstalten erblicken.

E. Den Anforderungen der Billigkeit sei durch die vom Herrenhause im §. 154. und §. 155. getroffenen Abänderungen ausreichende Rechnung getragen. Die Lage der Bergwerksbesitzer werde dadurch gegenüber dem seitherigen Rechtsstande wesentlich gebessert.

F. Die Kommission verkannte schließlich nicht, daß die hier einschlägigen Wechselbeziehungen zwischen dem Bergbau und dem öffentlichen Verkehre bei der stetigen Entwickelung dieser Verhältnisse möglicherweise nach der einen oder der andern Richtung hin dereinst vielleicht neue und von dem gegenwärtigen Entwurf abweichende Bestimmungen erheischen können; zur Zeit sei es jedoch nicht möglich, irgend welche Eventualitäten als in gewisser oder in naher Aussicht stehend zu bezeichnen.

So sehr man also auch vertraue, daß die Gesetzgebung der Entwickelung dieser thatsächlichen Verhältnisse folgen werde, von welchem Bestreben ja auch gerade der vorliegende Entwurf Zeugniß ablege, so seien doch nach gegenwärtiger Lage der Sache die in dem vorliegenden Entwurfe getroffenen Bestimmungen nach allen Seiten hin als sachgemäß anzuerkennen.

Als Resultat aller dieser Erwägungen nahm die Kommission an,

1) daß nach seitheriger Gesetzgebung der hier in Frage stehende Entschädigungsanspruch des Bergwerkseigenthümers nicht bestehe;
2) daß de lege ferenda ein solcher unbeschränkter Entschädigungsanspruch auch nicht anzuerkennen sei, weil das öffentliche Interesse mindestens die gleich starke Berechtigung des Bergbaues und des öffentlichen Verkehrs fordere;
3) daß die vor der Errichtung der neuen Verkehrsanstalt stattfindende Erörterung der jedesmaligen Sachlage Gelegenheit gebe, die dem Bergbau drohenden Nachtheile zu beseitigen oder zu beschränken oder bis zu einem Grade entschädigen zu lassen;
4) daß die Abwägung der kollidirenden Interessen als Regel durch die Bestimmungen des vorliegenden §. 154. ihren richtigen Ausgleich finde;
5) daß alle etwaigen oder vermeintlichen Entschädigungsansprüche der zeitherigen Bergwerksbesitzer diesen vorzubehalten und durch §. 155. auch wirklich vorbehalten seien.

Die Kommission empfiehlt daher die unveränderte Annahme des §. 154.“ [113]

e_1) Der Überblick über die Materialien zeigt eine weitgehende Übereinstimmung der Ansichten *Grimms* mit denen der Kommission des Hauses der Abgeordneten sowohl was die Grundlagen als auch vor allem was den Willen zum Interessenausgleich angeht. Dabei ist auch hier § 153 Abs. 2 ABG die Aufgabe zugewiesen, Schäden und Kosten für die Bergwerkseigentümer zu vermeiden oder gering zu halten. Bemerkenswert ist auch, daß der Bericht die Zeitbedingtheit der vorgeschlagenen Lösung sehr stark betont.

[113] Vgl. Stenographische Berichte S. 1247f. und bei *Hahn* S. 306–308.

Die Quellen der Entstehungsgeschichte[114] stützen die These von der völligen Unterordnung des Bergwerkseigentums unter die Verkehrsinteressen auf keinen Fall; ihre Grundtendenz, die für die Auslegung maßgebend ist[115], ist unübersehbar deutlich der Wille zum Interessenausgleich. Die Beteiligten wollten den Bau von Verkehrsanlagen ermöglichen, den Bergwerkseigentümern aber auch einen über das geltende Recht hinausgehenden Ersatzanspruch zubilligen. Um die Errichtung von Verkehrsanstalten nicht allzusehr zu erschweren, sollen diese Ansprüche inhaltlich begrenzt sein. In diesem Rahmen sollte das Bergwerkseigentum auch in bezug auf die Verkehrsinteressen gegenüber der Polizeihoheit des Staates ein volles subjektives Recht sein.

In diesem Zusammenhang ist darauf zu verweisen, daß das Gesetz vom 21. V. 1860 nicht, wie das Reichsgericht in dem Urteil vom 11. XI. 1891[116] meint, das Direktionsprinzip zugunsten der Verkehrsanstalten aufrechterhalten hat. Das Gesetz ist insoweit nicht ein Stück aufrechterhaltenes Direktionsprinzip, sondern der erste Schritt zum Inspektionsprinzip des ABG. Das zeigt ein Vergleich des Gesetzes mit dem § 196 ABG: Wortlaut und Gehalt des Gesetzes entsprechen – jedenfalls soweit der öffentliche Verkehr in Frage steht – dem jetzigen § 196[117].

[114] Sie sind hier bewußt in der sonst kaum üblichen Breite wiedergegeben, weil sich oft den Sinn verdunkelnde Auszüge finden, die dann zur Stützung *einzelner* Thesen des jeweiligen Autors verwandt werden.

[115] Vgl. oben S. 55.

[116] Vgl. RGZ 28, 341, 342 = ZfB 33, 232, 234.

[117] Es braucht daher an dieser Stelle nicht allgemein auf die Frage eingegangen zu werden, ob das Gesetz vom 21. V. 1860 das Direktionsprinzip völlig zugunsten des Inspektionsprinzips aufgehoben hat, oder ob die Aufhebung nur unter Einschränkungen erfolgt ist. *Isay* (2. Bd., § 195 Anm. 2 = S. 193) meint dazu, § 1 des Gesetzes vom 21. V. 1860 habe den Geist des alten Polizeistaates noch nicht völlig überwunden, denn noch erstrecke sich die Aufsicht auf die Nachhaltigkeit des Bergbaus sowie auf die Fürsorge für den privaten Verkehr auf der Oberfläche. Erst das ABG habe den Kreis der dem Schutze der Bergpolizei übertragenen Güter mit den Aufgaben der allgemeinen Polizei in Übereinstimmung gebracht, indem es die Fürsorge für die Nachhaltigkeit des Bergbaus und den Schutz des privaten Verkehrs von der bergpolizeilichen Aufsicht ausgeschlossen und beide der privaten Sorge überlassen habe (§ 196 ABG). Dementsprechend findet sich in dem Bericht der Kommission des Abgeordnetenhauses zum Gesetz vom 21. V. 1860 die Formulierung, daß die „Aufhebung des Direktionsprinzips unter den für notwendig erachteten Einschränkungen" in § 1 gesetzlich festgelegt werden sollte (vgl. ZfB 1, 374). Im Gegensatz dazu heißt es im Bericht der Kommission des Herrenhauses (ZfB 1, S. 382) ganz allgemein, daß § 1 an die Stelle des Direktionsprinzips, das den Bergbehörden im wesentlichen die gesamte Leitung der privaten Bergwerke in die Hände gab, das Inspektionsprinzip stelle, wonach die Bergbehörden nur soweit eine Aufsicht über den Betrieb ausüben, als es die öffentlichen Interessen und die Sicherung gegen Mißbräuche erfordern.

Die Entstehungsgeschichte der §§ 153, 154 ABG deckt die RG-These von der Inhaltlosigkeit des Abbaurechts gegenüber den genehmigten Verkehrsanstalten demnach nicht. Der Ausgleich der Verkehrs- und Bergbauinteressen, nicht die Unterordnung des einen Interesses unter das andere, ist der für die Auslegung maßgebende „Wille des Gesetzgebers".

Nach dem äußeren Bild und dem inneren Sachzusammenhang bilden Abs. 1 und Abs. 2 eine sich ergänzende und in sich ausgeglichene Einheit, die nicht durch unterschiedliche Auslegung von Abs. 1 und 2 zerrissen werden darf. Die Aufrechterhaltung dieser Einheit ist um so unumgänglicher, als die Gesetzesmaterialien deutlich die Absicht der beteiligten Personen erkennen lassen, einen Interessenausgleich herzustellen; dieser Interessenausgleich sollte durch das Nebeneinander von Ausschluß des Widerspruchsrechts und Einschränkung des Entschädigungsanspruchs einerseits und dem Anhörungsrecht andererseits als Gewicht und Gegengewicht in diesem Kräfteausgleich geschaffen werden. Daß der beschränkte Ersatzanspruch des § 154 ABG statt der vollen Entschädigung oder ihrem absoluten Fehlen als Ausgleichsinstitution gedacht war, ergibt sich sowohl aus den Motiven des Regierungsentwurfs[118], als auch aus dem Bericht der Kommission des Hauses der Abgeordneten[119], und wird durch die Entscheidung des Obertribunals vom 10. XII. 1878[120] verdeutlicht. Noch stärker ist in den Materialien betont worden, daß § 153 Abs. 1 und Abs. 2 ABG im Gegenseitigkeitsverhältnis stehen und so einen Ausgleich schaffen sollten[121].

Wenn das RG durch Auslegung den Abs. 1 zu einer materiell wirksamen Anordnung umprägte, verschob es das vom Gesetzgeber gewollte Kräfteverhältnis, wenn nicht zugleich der Abs. 2 von einer verfahrensrechtlichen Vorschrift zu einer materiellen mit einem Inhalt umgeprägt wurde, der einen echten Ausgleich gegen die Betonung der Verkehrsinteressen in Abs. 1 darstellte. Mit der einseitigen Umgestaltung des kaum anders als verfahrensrechtlich zu verstehenden § 153 Abs. 1 ABG ohne gleichzeitige entsprechende Inhaltsbestimmung des Abs. 2 wird das vom Gesetzgeber gewollte und im Gesetz angeordnete ausgeglichene Kräfteverhältnis zu einer

118 Vgl. ZfB 6, 174ff.; bei *Hahn*, S. 295ff.; vgl. oben S. 56 ff., insbes. S. 58.
119 Stenographische Berichte S. 1245 und 1247ff.; bei *Hahn* S. 302 und 306ff.; vgl. oben S. 63ff.
120 Vgl. ZfB 20, 529, 533; vgl. oben S. 62.
121 Vgl. dazu vor allem den Bericht der Kommission des Hauses der Abgeordneten (Stenographische Berichte S. 1245; bei *Hahn* S. 302; vgl. oben S. 63).

einseitigen Überbewertung der Verkehrsinteressen. Das wirkt um so drastischer, als damit auch § 154 ABG die Funktion als Ausgleichsinstitution verliert: Wenn der Bergwerkseigentümer nicht mehr abbauen darf, weil die Folgen die Verkehrsanlagen schädigen, bezwecken *alle* Anlagen, den Abbau zu ermöglichen, lösen also keinen Ersatzanspruch aus.

Die Rechtsprechung des RG ist also nicht zu rechtfertigen.

e) Ein solcher Schluß, eine über 50 Jahre (erste Entscheidung 1891[122], letzte bisher 1937[123]) in einer stattlichen Reihe von Entscheidungen fortgeführte Rechtsprechung des RG als unrichtig zu verwerfen, erscheint vielleicht kühn oder gar als überheblich. Der erste Eindruck von der Bedeutung dieser Entscheidungen wird aber dadurch abgemildert, daß das Verhältnis von Bergbau und Verkehrsanlagen als Problem nur in der ersten Entscheidung von 1891 gesehen und untersucht wird. Alle anderen Entscheidungen beziehen sich auf die erste, ohne daß irgendwie ersichtlich wird, ob die Grundsatzentscheidung neu durchdacht und gegebenenfalls das Ergebnis neu begründet worden ist. Bei der auch von Anhängern der RG-These wohl kaum zu bestreitenden Schwierigkeit, mit §§ 153, 154 ABG zu einem eindeutig aus dem Gesetz abgeleiteten Ergebnis zu kommen, ist die Ständigkeit der Rechtsprechung unter diesen Umständen meines Erachtens nicht so bedeutsam, daß ihretwegen jeder Versuch einer Neubestimmung von Anfang an mißlingen oder suspekt erscheinen müßte.

Langandauernde einheitliche Rechtsprechung schafft Gewohnheitsrecht, wenn bei *allen* Beteiligten das Bewußtsein von der Rechtsverbindlichkeit der von der Rechtsprechung vertretenen Ansicht besteht. Alle Beteiligten (nicht nur eine Seite des Verhältnisses) müssen annehmen, daß das Ergebnis der Rechtsprechung Folge eines Rechtssatzes sei. Unterbleiben Versuche, die Folge der Rechtsprechung abzuwenden, nur, weil niemand das Risiko wagen will, die Gerichte zur Aufgabe der Rechtsprechung zu bewegen, entsteht kein Gewohnheitsrecht[124].

[122] RG Urt. vom 11. XI. 1891, RGZ 28, 341ff. = ZfB 33, 232ff.
[123] RG Urt. vom 22. XII. 1937, JW 38, 1406 = ZfB 78, 460ff.
[124] Unerläßlicher, konstitutiver Bestandteil des Gewohnheitsrechts ist der Rechtsgeltungswille der Gemeinschaft. Eine gefestigte oder ständige Rechtsprechung kann ihn nicht ersetzen, schafft also wegen der Funktionsteilung im Rechtsstaat allein kein Gewohnheitsrecht; vgl. *Larenz*, Methodenlehre, S. 271ff., derselbe, NJW 1951, 497ff.; *Enneccerus–Nipperdey*, Allgemeiner Teil Bd. 1, § 42 mit umfangreichen Nachweisen. Vgl. auch RGZ 132, 218 und vor allem BGHZ 23, 189: Die faktische Rechtsgeltung des herrschenden Gerichtsgebrauchs schafft als nur soziologische Rechts-

Danach ist durch die RG-Rechtsprechung kein Gewohnheitsrecht entstanden. Seit 1914 hat das Schrifttum der Rechtsprechung widersprochen[125]. Bedeutsamer ist, daß praktisch wohl keiner der Beteiligten die Grundthese des RG, Abbau, der Verkehrsanlagen schädige, sei rechtswidrig, für einen verbindlichen Rechtssatz gehalten hat. Wäre das der Fall, hätten die Bergbauberechtigten einen nicht unbeträchtlichen Teil des Ruhrbergbaus stilllegen müssen; zumindest hätten die Träger der Verkehrsanlagen wohl verlangt, daß Abbau unterbleibe, wenn er die Verkehrsanlagen schädigt. Dabei ist nicht das Betriebsplanverfahren und § 196 ABG gemeint; vielmehr müßten sich nach der Ansicht des RG die Beteiligten von sich aus auf die Rechtswidrigkeit des Abbaus eingestellt haben. Das ist aber nicht geschehen.

Nun ist die Tendenz, nur bei sehr schwerwiegendem Anlaß von einer ständigen Rechtsprechung abzugehen, unverkennbar und verständlich. In der Tat ist die Zurückhaltung gegenüber einem Wechsel der Rechtsprechung, der „einen Erdrutsch auslösen würde", am Platz, wenn die Rechtsprechung Grundlage eines Vertrauens geworden ist, auf das sich eine größere Anzahl von Rechtsverhältnissen aufgebaut hat. Das ist vor allem bei den sogenannten Massenrechtsgeschäften der Fall. So liegt es hier aber nicht. Die Entscheidung zum Bau der in Betracht kommenden Verkehrsanlagen ist nicht von der Rechtslage abhängig, sondern ausschließlich von der Notwendigkeit, die Verkehrsbedürfnisse zu befriedigen.

quelle kein Gewohnheitsrecht, sondern nur die vom Gemeinwillen getragene normative „Rechtsgeltung".
Bedenklich daher *G.* und *D. Reinicke*, MDR 1956, 324ff. Danach soll eine ständige Rechtsprechung Gewohnheitsrecht dann bilden, wenn im Einzelfall die Rechtskontinuität höher als die Bindung an das geschriebene Gesetz zu bewerten ist. Diese Ansicht würde zu einer Bindung an Präjudizien führen. Präjudizien binden aber – jedenfalls gilt das für den kontinentalen Rechtskreis – als Gewohnheitsrecht nur dann, wenn sie von der Allgemeinheit der Rechtsunterworfenen als verbindliche Norm verstanden und anerkannt werden.
Bedenklich daher ferner *Less*, Vom Wesen und Wert des Richterrechts, S. 59ff., der ebenfalls den Präjudizien gleiche Bindungskraft wie dem Gesetz zuerkennt (ablehnend mit Recht *Larenz* a.a.O., S. 271 FN. 2).
Vgl. auch *Esser*, Grundsatz und Norm in der richterlichen Fortbildung des Privatrechts, für den vom Standpunkt einer pluralistischen, maßgeblich vom angelsächsischen Rechtskreis beeinflußten Rechtsquellenlehre auch die Rechtsprechung als Institution den Charakter einer Rechtsquelle hat (vgl. insbes. S. 138ff.); dagegen mit Recht *Enneccerus–Nipperdey* a.a.O., § 42 FN. 6.

125 Vgl. dazu oben S. 44ff., insbes. FN 63.

6. Eigene Inhaltsbestimmung von § 153 ABG

Es ist danach ein Versuch angebracht, §§ 153, 154 ABG anders auszulegen, um so die Kollision zwischen Bergbau- und Verkehrsinteressen gerecht zu regeln.

a) Dabei bietet sich zunächst eine Auslegung vom Wortlaut her an, die § 153 ABG auf das Verfahrensrecht beschränkt. Sie würde etwa zu folgenden Ergebnissen führen:

aa) § 153 Abs. 1 nimmt dem Bergwerkseigentümer das Widerspruchsrecht, d. h. er kann im Planfeststellungsverfahren, das jetzt für alle Verkehrsanstalten gilt, nicht widersprechen, daß überhaupt eine solche Verkehrsanlage errichtet wird. Das ist schon oben[126] als praktisch bedeutungslos hingestellt. Den Interessen der Verkehrsanstalt dient § 153 Abs. 1 dann praktisch nicht; das unverkennbare Bedürfnis, Sicherheit und Leichtigkeit des Verkehrs zu garantieren, wird dann allein von § 196 ABG, d. h. vor allem im Betriebsplanverfahren, befriedigt.

§ 153 Abs. 1 ermöglicht bei dieser Auslegung nicht, eine Pflicht des Bergbauberechtigten zu begründen, auf die Verkehrsanlagen Rücksicht zu nehmen oder gar den Abbau ihretwegen einzustellen. Vor allem entfällt die These von der Rechtswidrigkeit des fortgesetzten Abbaus, der die Verkehrsanlagen beschädigt. Auch die eine praktische Hauptfolge der Reichsgerichtsprechung, der Ausschluß des § 150 ABG zugunsten der Verkehrsanstalten, ist dann nicht mehr aufrecht zu erhalten. Angesichts der in der Regel ohne besondere Schwierigkeit vorherzusagenden Beschädigungen der Verkehrsanlagen durch den fortgesetzten Abbau ist, soweit ich die tatsächliche Situation überblicke, die Bergbauwarnung i. d. R. möglich. Die sonstige Schwierigkeit der „Konkretisierung" der Bergwarnung[127] ist insofern gemindert, als die Einwirkung auf die Verkehrsanlagen sehr viel leichter konkret vorausgesagt werden kann.

Insgesamt ergibt sich, daß die Verkehrsinteressen damit in eine Reihe mit

[126] Vgl. S. 36.

[127] Vgl. RG, Urt. v. 14. XI. 1894 = ZfB 36, 338, 341 f.; RG, Urt. v. 13. VII. 1898 = ZfB 40, 78, 80; RG, Urt. v. 2. XII. 1899 = ZfB 41, 216, 218; RG, Urt. v. 26. IV. 1902 = ZfB 44, 242ff.; RG, Urt. v. 23. X. 1912 = ZfB 54, 271, 273; RG, Urt. v. 6. VII. 1929 = ZfB 71, 254, 258. Danach begründet die Warnung des Bergwerksbesitzers nur dann eine Kenntnis des Grundbesitzers von der drohenden Bergschadensgefahr i. S. des § 150 I, wenn sie bestimmte nachprüfbare Angaben über beabsichtigte bergbauliche Betriebsmaßnahmen und deren Auswirkungen enthält und wenn der spätere Verlauf den tatsächlichen Angaben der Warnung entspricht.

den sonstigen in § 196 ABG aufgezählten Interessen gerückt werden. Von einer Sonderstellung bleibt für sie nichts mehr übrig.

bb) Bei einer solchen Auslegung des Abs. 1 wäre zu einer materiellrechtlichen Inhaltsbestimmung des Abs. 2 des § 153 ABG weder Anlaß noch Möglichkeit. Die Vorschrift ordnet dann nichts an, was nicht schon die Regelung für das Planfeststellungsverfahren enthält. § 153 Abs. 2 erschöpft sich dann darin, die verfahrensmäßige Berücksichtigung der Bergbauinteressen allen Beteiligten ins Bewußtsein zu rufen. Eine materielle Pflicht der Träger der Verkehrsanlagen, ihre Anlagen dem gegenwärtigen und zukünftigen Bergbau anzupassen, ist dann ebensowenig angeordnet wie die oben behandelte Rücksichtnahmepflicht des Bergbaus.

cc) Materielle Bedeutung hat dann nur § 154 ABG, und zwar in wesentlich stärkerem Maße als das nach der bisherigen Rechtsprechung der Fall ist. Entfällt die These von der Rechtswidrigkeit des fortgesetzten Abbaus, dann sind praktisch alle Anlagen, die eine Beschädigung einer Verkehrsanlage verhindern oder mindern sollen, „sonst nicht erforderlich", verpflichten also den Träger der Verkehrsanlagen zum Ersatz.

Aus der Entstehungsgeschichte wäre zu schließen, daß der Bergwerkseigentümer keinen Ersatzanspruch für Verlust von Abbaumöglichkeiten (Sicherheitspfeiler) haben sollte. Der Wortlaut des § 154 „sonst nicht erforderliche Anlage" deutet das auch an. Insoweit setzt sich der Ausgleichscharakter der Vorschrift durch. Zutreffend ist auch der Hinweis der Motive (oben S. 56f.), daß der Bergwerkseigentümer sich u. U. Ersparnisse an Bergschadensverpflichtungen bezüglich anderer Gebäude als Verkehrsanlagen anrechnen lassen müsse. Im übrigen würde aber der § 154 eine erhebliche Bedeutung gewinnen.

dd) Gegen diese vom Sprachlichen her leicht zu vertretende Auslegung habe ich aber erhebliche Bedenken. Sie leugnet *jeden* materiellen Inhalt vom § 153 ABG, wie besonders daraus ersichtlich wird, daß § 153 fortfallen könnte, ohne daß sich irgend etwas ändern würde. Das gilt auch für das Planfeststellungsverfahren. Bedeutsamer noch ist, daß der beherrschende Gedanke der Entstehungsgeschichte, die Interessen des Trägers der Verkehrsanstalten müßten stärker geschützt werden als sonstige Interessen an der Oberflächengestaltung, unberücksichtigt bleiben würde. An Stelle des angestrebten speziellen Interessenausgleichs für den Konflikt der Bergbau- und Verkehrsinteressen würde die allgemeine Regelung der Konfliktsituation Bergbau–Grundeigentum treten. Als Besonderheit bliebe nur der Ersatzanspruch aus § 154 ABG. Dieser wäre dann aber nicht mehr ein Mittel in einem angestrebten ausgewogenen Kräfteverhältnis, sondern eine einseitige Bevorzugung der Bergbauinteressen. Wenn die Ablehnung der RG-Auslegung entscheidend in der einseitigen Bevorzugung der Verkehrsinteressen durch dieses Auslegungsergebnis begründet ist, so spricht gegen die hier zur Diskussion gestellte These, daß nach ihr die Bergbauinteressen zu sehr begünstigt werden. Da der Wortlaut des § 153 ABG eine materielle Inhaltsbestimmung nicht ausschließt, die Entstehungsgeschichte – und zwar gerade in dem oben S. 55 vertretenen Sinn – eine solche Auslegung erfordert, muß der hier geprüften rein verfahrensrechtlichen Sinngebung eine materielle vorgezogen werden.

Das ist insbesondere deswegen möglich, weil „der Zweck des Gesetzes" eine solche Auslegung fordert oder doch wünschenswert macht. „Zweck des Gesetzes" ist hier in einem gewissen Unterschied zum „Willen des Gesetzgebers" objektiv gemeint. Während einmal der Zweck, den die an der Gesetzgebung beteiligten Personen verfolgt haben, gemeint ist, geht es hier beim „Zweck des Gesetzes" darum, das zu bestimmen, was im Rahmen der auszulegenden Norm vom Standpunkt der objektiv bestimmten Ziele gerecht und vernünftig ist[128].

Die Auslegung hat sich danach zu richten, wie sich die zu suchende Entscheidung auf den Rechtsfrieden, den sozialen Ausgleich, die Rechtssicherheit usw. auswirkt, kurz, wie sie zur Gerechtigkeitsidee steht. Die schadensverhütende und die gefährdende Wirkung des einen oder anderen Ergebnisses sind ebenso wie die günstige oder ungünstige Wirkung auf den Raum von besonderer Bedeutung.

Der so bestimmte Zweck des Gesetzes und der Wille des Gesetzgebers können u. U. nicht unbeträchtlich voneinander abweichen. Insbesondere ist es möglich, selbst die konkreten Ziele gegenüber dem Willen des Gesetzgebers auszuweiten.

Im vorliegenden Fall steht eine solche Ausweitung nicht zur Diskussion; es genügt, die im „Willen des Gesetzgebers" schon angelegten Tendenzen näher zu entfalten und sie in einer unserer Zeit entsprechenden Art wirksam zu machen. Praktisch deckt sich damit die subjektive und objektive Auslegungsmethode.

b) Diese Erwägungen führen zu einer als „Ausgleichstheorie" zu kennzeichnenden Ansicht. Ihr Ausgangspunkt ist, daß §§ 153, 154 ABG nicht eine einseitige Bevorzugung des einen Interesses vor dem anderen, sondern einen Interessenausgleich wollen und zu diesem Zweck den Beteiligten gebieten, im Rahmen des Möglichen aufeinander Rücksicht zu nehmen, zu diesem Zweck insbesondere jeweils ihre Anlage dem Vorhandensein der

[128] Vgl. dazu *Larenz*, Methodenlehre, S. 250ff.

anderen Institution anzupassen. Daß dies der „Wille des Gesetzgebers" ist, ist meines Erachtens nicht zu bestreiten. Ebenso sicher scheint es mir zu sein, daß gerade für die heutige Zeit der „Zweck des Gesetzes" dahin zu bestimmen ist. Bemerkenswert ist, daß sich das Gebot an *beide* Teile, und zwar als *materiell-rechtliche* Folge der Kollisionsnorm richtet.

aa) Für den Bergwerkseigentümer entsteht so eine materiell-rechtliche Pflicht, die unabhängig von § 196 ABG ist; diese Vorschrift ist auf die Bestimmung von Inhalt und Umfang der Bergaufsicht beschränkt. In § 153 ABG geht es aber weitergehend darum, daß automatisch und ohne besondere Anordnung der Bergbehörden ein Gebot besteht, sich bei seinem Abbau so zu verhalten, daß Schäden an den Verkehrsanlagen vermieden und die Interessen an der Sicherheit und Leichtigkeit des Verkehrs gewahrt werden. Man käme von hier aus etwa auf die heute im Schrifttum vielfach vertretene Ansicht[129], daß ein Abbau dann rechtswidrig wird, wenn er die Verkehrsanlage in so nennenswertem Maße beschädigt, daß Sicherheit und Leichtigkeit des Verkehrs nicht mehr gewährleistet sind; wohl aber bleibt der Abbau zulässig, falls er mit Maßnahmen des § 154 ABG aufrechtzuerhalten ist. Dem Bergwerkseigentum wird damit ein Inhalt beigelegt, der dem öffentlichen Interesse an der Sicherheit und Leichtigkeit des Verkehrs Rechnung trägt.

Eine praktisch besonders bedeutsame Frage ist, ob § 150 ABG von dieser Grundlage aus für die bergbaulichen Einwirkungen an Verkehrsanlagen auszuschließen ist.

Der dem § 150 zugrunde liegende Gedanke hat sich schon vor Erlaß des ABG durchgesetzt[130]. Wie sich aus der Entstehungsgeschichte ergibt[131], ist

[129] Vgl. *Heinemann*, Bergschaden, S. 122ff.; *Boldt*, Komm. § 153 Anm. 4c; *Miesbach-Engelhardt*, Überblick vor § 153 ABG Rdn. I 2; *Ebel-Weller* § 153 Anm. 5; *Siewert* S. 90f.

[130] Vorläufer ist z. B. § 116 II 16 ALR: „Hat jemand ein Gebäude usw. in einem Revier, wo ein Bergbau schon in solcher Nähe betrieben wird, daß eine weitere Ausdehnung desselben bis zu diesen neuen Anlagen vernünftigerweise vorausgesehen werden konnte, dennoch angelegt, ohne sich von dem Bergamte die Stelle, wo es ohne ein Gefahr geschehen kann, anweisen zu lassen, so ist er wegen der durch den fortgehenden Bergbau daran entstehenden Schäden zu keiner Vergütung berechtigt." § 263 des königlich-sächsischen Berggesetzes vom 22. V. 1851 verordnete, „daß der Bergwerksbesitzer von der Verpflichtung zum Schadensersatz sich dadurch befreie, daß er den Unternehmer der neuen Anlage beizeiten auf die zukünftigen Gefahren aufmerksam mache". Diese Vorschrift kann als die Wurzel der heutigen Bergwarnung angesprochen werden.

[131] Vgl. dazu bei *Hahn* S. 283ff. (Motive der Herrenhauskommission) und S. 287ff. (Motive der Kommission des Abgeordnetenhauses).

§ 150 aus ähnlichen Vorschriften älterer Gesetze entwickelt worden, um das Prinzip, daß der Grundeigentümer keine Entschädigung beanspruchen kann, wenn er selbst sich in einem groben Versehen befindet, möglichst praktikabel in das ABG aufzunehmen.

Man könnte also daran denken, im Ausschluß des Widerspruchsrechts in § 153 Abs. 1 ABG einen Ausschluß der Bergwarnung zu sehen. Das hilft aber nicht viel weiter, da nach § 150 ABG nicht die Bergwarnung als solche, sondern die Kenntnis des Grundeigentümers von der Berggefahr das konstitutive Moment ist. Die Träger der Verkehrsanstalten werden aber vor dem Bau infolge ihrer besonderen Sachkunde sehr häufig auch ohne besondere Bergwarnung die Berggefahr kennen. Will man die Verkehrsanstalten von den Einschränkungen des § 150 freistellen, muß also schlechthin § 150 im Verhältnis zwischen Bergwerkseigentümer und dem Träger der öffentlichen Verkehrsanstalt als unanwendbar erklärt werden. Der Wortlaut des § 153 Abs. 1 läßt das zu: Mit der Anordnung, der Bergwerkseigentümer könne nicht widersprechen, kann ausgedrückt sein, daß der Bergwerkseigentümer Schadensfolgen aus dem Bau der Verkehrsanstalt hinnehmen müsse. Als Widerspruch gegen die Errichtung der Verkehrsanstalt mag § 153 Abs. 1 unverständlich und bedeutungslos erscheinen, als Ausschluß der Berufung des Bergwerkseigentümers auf § 150 hat die Vorschrift durchaus materielle Bedeutung. Eine solche Auslegung legt auch der Hinweis in den Motiven[132] darauf nahe, daß der Träger der Verkehrsanstalt gegenüber dem Bergwerkseigentümer kein Enteignungsrecht habe, daß demgegenüber aber § 153 mit dem Ausschluß des Widerspruchsrechts Zweifel daran ausschließen sollte, daß der Bergwerkseigentümer sich die Beeinträchtigungen gefallen lassen müsse. Entscheidend ist aber schließlich, daß nach dem „Willen des Gesetzgebers und dem Zweck des Gesetzes“ die Träger der Verkehrsanstalten günstiger gestellt sein sollten als sonstige Oberflächeneigentümer, daß aber zugleich ein vernünftiger und wirtschaftlich tragbarer Ausgleich zwischen dem Bergbau- und den Verkehrsinteressen geschaffen werden sollte. Von diesem Standpunkt aus wird man dem Ausschluß des § 150 ABG zustimmen müssen oder auf jeden Fall zustimmen können.

Damit deckt sich das hier gefundene Ergebnis mit dem der im übrigen abgelehnten RG-Rechtsprechung in einem entscheidenden Punkt. Es muß

[132] Vgl. oben S. 58.

aber festgehalten werden, daß die Begründung des RG und die hier gefundene nicht übereinstimmen.

Das RG begründet den Ausschluß des § 150 ABG mit der – wohl sicher nicht zu haltenden – These von der Rechtswidrigkeit des fortgesetzten Abbaus; denn mit rechtswidrigen Handlungen brauche der Grundeigentümer nicht zu rechnen, also könne der Träger der Verkehrsanstalt die Gefahr fortgesetzten Bergbaus nicht erkennen. § 150 wird dann nicht durch § 153 Abs. 1 als konstitutive Vorschrift ausgeschlossen, sondern die Folge ist aus der vom RG angenommenen völligen Schutz- und Inhaltslosigkeit des Bergwerkseigentums gegenüber den Verkehrsanstalten abgeleitet.

Ich meine dagegen, der Ausschluß des § 150 ABG sei nur aus einer, wenn nicht selbstverständlichen, so doch folgerichtigen Umprägung des § 153 Abs. 1 von einer dem Wortlaut nach verfahrensrechtlichen Vorschrift zu einer materiell-rechtlichen begründet. Dieser Ausschluß ist ein Teil in dem System der Begünstigung der Verkehrsanstalten und dem dafür erforderlichen Ausgleich zugunsten des Bergwerkseigentümers.

Mit dem so begründeten Ausschluß des § 150 ABG wird der Träger der Verkehrsanstalten erheblich besser gestellt als sonstige Grundeigentümer. Hiergegen läßt sich nicht einwenden, daß § 150 praktisch keine große Bedeutung habe. Zwar hat die Rechtsprechung den Anwendungsbereich des § 150 dadurch stark eingeschränkt, daß sie als „drohende Gefahr" nicht die allgemeine Wahrscheinlichkeit bergbaulicher Einwirkungen auf den Grundbesitz in Bergbaugebieten, sondern nur diejenige besondere (konkrete) Gefahr anerkannt hat, die sich in dem später eingetretenen Schadensereignis für das betreffende Grundstück verwirklicht[132a]. Dementsprechend wird auch eine Mitteilung von seiten des Bergbautreibenden nur dann als ausreichende Warnung angesehen, wenn sie bestimmte nachprüfbare Angaben über bergbauliche Betriebsmaßnahmen und deren Auswirkungen enthält, und wenn der spätere Verlauf den tatsächlichen Angaben der Warnung entspricht[132b]. Für den Bau von Verkehrsanlagen würde die Anwendung des § 150 jedoch auch bei Zugrundelegung dieser von der Rechtsprechung entwickelten Grundsätze, deren Richtigkeit hier nicht untersucht werden soll, eine erhebliche Bedeutung behalten. Einmal können infolge der Ortsgebundenheit der Verkehrsanlagen bergbaugefährdete Grundstücke beim Bau der Anlage nicht oder nur in geringem Maße gemieden werden; zum

[132a] BGH, Urt. v. 29. V. 1957 = ZfB 98, 441, 447 m. w. Nachw.

[132b] RG, Urt. v. 2. XII. 1899 = ZfB 41, 216 218; Urt. v. 26. IV. 1902 = ZfB 44, 242; Urt. v. 6. XII. 1929 = ZfB 71, 254, 258.

anderen kennen die Träger der Verkehrsanlage auf Grund eingehender und umfassender Planung sowie genauer vorheriger Bodenuntersuchungen die durch den Bergbau drohenden Gefahren sehr viel besser als private Bauherren. In aller Regel wird also hier die Berggefahr konkret voraussehbar sein. Der Ausschluß des § 150 für den Bau von Verkehrsanlagen bedeutet demnach, daß den Bergbau erhebliche Schadensersatzansprüche aus § 148 ABG treffen, die ihm bei Geltung des § 150 erspart blieben.

Die Besserstellung der Verkehrsanstalten zeigt insbesondere auch ein Vergleich mit den Trägern sonstiger Anlagen, die dem öffentlichen Interesse dienen. Insofern hat das RG noch wesentlich später als die von mir bekämpfte Rechtsprechung, nämlich im Urteil vom 18. X. 1915[133], ausdrücklich anerkannt, daß z. B. die Auflagen der Bergbehörden zur Vermeidung von voraussehbaren Schäden an Festungsbauten, Wasserversorgungsanlagen usw. wohl das Abbaurecht des Bergbautreibenden sachlich beschränken können, daß dann aber die Kosten der Begünstigte, d. h. der Träger der öffentlichen Anlage, zu tragen habe.

bb) Wenn so § 153 Abs. 1 ABG über seinen Wortlaut hinaus als konstitutive Anordnung einer materiellen Pflicht zur Rücksichtnahme des Bergwerkseigentümers auf die Verkehrsanlagen entwickelt ist und angenommen wird, daß infolge von § 153 Abs. 1 anders als bei sonstigen Bauten auch alle voraussehbaren Schäden an den Verkehrsanlagen zu Lasten des Bergwerkseigentümers gehen, so legt das eine Auslegung des § 153 Abs. 2 nahe, die dafür einen Ausgleich schafft.

§ 153 Abs. 2 ABG ordnet zwar nur die Anhörung des Bergwerkseigentümers an. Darin ist aber, wenn man in gleicher Weise wie bei der Auslegung von § 153 Abs. 1 den „Willen des Gesetzgebers und den Zweck des Gesetzes" berücksichtigt, die Anordnung einer materiell-rechtlichen Pflicht des Trägers der Verkehrsanlagen zu sehen. Wenn, wie es unübersehbar deutlich geschehen ist, die an der Gesetzgebung beteiligten Personen immer wieder die Funktion des § 153 Abs. 2 als Schutz der Interessen des Bergwerkseigentümers betonen, dann kann § 153 Abs. 2 inhaltlich nicht auf eine bloße Anordnung der Anhörung beschränkt werden, die zudem auch schon vorgesehen war, als das ABG geschaffen wurde. Die Ableitung einer materiell-rechtlichen Pflicht des Bergwerkseigentümers aus § 153 Abs. 1 und der Ausschluß des § 150 machen es bei dem unleugbar gewollten Ausgleich von Gewicht und Gegengewicht unbedingt erforderlich, den materiellen Inhalt des ganzen § 153, also von Abs. 1 und 2, einheitlich zu

[133] Vgl. RGZ 87, 391, 401 f.

bestimmen. Das gebietet auch die Auslegung an Hand des „Zweckes des Gesetzes". Zwar wird schon im Planfeststellungsverfahren angestrebt, die Anlagen so zu bestimmen, daß Schäden möglichst vermieden werden. Das ist geradezu einer der Hauptzwecke dieses öffentlich-rechtlichen Instituts. Es ist aber für das Privatrecht typisch, daß es die materielle Rechtsfolge zwischen den Beteiligten so bestimmt, daß von da aus ein Anreiz zum schadenverhütenden Verhalten entsteht. Das ist der Fall, wenn nicht nur das öffentliche Recht (Planfeststellungsverfahren), sondern auch das Bergschadensrecht den Träger der Verkehrsanstalt veranlaßt, eine Lösung zu suchen, die die tatsächliche Kollision von Bergbau und Verkehrsanstalten möglichst hintanhält oder doch in den Folgen mindert. So wie die Pflicht des Bergwerkseigentümers aus § 153 Abs. 1 und die Eingriffsmöglichkeiten der Bergbehörde auf Grund von § 196 nebeneinanderstehen, so veranlassen die Folgen von § 153 Abs. 2 und das Planfeststellungsverfahren zu gleicher Zeit die günstigste Lösung.

Man könnte einwenden, daß es angesichts des Fehlens jeden Maßstabs in § 153 ABG außerordentlich schwierig sei, die Grenzen der Pflicht zur Rücksichtnahme, insbesondere bezüglich der Kostenhöhe, zu bestimmen. Dem ist aber entgegenzuhalten, daß es sich bei der Errichtung einer öffentlichen Verkehrsanstalt um einen seltenen Einzelvorgang handelt. Es dreht sich mithin bei § 153 nicht um eine Vorschrift, die den Reihen- und Massenverkehr des täglichen Lebens regelt, sondern um eine Norm, die einen seltenen Einzelfall nach individuellen Maßstäben bestimmen soll. Das läßt es auch erträglich erscheinen, daß im Einzelfall schwierige Abgrenzungsfragen zu lösen bleiben.

Der Inhalt der Rücksichtnahmepflicht und damit ihre Begrenzung kann nicht in einer starren Norm mit formalisierten Abgrenzungsmerkmalen festgesetzt werden. Entsprechend der eben angedeuteten Funktion der elastischen Regelung eines Einzelfalls ist auch nur ein elastischer Begriff am Platz. Dieser bietet sich im Begriff der Zumutbarkeit an. Man wende nicht ein, daß damit eine nicht praktikable Kautschukbestimmung eingeführt werde. Im Nachbarrecht, das ganz ähnliche Kollisionen zu regeln hat, arbeitet unser Gesetzgeber, und zwar auch gerade in der Reform von 1959, ebenfalls mit dem Zumutbarkeitsbegriff und sieht darin eine genügende Abgrenzung. In diesem Zusammenhang ist auf die Neufassung des § 906 BGB zu verweisen. Es ist danach nicht möglich zu sagen, in welcher Art der Träger der Verkehrsanstalt auf den zukünftigen Bergbau Rücksicht zu nehmen hat.

Solange § 153 Abs. 2 ABG auf eine bloße Anhörungsanordnung beschränkt bleibt, ist ein Interessenabgrenzungsmaßstab weder zu erwarten noch erforderlich. Insofern gleicht die Situation der des § 153 Abs. 1, der ebenfalls keine konkreten Bewertungsmaßstäbe für die Pflicht des Bergwerkseigentümers zur Rücksichtnahme enthält. Wenn aber beide Absätze als Begründung einer materiellen Pflicht verstanden werden, sind solche Maßstäbe erforderlich. In Abs. 1 ergeben sie sich vom Ziel her: Sicherheit und Leichtigkeit des Verkehrs dürfen nicht in Frage gestellt werden. Ein solcher Maßstab aus der Sachlage ist bei Abs. 2 nicht ohne weiteres gegeben. Die Formulierung der Zielsetzung der Anhörungspflicht in § 153 Abs. 2 „in welcher Weise unter möglichst geringer Benachteiligung des Bergwerkseigentums die Anlage auszuführen sei“ bestimmt auch den Inhalt der materiell-rechtlichen Pflicht der Verkehrsanstalt, wenn in der Anordnung der Anhörung die der Pflicht zur Rücksichtnahme gesehen wird.

Während dabei in Abs. 1 das Ziel – jedenfalls die Sicherheit des Verkehrs – absolut angestrebt wird, muß die Verkehrsanstalt vor einer uferlosen Pflicht bewahrt bleiben. Eine solche Grenze fehlt in Abs. 2. Das bedeutet nun weder, daß § 153 Abs. 2 keine materielle Bedeutung hat, noch daß die Pflicht der Verkehrsanstalt unbegrenzt ist. Vielmehr muß, wenn die Rechtsfolgeanordnung, die im Regelfall ausdrücklich im Gesetz angegeben wird, durch Auslegung einer sonst nicht praktikablen Norm gefunden wird, das Begrenzungsmittel entsprechend bestimmt werden. Die sich hier als Begrenzung anbietende Zumutbarkeit der Maßnahme für den Träger der Verkehrsanstalt ist als Grenze einer Pflicht zur Rücksichtnahme besonders bei Kollisionsnormen ein so naheliegender Maßstab, daß es keine unzulässige Anmaßung von Gesetzgebungsgewalt ist, wenn der Richter diese Grenze in § 153 Abs. 2 hineininterpretiert.

In diesen Grenzen geht die Pflicht des Trägers der Verkehrsanstalt auf eine Bauweise, die den Bergbau möglichst wenig benachteiligt. Solche zu vermeidenden Benachteiligungen bestehen vor allem in einem gänzlichen oder teilweisen Stillegungszwang oder in der Entstehung von Ausbesserungskosten. Vor allem ist unter diesem Gesichtspunkt die Trassenführung und der Standort von empfindlichen Anlagen (Verschiebebahnhöfen, Drehscheiben usw.) zu bestimmen. Zwar wird i. d. R. die eigentliche Richtung der Verkehrsanlage sich mehr oder weniger zwingend aus der Art des zu befriedigenden Verkehrsbedürfnisses ergeben, bezüglich der genauen Lage sind aber i. d. R. gewisse Wahlmöglichkeiten gegeben, die zugunsten von Kollisionsvermeidungen auszunutzen sind.

Ferner ist u. U. die Bauweise der Anlage für ihre größere oder geringere Bergschadensempfindlichkeit bedeutsam. Das gilt vor allem für Brücken und ähnliche Bauten. Bei Absenkungsgefahr kann die Erhöhung der Straßen- und Kanaldämme dem Bergwerkseigentümer den Abbau in gewissem Umfang ermöglichen, ohne daß die Hebung der abgesunkenen Verkehrsanlagen den Verkehr zeitweise stillegen und erhebliche Kosten verursachen würde.

Für alle diese Maßnahmen hat sich in der Praxis der Begriff der Erstausstattung der Verkehrsanlagen entwickelt, mit dem sich praktikable Abgrenzungen finden lassen.

Solche interessen- und raumgestaltenden Entscheidungen sind zwar im Privatrecht seltener, ausgeschlossen sind sie, wie ein Blick auf das Nachbarrecht und insbesondere auf § 906 BGB zeigt, nicht. In den Planfeststellungsverfahren verschiedener Art sind solche Entscheidungen nichts Außergewöhnliches. Die dort angeordneten Maßnahmen über die sachliche Gestaltung werden wertvolle Vorentscheidungen für die Gerichte sein. Die privatrechtlichen Entscheidungen (insbesondere die der Kostenfrage), die sich an sie anschließen, unterscheiden sich von den üblicherweise dem Gericht unterbreiteten Fragen nicht allzusehr.

Die so aus § 153 ABG abgeleiteten Folgen bedeuten echte materielle Pflichten des Bergwerkseigentümers (§ 153 Abs. 1) und des Trägers der Verkehrsanstalt (§ 153 Abs. 2). Die Pflichten des Bergwerkseigentümers aus Abs. 1 können von dem Träger der Verkehrsanstalt mit Klage auf Erfüllung in Natur durchgesetzt werden. Es geht gerade darum, die Sicherheit und Leichtigkeit des Verkehrs zu erhalten; wenn Maßnahmen unter Tage dafür erforderlich sind, kann die Verkehrsanstalt sie mittels Klage erzwingen. Daß daneben im Betriebsplanverfahren und nach § 196 ABG die Bergbehörde die Verkehrsinteressen sichern kann, steht dem nicht entgegen.

Eine Vernachlässigung der dem Träger der öffentlichen Verkehrsanstalt obliegenden Pflicht zur Rücksichtnahme führt dazu, daß der Träger der Verkehrsanstalt entstehende Schäden nicht ersetzt bekommt. Die Schäden gehen, soweit sie durch die entsprechenden Einrichtungen zu vermeiden gewesen wären, auf die Versäumung der Pflicht zur Rücksichtnahme zurück. Auf diese Weise werden nicht nur die kollidierenden Interessen richtig abgegrenzt, sondern auch die Zuständigkeiten zwischen dem Träger der Verkehrsanstalt und dem Bergwerkseigentümer zweckmäßig verteilt: Im Bergbaubetrieb ist der Bergbautreibende allein verantwortlich, er muß die Maßnahmen treffen, hat aber u. U. einen Ersatzanspruch.

Daß die Erfüllung der Pflicht des Trägers der Verkehrsanstalt aus § 153 Abs. 2 gegenüber dem Bergwerkseigentümer auch durch Klage erzwungen werden kann, ist nicht ganz so sicher, aber doch zu bejahen. Das Interesse des Bergwerkseigentümers geht in erster Linie dahin, nicht mit allzu hohen Aufwendungen für Beseitigung von Bergschäden an den Verkehrsanlagen belastet zu werden.

Damit ist aber dem Bergwerkseigentümer dann nicht gedient, wenn die Verkehrsanlagen nicht anders als durch Stillegung des Abbaus zu sichern sind. Man wird daher auch dem Bergwerkseigentümer einen Anspruch auf die oben beschriebenen Maßnahmen gewähren müssen, um ihn nicht ausschließlich auf den inhaltlich und dem Grunde nach nicht einfachen Schadensersatzanspruch für den Fall der erzwungenen Stillegung zu verweisen. Dieser privatrechtliche Anspruch steht dann neben der Befugnis der Behörden, diese oder ähnliche Maßnahmen im Planfeststellungsverfahren anzuordnen, so wie auch die Ansprüche der Verkehrsanstalt aus § 153 Abs. 1 neben den Möglichkeiten der Bergbehörde herlaufen.

cc) Ordnet das Gesetz die Pflicht zur Rücksichtnahme an, so entscheidet es damit zugleich über die Kosten der in Erfüllung der Pflicht zu treffenden Maßnahmen. Das bedarf grundsätzlich keiner weiteren Begründung; wenn das Gesetz einem anderen als dem zum Tun Verpflichteten die Kosten auflastet, sagt es das ausdrücklich. Außerdem macht die ganze Entstehungsgeschichte deutlich, daß es bei §§ 153, 154 ABG in erster Linie um eine gerechte Verteilung der Kosten der Kollision und ihrer Behebung ging.

Müßte der Bergwerkseigentümer die Kosten der vorbeugenden Maßnahmen tragen, so käme es nicht zu dem Interessenausgleich, um den es nach den Äußerungen zur Entstehung der §§ 153, 154 ABG eindeutig ging. Dieser Ausgleich sei nochmals stichwortartig dargestellt: Die Verkehrsanstalt kann von § 150 ungehindert den Standort der Anlage wählen. Sie erhält den trotz vorbeugender Maßnahmen entstehenden Schaden ersetzt. Ferner muß der Bergwerkseigentümer bis zum Unterlassen des Abbaus auf die Verkehrsanlagen Rücksicht nehmen. Zum Ausgleich dafür muß der Träger der Verkehrsanstalt auf eigene Kosten zumutbare Maßnahmen im Interesse des Bergwerkseigentümers treffen. Für Maßnahmen unter Tage erhält der Bergwerkseigentümer im Rahmen des § 154 Ersatz. Erst diese Kostenverteilung macht § 153 Abs. 2 zum Ausgleichsmittel. Sonst würde es sich praktisch nur um eine schadensmindernde Vorleistung des Bergwerkseigentümers handeln. Die Situation entspräche der bei Sicherungsmaßnahmen des Grundeigentümers, deren Kosten der Bergwerkseigentümer zu tragen hat.

Mit der Regelung der Sicherungskosten darf § 153 Abs. 2 nicht verwechselt werden. Das ergibt sich aus folgendem: Für das Verhältnis Bergwerkseigentümer–Grundeigentümer gelten §§ 148, 150 ABG; die Sicherungskosten sind Schäden im Sinn des § 249 BGB und daher zu ersetzen. Grund und Umfang des Schadens sind durch § 148 ABG bestimmt. An Stelle dieser allgemeinen Regelung gelten für das Verhältnis Bergwerkseigentümer–Verkehrsanstalt die §§ 153, 154 ABG so, daß die Spezialregelung die generelle verdrängt. Das ergibt sich einmal aus der systematischen Stellung der §§ 153, 154 als besonderer Abschnitt des fünften Titels und mehr noch aus dem besonderen Zweck der Vorschriften, eine abschließende Kollisionsregelung für das Verhältnis Verkehrsanstalt–Bergwerkseigentum zu schaffen. Der außergewöhnlichen Lage bei dieser Kollision kann nur eine Spezialregelung entsprechen. Diesen Gesichtspunkt läßt OLG Hamm[134] außer acht, wenn ohne jedes Eingehen auf die §§ 153, 154 die Kosten einer besonderen Brückenkonstruktion für eine Straße unter § 148 gebracht werden, allerdings unter der Voraussetzung, daß das betreffende Grundstück schon bei Eintritt des drohenden Schadens dazu bestimmt war, Bauland für eine Straße zu werden.

Daß im Regelfall die Kosten der sogenannten Erstausstattung nicht unter dem Gesichtspunkt der Sicherungskosten nach § 148 ABG gefordert werden können, ergibt sich auch weiter aus folgender Überlegung. Das ABG gibt keinen selbständigen Anspruch auf die Sicherungskosten, vielmehr ist dieser Anspruch nur als Ausfluß des Schadens am Grundstück zu begründen[135]. Diese Überlegung führt zwingend dazu, den Anspruch auf den Ersatz der Sicherungskosten durch den Grundstücksminderwert als Höchstgrenze zu beschränken; wenn der Grundstücksschaden zu ersetzen ist, kann der Schaden nicht höher sein, als der Wert des Grundstücks selbst. Der Grundeigentümer muß sich aber den noch verbleibenden Wert anrechnen lassen. Diese Ansicht ist zwar in der bisherigen Literatur und oberstrichterlichen Rechtsprechung nicht vertreten[136], ich halte sie aber für eine unabweisbare Folge der Ableitung des Anspruchs auf die Sicherungs-

[134] Vgl. MDR 1962, 652.
[135] Vgl. auch OLG Hamm, MDR 1962, 652.
[136] Das LG Dortmund hat sich für die Kosten der Sicherung von Wohnbauten in einem nicht veröffentlichten Urteil als erstes Gericht (soweit ich sehe) auf den hier vertretenen Standpunkt gestellt.

kosten aus dem Schadensbegriff. Die Grenze der Sicherungskosten ist danach die Wertminderung des Grundstücks. Der Wert ist grundsätzlich mit dem Verkehrswert gleichzusetzen. Wenn allerdings der Gebrauchswert für den Eigentümer über den Verkehrswert hinausgeht, kann dieser zugrunde zu legen sein[137]. Bei dem Bau von Verkehrsanlagen wird indessen die Verkehrsanstalt kaum jemals die Grundstücke ohne drohenden Bergschaden zu Eigentum gehabt haben, so daß die Aussicht, ohne Rücksicht auf den zukünftigen Bergbau bauen zu können, niemals zum Vermögen der Verkehrsanstalt gehört hat. Ohne diese Möglichkeit liegt aber kein Schaden im Sinn der §§ 148 ABG, 249 BGB vor: Schaden ist die Minderung des Vermögens; wenn die Grundstücke schon in dem Augenblick nicht mehr ohne besondere Maßnahme mit Verkehrsanlagen bebaut werden konnten, in dem der Träger der Verkehrsanstalt sie erwarb, hat die Verkehrsanstalt *diesen* Vermögenswert niemals besessen, kann also nicht durch Verlust oder Minderung der Bebauungsmöglichkeit mit Verkehrsanlagen geschädigt worden sein. Dieser Überlegung gegenüber hilft auch die Abtretung des Anspruchs vom Voreigentümer nicht. Dessen Schaden ist die Verkehrswertminderung des Grundstücks; den Nutzungswert, Verkehrsanlagen bauen zu können, hat keiner der Grundstückseigentümer gehabt, da dazu die Zusammenfassung aller erforderlichen Grundstücke und die Planfeststellung erforderlich gewesen wäre. Anders wäre vielleicht zu entscheiden, wenn die Verkehrsanstalt alle zum Bau der Verkehrsanlagen erforderlichen Grundstücke zu Eigentum hatte, bevor der Bergschaden (sei es auch nur als „drohender Schaden“) einsetzt. Aber selbst dann wäre zu berücksichtigen, daß erst die Planfeststellung den Bau der Verkehrsanlagen ermöglicht, die Nutzungsmöglichkeit also erst später als der Bergschaden entsteht. Im Grundeigentum ist die Befugnis, eine Verkehrsanlage zu bauen, nicht enthalten. Erst die staatliche Genehmigung legt dem Grundstück diese Qualität bei (vgl. auch *Grimm*[138], der hervorhebt, daß der Träger der Verkehrsanstalt erst mit der Genehmigung und oft erst nach Zubilligung des Enteignungsrechts die Verkehrsanlage bauen könne). Die staatliche Entscheidung mit der Raumgestaltung als Folge darf nicht den Inhalt privater Rechte mehr verändern als unumgänglich erforderlich ist, um das öffentliche Interesse an einer bestimmten Sachgestaltung zu befriedigen. Das würde aber geschehen, wenn die Genehmigung des Baues der Anlagen den Inhalt des – privaten – Grundeigentums der Verkehrsanstalt entscheidend

[137] Vgl. dazu *Westermann*, AZP 156 S. 137ff. (150).
[138] Oben S. 60.

steigern und das Bergwerkseigentum inhaltlich entsprechend schwächen würde. Darum aber geht es; denn bei einem Anspruch auf Ersatz der Kosten der Erstausstattung auf Grund von § 148 ist das private Eigentumsrecht des Grundeigentümers die Quelle des Anspruchs.

Für §§ 153, 154 kommt es auf diese Erwägung nicht an; die Argumente gelten vielmehr nur für die Begründung des Anspruchs der Verkehrsanstalt aus § 148. Sie zeigen aber, daß das hier vertretene Ergebnis durchaus mit den allgemeinen Rechtsgedanken übereinstimmt.

Der Ableitung des Ergebnisses aus dem Schadensbegriff mag vielleicht entgegengehalten werden, hier werde der Zeitfolge der Nutzungsbestimmung und des Bergschadens zu viel materielles Gewicht beigelegt. Dem ist aber nicht so. Wenn eine neue Verkehrsanlage, insbesondere eine das Land durchziehende Verkehrslinie im öffentlichen Interesse gebaut werden soll, ist es gerecht, daß die Verkehrsanstalt die Kosten dafür übernimmt, daß die Anlage der bisherigen ordnungsgemäßen Raumnutzung angepaßt wird. Es geht nicht an, über die dem Bergwerkseigentümer auferlegte Pflicht auf Anpassung des Bergbaus an die Erfordernisse des Verkehrs und auf Ersatz des eintretenden Schadens hinaus diesem auch noch die Kosten der Anpassung der Anlage an den fortzusetzenden Bergbau aufzulasten.

7. Eigene Inhaltsbestimmung von § 154 ABG

Die vom Bergwerkseigentümer zu treffenden Maßnahmen gehen dagegen grundsätzlich auf dessen Kosten. Hier gibt ihm aber § 154 ABG gegebenenfalls einen Ersatzanspruch. Zu § 154 ist unter dem Gesichtspunkt seiner grundsätzlichen Bedeutung für das Verhältnis zwischen Verkehrsanstalten und Bergwerkseigentümern schon Stellung genommen. Die praktischen Folgen des § 154 sind nun vom Standpunkt des eigenen Systems aus darzustellen.

a) § 154 ABG ist als Weg zu einem eingeschränkten Ersatzanspruch des Bergwerkseigentümers gegen die Verkehrsanstalt gekennzeichnet.

aa) Voraussetzung des Anspruchs ist zunächst die „Priorität des Bergwerkseigentums gegenüber der Verkehrsanstalt“. Maßgebend ist, wie der Wortlaut des § 154 Abs. 1 mit der Formulierung „war der Bergbautreibende zu dem Bergwerksbetriebe früher berechtigt als die Genehmigung der Anlage (§ 153) erteilt ist“ deutlich macht, die Zeitfolge der Verleihung des Bergwerkseigentums und der Planfeststellung (genauer ist auf die Offenlegung des Plans abzustellen). Auf die Zeitfolge des tatsächlichen Abbaubeginns und der Ausführung des Baus der Verkehrsanstalten kommt es nicht an. Das folgt einmal aus dem insoweit eindeutigen Wortlaut des § 154 und zum anderen auch daraus, daß es sich um den Schutz des Abbau*rechts* im Kollisionsfall handelt.

bb) Weitere Voraussetzung des Anspruchs ist die Notwendigkeit, sonst nicht erforderliche Anlagen im Bergwerk herzustellen, zu beseitigen oder zu verändern. Die Notwendigkeit muß sich aus dem Vorhandensein der Verkehrsanlagen ergeben[139]. Der Zusatz „nur" in § 154 Abs. 1 Satz 2 zeigt, daß das Gesetz die Ersatzfälle *ausschließlich* aufzählen wollte; § 154 ist daher eine abschließende Regelung der Ersatzansprüche des Bergwerkseigentümers gegenüber der Verkehrsanstalt.

b) Die Auslegung der einzelnen Begriffe in § 154 ABG steht in so engem Zusammenhang mit der grundsätzlichen Anschauung von der Struktur der §§ 153, 154, daß die unterschiedliche systematische Einordnung des § 154 nochmals kurz zu wiederholen ist.

aa) Nach der Auffassung des RG folgt gerade aus § 154, daß das Bergwerkseigentum der Verkehrsanstalt gegenüber grundsätzlich ein inhaltsloses Recht ist, so daß verwaltungsmäßige Eingriffe entschädigungslos möglich wären, wenn nicht § 154 den eng begrenzten Ersatzanspruch gäbe[140]. Das ließe noch einen, wenn auch engen Anwendungsbereich für § 154 offen. Die Rechtsprechung hat diesen aber weiterhin so eingeengt, daß § 154 praktisch zu einer unanwendbaren Norm geworden ist[141]. Die Mittel dazu sind, daß die Äußerungen in der Entstehungsgeschichte zur Frage des Sicherheitspfeilers so ausgelegt werden, daß keinerlei Entschädigung für den Verlust von Abbaumöglichkeiten zugebilligt wird[142]. Daraus wird noch weiter gefolgert, daß dem Bergwerkseigentümer kein Anspruch für entgangenen Gewinn zustände, so daß alle auf Gewinnerzielung, d. h. auf Abbau, gerichteten Maßnahmen für § 154 auszuscheiden hätten.

Dieses Ergebnis wird auch damit begründet, daß die Rechtsprechung als Erfordernis in § 154 hineininterpretiert, die Maßnahme müsse *ausschließlich* dem Schutz der Verkehrsanstalt dienen, sie dürfe nicht zugleich den Abbau fördern[143]. Da in aller Regel der Bergwerkseigentümer die Maßnahme ergreift, weil er trotz der Verkehrsanlagen weiter abbauen will, kommt nach diesem Standpunkt § 154 nur zum Zuge, wenn bei eingestelltem Abbau

[139] Entsprechend der zu aa) festgestellten Zeitfolge genügt auch, daß die Planoffenlegung zu den Maßnahmen zwingt.

[140] Vgl. oben S. 39.

[141] Vgl. oben S. 41.

[142] Vgl. RG, Urt. v. 4. I. 1896 = ZfB 37, 237; Urt. v. 24. II. 1923 = ZfB 64, 225.

[143] Vgl. RB v. 3. XII. 1874 = ZfB 16, 252; RG, Urt. v. 9. VII. 1881 = ZfB 23, 391.

durch eine Anlage Schäden an den Verkehrsanstalten verhindert werden sollen. Da aber nach dem RG die Schädigung durch einen nach Offenlegung des Plans fortgesetzten Abbau rechtswidrig ist und zum Ersatz verpflichtet, trifft der Bergwerkseigentümer die Maßnahme, um seine Ersatzpflicht zu mindern, so daß § 154 aus diesem Grunde nicht anwendbar ist. Auf diese Weise wird erreicht, daß § 154 nur für den „alten Abbau" gilt, damit also weitgehend unanwendbar wird.

bb) Das ganz überwiegende neuere Schrifttum ist dieser Auslegung entgegengetreten[144]. Daß sich vom Standpunkt des oben S. 72ff. entwickelten Systems ein anderer Inhalt des § 154 ergibt, liegt auf der Hand. Wenn, was insbesondere die oben S. 56ff. ausführlich wiedergegebene Entstehungsgeschichte unübersehbar deutlich macht, § 154 als echtes Ausgleichsmittel zugunsten des Bergwerkseigentümers gewollt ist, wenn ferner statt der bedingungslosen Unterordnung des Bergwerkseigentums unter das Recht der Verkehrsanstalten ein Ausgleich der Kollision Ziel der gesetzlichen Regelung ist, *muß* § 154 anders auszulegen sein, als das RG es tat. § 154 ist dann ein Aufwendungsersatzanspruch besonderer Art[145]. § 154 ermöglicht es dem Bergwerkseigentümer, den Abbau mit den Maßnahmen im Interesse der Verkehrsanstalt, zu denen ihn § 153 Abs. 1 verpflichtet, fortzusetzen. Um einen Aufwendungsersatzanspruch handelt es sich, auch wenn § 154 vom Schadensersatz spricht. Maßgebend für die Einordnung ist nicht die vom Gesetz gewählte Bezeichnung, sondern der rechtliche Grund des Anspruchs, nämlich der Einsatz von Vermögenswerten im Interesse der Verkehrsanstalt, und der Anspruchsinhalt, nämlich der Ersatz der Aufwendung.

144 Vgl. dazu die oben S. 44ff. inhaltlich wiedergegebene Literatur und aus neuester Zeit insbesondere *Krautschneider* (ZfB 106, 206). *Krautschneider* geht davon aus, daß der Bergbautreibende nicht widerrechtlich handelt, wenn er im Zuge notwendiger Abbaumaßnahmen Anlagen öffentlicher Verkehrsanstalten beschädigt (a.a.O., S. 212), und folgert daraus im Anschluß an *Isay* (Glückauf 1954, 1519, 1525) und *Feuth* (NJW 1956, 53), daß § 154 Abs. 1 insoweit gegen das Grundgesetz verstößt, als er einen Entschädigungsanspruch des Bergwerkseigentümers beschränkt oder ausschließt (a.a.O., S. 216). Wie *Kremer* (ZfB 99, 409, 421) meint aber auch *Krautschneider*, daß die Anerkennung dieses Anspruchs nicht dazu führen dürfte, daß nunmehr generell der Bergbau höher bewertet werde. Da beide, öffentliche Verkehrsanstalt und Bergbau, im öffentlichen Interesse tätig seien, müsse im Einzelfall sorgsam abgewogen werden, ob dem Bergbau oder der Verkehrsanstalt der Vorrang zu geben sei und welche Maßnahmen wem von beiden zugemutet werden können. § 154 Abs. 1 sei insoweit unwirksam, als er diesem Ausgleichsgedanken entgegenstehe (a.a.O., S. 216).

145 Vgl. *Ebel-Weller* zu § 154 Anm. 2; *Krautschneider* ZfB 106, 215.

Von diesem System aus ist es insbesondere nicht zulässig, den Kreis der unter § 154 fallenden Maßnahmen durch die Hineinnahme des Wortes „ausschließlich“ einzuengen. Es reicht vielmehr aus, daß ohne Vorhandensein der Verkehrsanstalt die Maßnahme unterblieben wäre; danach besteht der Anspruch nicht, wenn die Maßnahme auch ohne Vorhandensein der Verkehrsanstalt erforderlich gewesen wäre, gleichzeitig aber die Verkehrsanlage schützt[146]. Ein Ersatzanspruch aus § 154 besteht nach dieser Auffassung nicht nur für diejenigen Anlagen, die den Betrieb der Verkehrsanlagen ermöglichen und deren Sicherheit garantieren, sondern auch für solche Maßnahmen des Bergwerkseigentümers, die zur Verhütung oder Minderung von Schäden an den Verkehrsanlagen dienen. Die erste, einschränkendere Ansicht läßt sich als „polizeirechtliche Auffassung“ des § 154 bezeichnen: Sie gibt Ansprüche nur zur Behebung eines polizeiwidrigen Zustandes. Diese Einschränkung ist vom Wortlaut des § 154 („sonst nicht erforderliche Anlagen“) nicht gedeckt. Der Text des § 154 drückt nicht mehr aus, als daß das Bestehen der Verkehrsanlagen kausal für die Maßnahmen sein muß. Die „polizeirechtliche Auffassung“ ergäbe sich aus dem Wortlaut des § 154 nur, wenn es dort hieße: „zur Sicherheit der Verkehrsanlagen erforderliche Maßnahmen“. Gegen die engere Auffassung spricht ferner der Umstand, daß es im allgemeinen nicht möglich ist, zwischen Maßnahmen zum Ausschluß plötzlich auftretender Gefahren, die den Betrieb der Verkehrsanstalten unmöglich machen oder doch die Sicherheit beeinträchtigen, und solchen Maßnahmen zu unterscheiden, die Schäden an den Verkehrsanlagen verhüten oder mindern sollen. Die Unterscheidung ist nur graduell, nicht aber prinzipiell. Das zeigt sich insbesondere bei einem Abbau in größerer Teufe, bei dem Maßnahmen zur Verhinderung plötzlicher (Sicherheitsmoment) und langsamer Veränderungen der Erdoberfläche (Schadensverhütung) ineinander übergehen.

Entscheidend spricht aber gegen die polizeirechtliche Auffassung des § 154, daß damit praktisch alle oder doch die wesentlichsten finanziellen Folgen, die sich aus der Kollision zwischen Bergbau und Verkehrsanlagen ergeben, dem Bergwerksunternehmer aufgelastet werden. Durch entsprechendes Verhalten, z. B. durch ständige und sorgsamste Überwachung der Verkehrsanlagen, könnte die Verkehrsanstalt eine Gefährdung der Sicherheit des Verkehrs von sich aus nahezu völlig ausschließen und damit

[146] So die überwiegende Ansicht in der Literatur, vgl. z. B. *Ebel–Weller* zu § 154 Anm. 1 mit zahlreichen Nachweisen.

die wesentlichsten und kostspieligsten Maßnahmen, die der Bergwerkseigentümer zum Schutz der Verkehrsanlagen trifft, als Maßnahmen der Schadensverhinderung darstellen, so daß die Ersatzverpflichtung der Verkehrsanstalt aus § 154 ausgeschlossen wäre. Durch § 153, insbesondere aber durch § 154 soll jedoch gerade ein finanzieller Ausgleich der aus der Kollision zwischen Bergbau und Verkehrsanlagen erwachsenden Lasten herbeigeführt werden. Die Regelung der §§ 153, 154 ABG ist, wie aus der oben dargestellten Entstehungsgeschichte folgt, subjektiv aus dem Willen des Gesetzgebers zum finanziellen Ausgleich entstanden und hat nach objektiver Gesetzesauslegung die Aufgabe, die Kollision zwischen Bergbau und Verkehrsanlagen so zu regeln, daß ein Interessenausgleich mit einer Verteilung der Lasten der Kollision das Ergebnis ist (vgl. oben S. 58 und oben S. 73). Die Auslegungsfrage muß entscheidend dadurch beeinflußt werden, daß ein vor der Genehmigung der Verkehrsanlagen bestehendes, privates Abbaurecht im Interesse des Verkehrs eingeschränkt werden soll. Der Aufopferungscharakter des ausgleichenden Anspruchs aus § 154 verlangt es, daß der Anspruch nicht durch eine aus dem Wortlaut der Vorschrift nicht abzulesende Einschränkung bis zur Bedeutungslosigkeit ausgehöhlt wird.

Die mißverständliche Formulierung der Entstehungsgeschichte, der Bergwerkseigentümer solle keine Entschädigung für entgangenen Gewinn haben, darf nicht dazu führen, jede gewinnschmälernde Maßnahme als Anspruchsgrundlage auszuschließen. Vielmehr zielt diese Formulierung ausschließlich darauf ab, Ersatzansprüche für Substanzverluste des Abbaurechts auszuschließen.
Unter diesem Gesichtspunkt sind auch die Entscheidungen des RG zu lesen, die Ansprüche für Maßnahmen versagen, die die Fortsetzung des Abbaus ermöglichen sollen. Das gilt insbesondere für RG ZfB 11,321 und RG ZfB 23,391.

Dem Zweck und Wortlaut des § 154 wird danach nur eine Auslegung gerecht, die die wirtschaftspolitische Zwecksetzung der §§ 153, 154 erfüllt, nämlich einen Anreiz für den Bergwerkseigentümer zu schaffen, trotz der Verkehrsanlagen mit Rücksicht auf deren Schutz abzubauen. Es reicht mithin für § 154 aus, daß die zu Kosten führende Maßnahme getroffen wird, um Schäden an den Verkehrsanlagen auszuschließen oder zu mindern. Der Ausgleichscharakter bleibt bei dieser Auffassung gewahrt, da der Bergwerkseigentümer nur die Aufwendungen für bestimmte Maßnahmen ersetzt erhält, im übrigen die Nachteile hinnehmen muß, die ihm aus dem Vorhandensein der Verkehrsanlage erwachsen. Vor allem muß er die Schäden ersetzen, die an den Verkehrsanlagen entstehen. Auch für das Stehenlassen eines Sicherheitspfeilers erhält der Bergwerkseigentümer nach der Entstehungsgeschichte keinen Ersatz. Neben der konstruktiven Begründung der Motive[147], das nicht abzubauende Material gehöre dem Bergwerkseigentümer nicht, dieser erleide nur eine Einschränkung seines Abbaurechts, ist entscheidend gewesen, daß eine Ersatzpflicht für das Stehenlassen von Sicherheitspfeilern den Verkehr zu sehr verteuern würde[148].

Nach der Entstehungsgeschichte ist also die Notwendigkeit, einen Sicherheitspfeiler stehen zu lassen, aus der Ersatzpflicht ausgeklammert, um die Nachteile der Kollision von Bergwerkseigentümer und Verkehrsanlagen zu verteilen. Vom heutigen Standpunkt aus könnte man zwar den Sicherheitspfeiler als Veränderung des Grubenbaus unter den Begriff der Anlage bringen. Es fragt sich dann, ob im Wortlaut des Gesetzes der Einschränkungswille hinreichend zum Ausdruck gekommen ist. Ein Schluß, daß jede Abbauschmälerung ersatzlos hinzunehmen sei, ist aber nicht zu ziehen; auf keinen Fall ging der Wille des Gesetzgebers dahin, den Gewinnverlust des Bergwerkseigentümers für § 154 bedeutungslos sein zu lassen.

Auch wenn der Sicherheitspfeiler nicht als Anlage im Sinne des § 154 zu bewerten ist, so folgt daraus nicht, daß dem Bergwerkseigentümer überall dort, wo ein Sicherheitspfeiler theoretisch möglich wäre, ein Ersatzanspruch für jede andere Anlage fehlt. Einmal lassen sich, soweit ich sehe, Sicherheitspfeiler und sonstige Maßnahmen zugunsten der Verkehrsanlage nicht beliebig auswechseln. Der Sicherheitspfeiler wirkt völlig anders als beispielsweise ein Abbau mit Blasversatz. Bei der jetzigen Teufe wird das Stehenlassen von Sicherheitspfeilern i. d. R. sehr erhebliche Kohlenmengen umfassen müssen und auch auf Nachbarfelder einwirken. Aber selbst wo der Bergwerkseigentümer zwischen den Maßnahmen wählen kann, muß es mit der Folge des § 154 möglich sein, das volkswirtschaftlich erwünschte Ergebnis, nämlich die Ermöglichung des Abbaus bei gleichzeitigem Schutz der Verkehrsanlagen, zu wählen. Das ergibt sich aus dem Zweck der §§ 153, 154, den Verkehrsanlagen Rechnung zu tragen *und* den Abbau zu ermöglichen.

c) Auch die einzelnen Voraussetzungen des § 154 ABG sind nicht unstreitig. Hervorzuheben ist:

Der Begriff der Anlage umfaßt alle betrieblichen Einrichtungen insbesondere auch die Grubenbaue[149]; damit und aus anderen Gründen gehört auch der Blasversatz zu den Anlagen im Sinn des § 154[150].

Unter dem Gesichtspunkt der Priorität ist streitig geworden, ob Modernisierung der Verkehrsanlagen, z. B. die Elektrifizierung der Eisenbahnen

[147] Vgl. oben S. 57.

[148] Vgl. die Motive oben S. 57; *Grimm*, oben S. 61, betont noch, im Einzelfall könne bei der Planfeststellung auch dafür einmal Ersatz gewährt werden, wenn das billig sei; der Kommissionsbericht, vgl. oben S. 64, glaubt, dem Bergwerkseigentümer das Opfer zumuten zu können, da dem Bergbau als Wirtschaftszweig der Ausbau des Eisenbahnnetzes sehr zugute gekommen sei.

[149] *Krautschneider* a.a.O., S. 214.

[150] Vgl. RG, Urt. v. 12. III. 1909 = RGZ 70, 387 = ZfB 51, 155 zum älteren Hand- und Spülversatz, vgl. ferner *Ebel–Weller* zu § 154 Anm. 1 m.w.N.

oder die Erhöhung des Wasserspiegels eines Kanals, Änderungen der bestehenden Verkehrsanlage oder neue Anlagen sind[151].

Richtiger Ansicht nach ist eine bergbehördliche Anordnung der Maßnahmen nicht erforderlich[152], da §§ 153, 154 von automatisch entstehenden Pflichten der Verkehrsanstalt und des Bergwerkseigentümers ausgehen. Folglich entstehen auch die Ausgleichsansprüche ohne behördliche Anordnung. Der Bergwerkseigentümer trägt aber ohne eine solche Anordnung die Gefahr, da im Streitfall die Gerichte die Maßnahmen nicht oder nicht in dieser Art oder in diesem Umfang für erforderlich halten. Eine bergbehördliche Anordnung ändert an der privatrechtlichen Rechtslage nichts; einen nach § 154 nicht bestehenden Anspruch würde also eine solche Anordnung nicht schaffen.

Ersatzberechtigt ist der Bergwerkseigentümer, der die Kosten aufgewandt hat; verpflichtet der Träger der Verkehrsanstalt, deren Anlagen geschützt werden sollen.

Vorteilsausgleichung kann gegen den Aufwendungsersatzanspruch nicht geltend gemacht werden. Aber selbst wenn man diese – letztlich konstruktive – Einordnung des Anspruchs aus § 154 vernachlässigt, muß eine Minderung des Schadens an den Verkehrsanlagen als Vorteil für den Bergwerkseigentümer außer acht bleiben. Der Zweck des § 154 ist gerade, den Bergwerkseigentümer insoweit von den Aufwendungen zur Sicherung der Verkehrsanlagen freizustellen[153].

Es ließe sich vertreten, die Beträge abzuziehen, die der Bergwerkseigentümer vermutlich hätte aufwenden müssen, wenn die Oberfläche mit üblichen Bauten bebaut worden wäre, soweit die Aufwendungen für Beseitigung von Schäden an diesen Bauten die verbleibende Ersatzpflicht des Bergwerkseigentümers für die Ausbesserung der Verkehrsanlagen überschritte.

d) Nun könnte gegen diese Auffassung eingewandt werden, sie laste soviel Nachteile der Kollision dem Träger der Verkehrsanstalten auf, daß „sein natürliches Recht auf Ausnutzung seines Grundeigentums zu sehr verkürzt werde". Die Ansicht, im Grundeigentum sei die Befugnis zur Bebauung mit Verkehrsanlagen enthalten, ist nach den Ausführungen *Grimms*[154] und nach dem Kommissionsbericht des Abgeordnetenhauses[155]

[151] Für den Charakter als neue Anlagen *Ebel-Weller* zu § 154 Anm. 1; *Siewert* a. a. O., S. 107; *Krautschneider* a. a. O., S. 214; dagegen *Schmidt*, Die Bundesbahn, 1953, S. 920; *Haustein*, DÖV 1956, S. 102.

[152] *Krautschneider* a. a. O., S. 215.

[153] Vgl. *Krautschneider* a.a.O., S. 215. m. w. N.

[154] Vgl. oben S. 60.

[155] Vgl. oben S. 64.

für die Entscheidung, den Ersatzanspruch in § 154 in Grenzen zu halten, maßgeblich gewesen. Indessen kann von einer einseitigen Belastung des Trägers der Verkehrsanstalt als Grundeigentümer nicht die Rede sein. Es ist oben dargelegt, daß dem Grundeigentum nicht eine wertvolle Befugnis im Interesse des Bergbaus entzogen werde. Erheblich muß aber ins Gewicht fallen, daß § 150 beseitigt wird und daß damit der Träger der Verkehrsanstalt wesentlich günstiger steht als der sonstige Grundeigentümer. Das allgemeine Eigentümerinteresse ist dadurch ausreichend geschützt, daß dem Grundeigentümer die infolge des Bergbaus entstehende Minderung des Verkehrswerts ersetzt wird.

Der Wegfall des § 150 kann auch unter einem anderen Gesichtspunkt nicht ohne Ausgleich bleiben: § 150 liegt der Gedanke zugrunde, daß besonders berggeschädigtes und berggefährdetes Gelände besser unbebaut bleibt und dem Grundeigentümer der Schaden der Verkehrs- und Gebrauchswertminderung ersetzt wird. Das beabsichtigte Gebäude wird dann an anderer Stelle errichtet werden. Infolge ihrer weitgehenden Ortsgebundenheit ist dieser Weg bei Verkehrsanlagen nur sehr bedingt gangbar. Diese Eigenart des Verkehrs in Verbindung mit dem oben S. 83 Ausgeführten darf aber nicht ausschließlich zu Lasten des Bergwerkseigentümers gehen; die Folgen einer über das übliche Maß hinausgehenden Ortsgebundenheit im Verhältnis zu einer älteren Raumnutzung muß die Verkehrsanstalt tragen.

8. Auslegung an Hand allgemeiner Rechtsgedanken

Dieses Auslegungsergebnis, das aus der speziellen Situation der auszulegenden Vorschriften abgeleitet ist, gewinnt nun aus allgemeinen Erwägungen beträchtliche Stützen.

a) Hinzuweisen ist auf die Rechtsnatur der §§ 153, 154 ABG als Kollisionsnormen. Kollisionsnormen, besonders die, die Kollisionen im Raum regeln, werden in aller Regel dahin gehen, den Schaden in einer vernünftigen Form zwischen beiden Beteiligten auszugleichen, statt einseitig einen der Beteiligten mit den gesamten Folgen der Kollision zu belasten. Bedeutsamer noch ist, daß sie zur Schadensverhütung oder doch -minderung anregen müssen. Diesen Anforderungen entspricht die „Ausgleichstheorie“.

b) Das von mir vertretene Auslegungsergebnis findet meines Erachtens ferner eine starke Stütze im Vergleich mit dem Nachbarrecht, insbesondere mit § 906 BGB. Um Mißverständnisse zu vermeiden, sei hier ausdrücklich vermerkt, daß es nicht um eine analoge Anwendung des § 906 BGB auf das Verhältnis zwischen dem Grundeigentümer als Träger einer Verkehrsanstalt und Bergwerkseigentümer geht; es handelt sich vielmehr darum, daß eine gesetzlich entwickelte und gesicherte Interessenausgleichsmethode von Kollisionen im Raum als Auslegungshilfe für eine ähnlich gelagerte Kollisionsnorm verwandt wird. Die Ähnlichkeit der in § 906 BGB und §§ 153, 154 ABG geregelten Situationen ist ersichtlich: Beide Male handelt es sich um die Inanspruchnahme des Raums durch zwei Berechtigte, wobei die Rechtsausübungen sich stören. Der Gedanke der gegenseitigen Anpassungspflicht ist in § 906 BGB, insbesondere in der Neufassung der Norm, deutlich ausgedrückt. Das rechtfertigt es, die auslegungsbedürftigen §§ 153, 154 ABG so auszulegen, wie es die Ausgleichstheorie tut.

Diese beiden Auslegungshilfen sind aus dem Sinnzusammenhang nicht des speziellen Gesetzes, sondern aus dem der Rechtsordnung überhaupt oder zumindest aus einem funktionell bestimmten Teilgebiet der Rechtsordnung entwickelt, das in seiner Gesamtstruktur dem hier zur Debatte stehenden gleicht.

c) Die Auslegung als Ermittlung des Inhalts einer Norm und damit ihrer Wertungen kann, insbesondere wenn sie den Gesetzeszweck im Sinn der objektiven Auslegungstheorie als wesentliche Auslegungshilfe verwendet, die Zeitumstände z. Z. der Auslegung (jetzt von denen z. Z. der Entstehung des Gesetzes unterschieden) mit heranziehen. Auf diese Weise ist es möglich, den Wechsel der tatsächlichen Verhältnisse im Kräftespiel der Auslegung zu berücksichtigen.

Um Mißverständnisse zu vermeiden, möchte ich auch hier noch einmal die methodische Frage umreißen. Es handelt sich nicht darum, eine feststehende Bewertung des Gesetzes im Wege der richterlichen Gesetzeskorrektur durch Rechtsfortbildung zu ändern. Das ist meines Erachtens nur dann zulässig, wenn die tatsächlichen Verhältnisse sich so entscheidend geändert haben, daß die feststehende Bewertung und die aus ihr abgeleitete Rechtsfolgeanordnung unabweisbar geändert werden müssen.

Hier geht es darum, ob und wie die jeweils neu zu vollziehende Auslegung auf die im Augenblick der Entscheidung bestehende Situation abzustellen ist. Es ist die Frage zu stellen, was *heute* vom Standpunkt dieses Gesetzes aus für die jetzigen Verhältnisse objektiv vernünftig ist, um so einen Maßstab zu finden, um die unsichere Bewertung und Rechtsfolgeanordnung des Gesetzes zu bestimmen. Die Möglichkeit dieser Auslegungsmethode ergibt sich aus der oben[156] angedeuteten „Verselbständigung des Gesetzes gegen-

[156] Vgl. S. 26 f.

über der Person des Gesetzgebers". Sie sieht das auszulegende Gesetz für sich und als Teil eines Rechtssystems betrachtet, als objektiv vernünftige und gerechte Ordnung. Was vernünftige und gerechte Inhaltsbestimmung einer auslegungsbedürftigen Norm ist, bestimmt sich nicht nach der – für die angestrebte Wirkung zufälligen – Entstehungszeit des Gesetzes, sondern nach den Umständen z. Z. der jeweiligen Auslegung, da es auf die ordnende Wirkung in diesem Augenblick ankommt.

Es verdient hervorgehoben zu werden, daß das für die Auslegung einer auslegungsbedürftigen Norm, nicht für die Anpassung eines feststehenden Gesetzesinhaltes an veränderte Verhältnisse gesagt ist. Die Auslegung ist grundsätzlich Sache des Richters, dabei kann er die tatsächlichen Verhältnisse und Wertmaßstäbe zur Zeit der Auslegung heranziehen, solange das Ergebnis vom Wortsinn und Systemzusammenhang des Gesetzes gedeckt wird[157]. Die Anpassung älterer Gesetze an die geänderte Situation ist grundsätzliche Sache des Gesetzgebers[158].

Nun ist nicht zu verkennen, daß die für unsere Frage maßgebende Situation sich nicht unbeträchtlich geändert hat. Zwar sind meines Erachtens die Änderungen nicht so tiefgreifend, daß eine richterliche Gesetzeskorrektur am Platze sein könnte oder gar notwendig wäre. Aber es geht nur, wie schon hervorgehoben ist, um die Frage der Auslegung, die nur die für unsere Zeit richtige Lösung einer vom Gesetz nicht eindeutig entschiedenen Frage suchen soll.

Solch ein Wechsel der tatsächlichen Verhältnisse ergibt sich aus folgendem: Wie in der Entstehungsgeschichte sehr deutlich wird, waren die Verkehrsbedürfnisse für die Abgrenzung der Interessen von Bergbau und Verkehrsanstalten maßgebend. Es sollte vermieden werden, daß die privatwirtschaftlich getragenen oder doch in der Regel mit privatwirtschaftlicher Zielsetzung betriebenen Verkehrsanstalten mit Kosten belastet würden, die den Bau notwendiger Verkehrsanlagen hindern oder ihren Betrieb zu sehr verteuern würden. Diese Gefahr besteht nicht mehr. Es wird kein Bau einer notwendigen Verkehrsanlage unterbleiben, weil der Konflikt zwischen Bergbau- und Verkehrsinteressen für die Verkehrsanstalten zu ungünstig gelöst wäre. Beim Bau und beim Betrieb entstehende Kosten werden als unvermeidbare Aufwendungen der allgemeinen Daseinsvorsorge hingenommen. Die aus §§ 153, 154 ABG etwa den Träger der Verkehrsanstalt be-

[157] Vgl. dazu *Enneccerus–Nipperdey*, Allgem. Teil, Bd. 1, § 54, II 1a.
[158] Vgl. BVerfGE 8, 71 (79); 9, 83 (87); vgl. ferner *Müller* JZ 1962, 471 ff.

lastenden Kosten spielen in der Regel im Verhältnis zu den sonstigen Kosten praktisch auch keine besondere Rolle. Dabei ist insbesondere zu bedenken, daß in aller Regel *heute* der Träger der Verkehrsanstalt seine Tätigkeit auf das Bundesgebiet ausdehnt; (z. B. Eisenbahnen, Bundesstraßen, insbesondere Autobahnen, Kanäle); eine Verteuerung des Baues oder auch des Betriebes in Bergbaugebieten trifft den Träger der Verkehrsanstalt insofern nur sehr partiell, wenn, wie das notwendig ist, die Bau- und Betriebskosten zu denen des gesamten Anlagennetzes in Beziehung gesetzt werden. Im Gegensatz dazu werden die Anlagen eines Bergbauunternehmens regelmäßig oder doch oft ganz oder zu einem großen Teil der Kostenbelastung zugunsten der Verkehrsanlagen ausgesetzt sein[159]. Auch diese Großräumigkeit der Verkehrsanlagen war 1865 und 1891 nicht, jedenfalls nicht in diesem Maße, vorhanden.

Bedeutsam ist ferner, daß der deutsche Bergbau in einer wesentlich ungünstigeren wirtschaftlichen Situation ist, als 1865 und 1891. Wenn vielleicht ein Ergebnis der Auslegung der §§ 153, 154 ABG unter den *damaligen* Verhältnissen noch gerecht und vernünftig erscheinen könnte, so muß das *heute* angesichts der veränderten Situation des Bergbaus und der Verkehrsanstalten verneint werden.

Neben die Veränderung der tatsächlichen Situation kann die der maßgeblichen Wertanschauung treten. Das ist bedeutsam, da die Auslegung sich nicht nur nach den tatsächlichen Verhältnissen, sondern auch nach den allgemein herrschenden Wertmaßstäben z. Z. der Auslegung zu richten hat. Es gibt keine Fixierung der allgemeinen Wertanschauung auf die Zeit der Entstehung des Gesetzes (wohl gemerkt für die Auslegung) und schon gar nicht auf die Zeit der ersten auslegenden Entscheidung. Heranziehung der heutigen Wertung ist dem Richter nicht nur erlaubt, sondern geradezu geboten. Die allgemeinen Wertmaßstäbe bestimmt vor allem die Verfassung. Änderung der Verfassung kann letztlich mittelbar das ganze geltende Recht beeinflussen. Das ist nicht verwunderlich, wenn man sich des Wesens der Verfassung als „Grundgesetz und Grundordnung des sozialen Lebens" bewußt ist. Der Verfassung können rechtskulturelle Maßstäbe allgemeiner Art zur Seite treten.

Um noch einmal mögliche Mißverständnisse auszuräumen: Wenn hier die Verfassung herangezogen wird, dann soll nicht etwa geprüft werden, ob §§ 153, 154 ABG wegen Verstoßes gegen Artikel 14 GG nichtig sind und in diesem Fall eine verfassungskonforme

[159] Vgl. die Beispiele oben S. 11 ff.

Auslegung im technischen Sinn erforderlich wäre, um die Nichtigkeit wegen Verstoßes gegen das Grundgesetz zu vermeiden[160].

Der Ideenzusammenhang zwischen der Verfassung und den §§ 153, 154 ABG ergibt sich aus folgendem: Wenn die RG-These nicht belegbar ist, daß das Gesetz die Bergbauinteressen den Verkehrsinteressen absolut untergeordnet und damit das Bergwerkseigentum im Verhältnis zu den Verkehrsanstalten zum inhaltslosen Recht gemacht habe, handelt es sich nur noch darum, daß § 153 ABG den Bergwerkseigentümer mit einer bestimmten Pflichtigkeit im Interesse der Verkehrsanstalten belastet hat. Das Interesse der Verkehrsanstalten ist aber zu identifizieren mit dem Interesse der Allgemeinheit an der Sicherung und Leichtigkeit des Verkehrs. Damit ist unsere Frage auf einen ähnlichen Nenner gebracht, wie die bekannte Frage aus Art. 14 GG, nämlich auf den der Abgrenzung der Konkretisierung der Sozialpflichtigkeit und der Enteignung. Es handelt sich beide Male um das grundlegende Problem, welche Opfer dem Inhaber eines subjektiven Rechts im Interesse der Allgemeinheit auferlegt werden können und müssen. Es ist nun wohl unbestreitbar folgendes anzuerkennen: Die Pflichtigkeit des einzelnen als Träger eines subjektiven Rechts, insbesondere des Grundeigentums, geht ganz grundsätzlich nur dahin, die sachliche Nutzung des Grundeigentums so zu bestimmen und einzurichten, daß das Sachinteresse der Allgemeinheit an dem Grundeigentum befriedigt wird. Diesen Gedanken glaube ich bei der Auslegung von § 153 ABG in vollem Umfang berücksichtigt zu haben, wenn ich sage, der Bergwerkseigentümer muß alles tun, um Sicherheit und Leichtigkeit des Verkehrs zu gewährleisten. Sicherheit und Leichtigkeit des Verkehrs sind nämlich das Sachinteresse der Allgemeinheit. Das von mir vertretene Auslegungsergebnis des § 153 Abs. 1 ABG deckt sich also insoweit mit der Grundsatzwertung

[160] Für die Ansicht, daß §§ 153, 154 gegen Art. 14 GG verstoßen, vgl. *Rudolf Isay* (Glückauf 1954, 1519ff., insbes. 1525) und ihm folgend *Kassenbeck* und *Feuth* (NJW 1956, 51f. u. 53f.). Im Grundsatz ebenso *Siewert* (a.a.O., S. 138ff.), der einen Verstoß gegen Art. 14 GG im Gegensatz zu *Isay* jedoch nur dann annimmt, wenn dem älteren Bergbau Abbaubeschränkungen auferlegt werden; ähnlich *Miesbach-Engelhardt* (Überblick vor § 153 Rdn. III), die dem älter berechtigten Bergwerkseigentümer dann einen über § 154 Abs. 1 hinausgehenden Entschädigungsanspruch gewähren wollen, wenn die Beschränkungen zugunsten der Verkehrsanstalt in den Wesensgehalt des Bergwerkseigentums eingreifen. Auch *Ebel-Weller* (§ 154 Anm. 3) halten die Beschränkung des Ersatzanspruchs in § 154 Abs. 1 für verfassungswidrig. – Vgl. zum Problem der Verfassungswidrigkeit auch die eingehendere Darstellung der Ansichten des Schrifttums oben S. 46ff.

des Art. 14 GG. Die Kontrolle des Auslegungsergebnisses an der Verfassung erweist die Richtigkeit des Ergebnisses.

Es kann dahingestellt bleiben, ob sich unabhängig von § 153 Abs. 1 ABG das Ergebnis auch aus Art. 14 GG herleiten ließe. Daß § 153 Abs. 1 diesen von der Verfassung bestätigten selbständigen Inhalt hat, ist von Bedeutung für die Auslegung des Abs. 2 von § 153 ABG, da die beiden Absätze nach der subjektiven und objektiven Auslegungstheorie Gewicht und Gegengewicht im Kräfteverhältnis darstellen.

Vom Sachinteresse der Allgemeinheit ist das finanzielle Interesse insbesondere das fiskalische zu unterscheiden. Während unser Recht von der Überzeugung durchdrungen ist, daß die Sachinteressen der Allgemeinheit ein Übergewicht gegenüber denen des einzelnen verdienen, gilt das für das Verhältnis von finanziellen Interessen des einzelnen und fiskalischen Interessen nicht. Hier ist vielmehr nur die völlige Gleichbewertung richtig, wenn man nicht sogar sagen muß, daß die allgemeine Wertanschauung im Konflikt finanzieller Einzel- und fiskalischer Interessen dem Einzelinteresse oft ein Übergewicht beimessen möchte. Von daher versteht es sich, daß als Auslegungshilfe der Grundsatz verwandt wird, daß fiskalische Interessen des Trägers der Verkehrsanstalten nicht dazu führen dürfen, dem Bergwerkseigentümer finanzielle Opfer aufzuerlegen. Bei der Verteilung der Kosten für die Beseitigung oder Minderung der Kollisionsfolgen geht es aber *nur* um finanzielle Interessen.

Es ist sicher, daß ein Kanal, eine Schleuse, eine Autobahn, die Eisenbahn usw. soweit wie möglich vor bergbaulichen Einwirkungen geschützt werden müssen. Ist das nicht ohne Opfer an Abbaumöglichkeiten oder nicht ohne besondere Maßnahmen unter Tage möglich, so wird in aller Regel das Sachinteresse der Verkehrsanstalt an der Bodenbeschaffenheit vor den Bergbauinteressen gehen müssen. Wenn die Möglichkeit besteht, mit bestimmten Aufwendungen *beide* Interessen zu befriedigen, besteht kein Übergewicht der Interessen des Trägers der Verkehrsanstalt, Kosten zu sparen gegenüber den Kostenersparnisinteressen des Bergbauberechtigten.

Man wende gegenüber dieser Betrachtung nicht ein, daß es sich hier letztlich nicht um das Gegenüberstehen privater und fiskalischer finanzieller Interessen handelt, da die Aufwendungen der Verkehrsanstalt letztlich über die Nutzungsgebühr oder das Entgelt, das die Verkehrsanstalt von ihren Kunden erhebt, doch den Kunden belasten würden. Vom Standpunkt dieser Betrachtung aus stehen sich nämlich zwei private finanzielle Interessen gegenüber, nämlich die des Bergbautreibenden und die des Kunden. Dabei ist aber sicherlich kein Grund gegeben, das eine finanzielle Interesse über das andere zu setzen. Der Kunde der Verkehrsanstalt wird dann auf dem

Wege über die Gebühr das zahlen müssen, was an Aufwendungen entsteht, damit der Verkehr leicht und sicher möglich ist.

Daß die hier vertretene Bewertung der Interessenkollision zwischen Bergbau und Verkehrsanstalten der Grundsatzwertung unserer Zeit entspricht, macht ein nochmaliger Vergleich mit der Behandlung des Konflikts zwischen Bergbau und anderen öffentlichen Interessen als denen des Verkehrs deutlich. Daß Bergbauinteressen beispielsweise hinter der Wasserversorgung der Bevölkerung zurücktreten müssen, ist bezüglich des Sachinteresses sicher ebenso entschieden zu bejahen wie bei den Verkehrsinteressen. Soll aber bei dem Verkehr die Behebung des Konflikts auf Kosten des Bergbaus, bei der Wasserversorgung auf die der öffentlichen Hand (oder letztlich auf Kosten des Verbrauchers) gehen müssen? Wenn die zeitbedingte Lösung des § 153 ABG dazu führt, daß die Verkehrsanstalten auch nach der von mir vertretenen Ausgleichstheorie besser stehen als sonstige Träger der öffentlichen Daseinsvorsorge, so ist das eine Folge der Bindung an das Gesetz. Die Auslegung darf aber nicht dieses Übergewicht auf ein nicht vertretbares Maß steigern.

Insgesamt ist also die bisherige herrschende Rechtsprechung abzulehnen; die oben als Ausgleichstheorie bezeichnete Meinung ist vorzuziehen. Sie sucht mit Recht zwischen den Interessen des Trägers der Verkehrsanstalt und denen des Abbauberechtigten einen vernünftigen und gerechten Ausgleich. Das ist meines Erachtens der materiell-rechtliche Inhalt von § 153 ABG; ihm entspricht dann der Anspruch aus § 154 ABG.

C. Bergbau und öffentliche Verkehrsanstalten im Planfeststellungsverfahren

I. System und Inhalt des Planfeststellungsverfahrens

1. Eigenart des Planfeststellungsverfahrens

Wie gezeigt[161], erwächst das Rechtsproblem des Verhältnisses von Bergbau und öffentlichen Verkehrsanstalten aus der Kollision der bergbaulichen Tätigkeit mit den Verkehrsanlagen im Raum. Die §§ 153, 154 ABG bezwecken und erreichen – jedenfalls nach der hier vertretenen Ansicht – eine Regelung, deren Folgen jeden der Beteiligten veranlassen, die Nachteile des Zusammentreffens von Bergbau und öffentlichen Verkehrsanstalten möglichst gering zu halten. Wo das nicht möglich ist, will das ABG die Nachteile der Kollision gerecht und zweckmäßig aufteilen. Wie in aller Regel im Privatrecht, handelt es sich um eine abstrakte generelle Regelung, aus der sich automatisch die Folgen ergeben. Der bezweckte raumordnende Effekt wird mittelbar über diese privatrechtlichen Folgen, die dann Anlaß zu einem sinngemäßen Verhalten der Beteiligten geben, erreicht. Wie schon oben[162] gesagt ist, geht es dagegen im Planfeststellungsverfahren darum, im konkreten Fall durch Hoheitsakt unmittelbar sicherzustellen, daß sich die Verkehrsanlage in den Raum möglichst gut einfügt. Es sollen alle Maßnahmen angeordnet werden, die die Verkehrsinteressen und die mit ihnen kollidierenden sonstigen Interessen befriedigen oder ausgleichen helfen. Das Gesetz stellt dafür eine organisatorische Grundlage und einen ausfüllungsfähigen aber auch ausfüllungsbedürftigen Rahmen zur Verfügung. So ergeben sich bei einer Gegenüberstellung des ABG und des Planfeststellungsrechts die Gegensatzpaare privatrechtlich-hoheitsrechtlich, abstrakt–konkret, generell–individuell und mittelbar–unmittelbar. Das Ergebnis beider Regelungen wird weitgehend dasselbe sein. Daher wäre, wenn es beim Bau einer Verkehrslinie nur um die Kollision mit dem Bergbau ginge, ein besonderes Planfeststellungsverfahren unnötig. Dieses ist

[161] Vgl. oben S. 10 ff.
[162] Vgl. S. 29.

nur erforderlich, weil es gleichzeitig um die Kollision mit einer Vielzahl anderer Interessen geht.

2. Begriff der Planfeststellung

Der Begriff der Planfeststellung ist weit. Rein sprachlich gesehen ist er sogar so weit, daß man ihn in dieser Bedeutung in der rechtswissenschaftlichen Diskussion kaum verwenden kann. Aber auch wenn er im rechtstechnischen Sinn auf ein Behördenverfahren mit einem bestimmten formalisierten Plan als Ergebnis bezogen wird, gibt er nur einen weiten Rahmen, innerhalb dessen weiter differenziert werden muß[163]. Das kann im einzelnen dahingestellt bleiben, denn für die vorliegende Betrachtung geht es jedenfalls nur um diejenigen behördlichen Verfahren, die die Zulässigkeit und die Art des Baues von Verkehrsanlagen in einem formellen Beschluß, dem Planfeststellungsbeschluß, mit bestimmten Wirkungen feststellen[164]. Jeweils für die Anlage von Eisenbahnen, Straßen, Straßenbahnen, Wasserstraßen und Flughäfen sind besondere – einander aber sehr ähnliche – Rechtsgrundlagen für die Planfeststellung geschaffen.

Die heute in den meisten Vorschriften über Planfeststellung benutzten Formulierungen finden sich in dieser Form erstmalig in §§ 17, 18 des BFStrG aus dem Jahre 1953[165, 166]. Die im vorliegenden Zusammenhang besonders bedeutsamen Formulierungen von § 17 Abs. 4 und Abs. 5 sind von anderen Fachplanungsgesetzen wörtlich übernommen worden[167].

[163] Vgl. dazu Blümel, Bauplanfeststellung I, S. 24ff.

[164] Die Planfeststellung für Verkehrsanlagen ist nicht nur das Hauptbeispiel für derartige Verfahren, sondern auch die historische Wurzel der Institution; vgl. oben S. 29.

[165] Erstfassung vom 6. VIII. 1953 (BGBl. I, 903), jetzt in der Fassung vom 6. VIII. 1961 (BGBl. I, 1741).

[166] Zu den Vorläufern der heutigen Regelungen vgl. *Haustein*, Die Eisenbahn im öffentlichen Recht, § 69; *Blümel*, a.a.O., S. 84ff.; *Marschall*, a.a.O., S. 17 Rdn. 1; *Kodal*, a.a.O., S. 471ff. Bemerkenswert ist, daß schon § 14 Abs. 1 und 2 des Preußischen Eisenbahngesetzes (PrEbG) vom 3. XI. 1838 in Aufbau und Inhalt völlig mit § 17 Abs. 4 und 5 BFStrG übereinstimmt und auch im Wortlaut sehr ähnlich ist.

[167] So vom Personenbeförderungsgesetz vom 21. III. 1951 (BGBl. I, 241); es behandelt u. a. die Planfeststellung für Straßenbahnlinien, vgl. §§ 28–30, insbes. § 29 Abs. 2 und 3. Ferner vom nordrhein-westfälischen Straßengesetz (nwStrG) vom 28. XI. 1961 (GV NW S. 305), vgl. §§ 37–41, insbes. § 39 Abs. 2 und 3, und vom nordrhein-westfälischen Landeseisenbahngesetz vom 5. II. 1957 (GV NW S. 11), vgl. §§ 13, 41 insbes. § 13 Abs. 4 und 5. In der Formulierung – aber nicht sachlich – weichen ab: § 36 des Bundesbahngesetzes (BbG) vom 13. XII. 1951 (BGBl. I, 955); § 8–10 LuftVG vom 10. I. 1959 (BGBl. I, 9), wo für die Anlage und wesentliche Änderung von Flughäfen zwar § 17 Abs. 4, nicht aber Abs. 5 wörtlich übernommen ist, und die Vorschriften der Wassergesetze über die Planfeststellung beim Ausbau von Gewäs-

Wegen dieser Übereinstimmung in den geltenden Fachplanungsgesetzen werden im folgenden oft nur die Vorschriften des Bundesfernstraßengesetzes herangezogen. Die Ergebnisse dieser Untersuchung gelten aber für alle heutigen Fachplanungen.

3. Entscheidungen im Planfeststellungsverfahren

a) Die Entscheidung, ob eine neue Verkehrslinie gebaut oder so ausgebaut werden soll, daß ein Planfeststellungsverfahren erforderlich ist, fällt *vor* Beginn dieses Verfahrens. Sie ist angesichts der Bedeutung der Verkehrslinien Sache der Willensbildung des politischen Willensträgers in dem betreffenden Raum. Das gilt nicht nur für das „Ob“ des Baues, sondern auch für die Linienführung im großen. Die in diesen beiden Fragestellungen maßgebenden Gesichtspunkte sind so sehr politischer Art (im weiteren Sinne), daß eine Vorherbestimmung durch Rechtsnormen nicht möglich ist, selbst wenn die betreffenden Vorschriften dem Ermessen einen breiten Spielraum einräumen würden. Rechtliche Bindung und Form der Entscheidung ist auch insofern nicht erforderlich, als die Entscheidung noch nicht unmittelbar in rechtlich geschützte Positionen einer Person eingreift, wenn auch später für den in der Planfeststellung Betroffenen diese politische Entscheidung immer der letzte greifbare – und entsprechend oft angegriffene – Grund für seine Beeinträchtigung ist. Da die Betroffenen zum Zeitpunkt der grundsätzlichen politischen Entscheidung aber noch gar nicht bekannt sind, können sie auf dieser Stufe der Entwicklung in keiner Weise geschützt werden. Für die Richtigkeit der politischen Entscheidung haben nur die parlamentarischen Instanzen zu sorgen.

b) Das wird entscheidend anders, wenn es an die Ausführung der beschlossenen Verkehrsanlagen geht. Jetzt wird auch der Zusammenstoß mit anderen im Raum Berechtigten und an der Raumnutzung Interessierten praktisch greifbar. Folglich setzt hier das Planfeststellungsverfahren ein und damit die Beteiligung der Betroffenen. Das Verfahren ist in allen Fällen praktisch dasselbe wie nach § 18 BFStrG. Stets sind die Betroffenen anzuhören, ihnen ist Gelegenheit zur Äußerung zu geben. Zweckmäßig und in der Praxis oft geübt ist das Verfahren, mit den Beteiligten und Betroffenen

sern. Die wasserrechtliche Planfeststellung ist durch zahlreiche Verweisungen sehr verwickelt gestaltet – vgl. §§ 31, 11 Wasserhaushaltsgesetz (WHG), §§ 63, 64, 67, 101, 103ff. des nordrhein-westfälischen Wassergesetzes (nwWG) –, kommt in den hier entscheidenden Punkten jedoch zu denselben Grundsätzen wie das BFStrG.

an Ort und Stelle Erörterungstermine abzuhalten. Ebenso zweckmäßig ist es, dies schon zu tun, bevor die Pläne endgültig fertiggestellt sind.

c) Der förmlich festgestellte Plan ist ein Verwaltungsakt[168]. Der Planfeststellungsbeschluß kann also mit den Rechtsbehelfen der VwGO angefochten werden. Dort, wo die Planfeststellungsbehörde eine oberste Bundes- oder Landesbehörde ist, wie etwa nach § 18 Abs. 5 BFStrG, ist unmittelbar die Klage vor dem Verwaltungsgericht gegeben, vgl. § 68 Abs. 1 Satz 2 Nr. 1 VwGO; in den übrigen Fällen findet erst ein Vorverfahren gem. § 68 Abs. 1 Satz 1 VwGO statt[169].

Schwierigkeiten bereitet oft die Feststellung, ob jemand anfechtungsberechtigt ist. Das ist grundsätzlich jeder, der durch den Plan möglicherweise in seinen Rechten beeinträchtigt ist, vgl. § 42 Abs. 2 VwGO. Der Kläger muß also tatsächliche Behauptungen aufstellen, die eine Verletzung seiner Rechte oder seiner rechtlich geschützten Interessen als möglich erscheinen lassen[170]. Zu beachten ist jedoch, daß nicht jeder, der im Anhörungsverfahren gehört worden ist und über dessen Einwendungen förmlich entschieden worden ist, auch anfechtungsberechtigt ist. Denn auch dann bleibt es bei dem Erfordernis der Rechtsbeeinträchtigung[171].

Für den von den Folgen des Baues der Verkehrsanlage betroffenen Bergwerkseigentümer kann die Anfechtungsberechtigung nicht zweifelhaft sein. Das in Teil B geschilderte Rechts- und Pflichtenverhältnis zwischen der Verkehrsanstalt und dem Bergwerkseigentümer und erst recht die vom RG angenommene Inhaltslosigkeit des Bergwerkseigentums gegenüber der Verkehrsanstalt vom Augenblick der Offenlegung des Plans an machen es unzweifelhaft, daß ein Bergwerkseigentümer anfechtungsberechtigt ist,

[168] Einheitliche Meinung in Literatur und Rechtsprechung. Vgl. etwa: *Marschall*, a.a.O., § 17 Rdn. 4, § 18 Rdn. 5; *Ule*, Verwaltungsgerichtsbarkeit, S. 153; *Blümel* DÖV 1959, S. 665; *Haustein*, a.a.O., S. 156, BVerwG in VkBl. 1957, S. 168.
Auch das BFStrG selbst sieht den Planfeststellungsbeschluß ganz offenbar als Verwaltungsakt an. Denn § 18 Abs. 6 schreibt vor, der Beschluß sei den Beteiligten mit Rechtsmittelbelehrung zuzustellen. Eine solche Belehrung ist nur dann sinnvoll, wenn es sich um einen anfechtbaren Akt handelt.

[169] Unrichtig *Marschall*, a.a.O., S. 878, FN 31, wonach in NRW gegen den Planfeststellungsbeschluß nach § 18 BFStrG „Einspruch" zulässig sein soll. Planfeststellungsbehörde gem. § 18 Abs. 5 FStrG ist in NRW der Minister für Landesplanung, Wohnungsbau und öffentliche Arbeiten als oberste Landesbehörde für den Straßenbau, vgl. § 3 des Landesorganisationsgesetz vom 10. VII. 1962, GV NW S. 421, sowie die Bekanntmachung der Geschäftsbereiche der obersten Landesbehörden vom 8. I. 1963, GV NW S. 7. Wie hier dagegen *Kodal*, Straßenrecht, S. 501.

[170] Vgl. *Eyermann–Fröhler*, VwGO, § 42 Rdn. 85.

[171] So auch *Kodal*, a.a.O., S. 500, 501; *Marschall*, a.a.O., § 18 Rdn. 5, S. 536.

wenn sein augenblicklicher oder späterer Abbau auf die Verkehrsanlagen einwirken kann. Das ergibt sich aus § 42 Abs. 2 VwGO, ohne daß es eines Rückgriffs auf § 153 Abs. 2 ABG bedarf.

II. Interessenbewertung im Planfeststellungsverfahren

1. Arten der Planfeststellungsverfahren

Die Übereinstimmungen und Ähnlichkeiten der einzelnen Fachplanungsgesetze beschränken sich nicht auf den äußeren Ablauf des Verfahrens, sie erstrecken sich vielmehr auch auf die materiell-rechtlichen Grundsätze der Planfeststellung, so daß auch insoweit einheitliche Aussagen möglich sind. Diese Einheitlichkeit hat ihren Grund darin, daß Problemlage und Zweck in allen Verfahren gleich sind: Eine neue Verkehrslinie bricht in die bestehende Struktur des Raumes ein und muß sich mit den an diesem Raum Berechtigten und Interessierten auseinandersetzen, sich einordnen und dabei möglichst wenig Schaden anrichten.

2. Verkehrsinteresse

Die Planung einer jeden öffentlichen Verkehrsanlage geht von den Bedürfnissen des öffentlichen Verkehrs aus. Dieser Gesichtspunkt entscheidet darüber, ob eine neue Verkehrslinie überhaupt gebaut wird und bestimmt wesentlich mit, wie sie im einzelnen ausgeführt wird.

Bei der Art der Ausführung wird jede Planung ihren Ausgangspunkt nehmen von dem Bedürfnis nach Sicherheit und Leichtigkeit des Verkehrs (vgl. auch § 4 BFStrG) und von der Frage, wie die neue Linie am zweckmäßigsten an das bereits bestehende Verkehrsnetz angeschlossen wird. Gerade die letzte Frage wird eine entscheidende Bedeutung für die räumliche Festlegung der Linienführung haben[172], während das Bedürfnis nach Sicherheit und Leichtigkeit des Verkehrs sich mehr auf die Ausführungsart der Anlagen auswirken wird. Dabei wird die Planung bemüht sein, das Ziel, Sicherheit und Leichtigkeit des Verkehrs, mittels größtmöglicher Anpassung der Anlagen an die Gegebenheiten des Raumes zu erreichen. Das gilt für alle Arten von Verkehrsanlagen unabhängig davon, daß die einzelnen Arten unterschiedlich anpassungsfähig sind, etwa in der Überwindung von Steigungen.

[172] Vgl. hierzu etwa: Beispiele aus der Landesplanungsarbeit, Veröffentlichung der Landesplanungsgemeinschaft Westfalen, Münster 1961, S. 73ff.

3. Einbeziehung aller betroffenen Interessen

Die Planung einer neuen Verkehrslinie hat jedoch nicht nur die Bedürfnisse des Verkehrs zu berücksichtigen. Zu bedenken ist, daß das Planfeststellungsverfahren alle übrigen Genehmigungsverfahren überflüssig macht. Das bedeutet nicht, daß alle bau- und raumrechtlichen Vorschriften unbeachtet bleiben können. Vielmehr zwingt gerade diese Einheitlichkeit des Verfahrens zu einer allumfassenden Prüfung und Berücksichtigung derjenigen Gesichtspunkte, die Gegenstand der ersetzten Verfahren gewesen wären[173].

Zu der Überlegung, daß die *formell* an die Stelle der vielen Einzelgenehmigungen tretende allgemeine Feststellung auch deren Funktionen übernehmen muß, tritt hinzu, daß die *Planfeststellung ein Akt der Raumordnung ist*[174].

Dabei spielt es keine Rolle, daß es sich um „Fachplanung" (im Gegensatz zu der allgemeinen strukturellen Gestaltung und Lenkung in der Bauleitplanung und der Landes- und Regionalplanung) handelt. Alle Maßnahmen der staatlichen Verwaltung, die auf den Raum bezogen sind, haben seine sinnvolle Gestaltung und die möglichst harmonische Anpassung der verschiedenen Nutzungsarten zum Ziel. Das gehört so sehr zum Wesen der Raumordnung, daß es als für jede Planung unmittelbar geltender Rechtssatz anerkannt werden muß[175].

Der Grundsatz, daß im Planfeststellungsverfahren alle betroffenen Interessen zu berücksichtigen sind, wird auch in den verschiedenen Fachplanungsgesetzen deutlich ausgesprochen: In §§ 17, 18 BFStrG beispielsweise kommt das mittelbar zum Ausdruck durch die Vorschriften über die Auslegung der Pläne und Einwendungen Betroffener, § 18 Abs. 2 bis 4 BFStrG, und in § 36 Abs. 1 Satz 2 BbG heißt es: „Die Planfeststellung umfaßt die Entscheidung über alle von der Planfeststellung berührten Interessen."

Der Zweck des Planfeststellungsverfahrens, mit dem Plan möglichst allen

[173] So benötigt z. B. die Autobahnverwaltung zwar keine Ausnahmegenehmigung, wenn sie die Trasse durch ein Landschaftsschutzgebiet führen will (außer in Bayern, vgl. *Marschall*, a.a.O., S. 862 FN 15), aber sie muß sich überlegen, wie sie die Beeinträchtigung möglichst gering hält oder vielleicht ganz vermeidet. Über die Berücksichtigung derartiger Gesichtspunkte wachen die am Verfahren zu beteiligenden zuständigen Fachbehörden.

[174] Das ist inzwischen auch in Gesetzen zum Ausdruck gekommen, vgl. z. B. §§ 103 Abs. 1 nwWG, 37 Abs. 1 nwStrG, 16 Abs. 1 BFStrG, 6 Abs. 2 LuftVG.

[175] Zum raumordnenden Charakter der Genehmigung eines Flughafens und ihren Folgen vgl. *Westermann*, Zeitschrift für Luftrecht, 1957, S. 259ff.

Interessen gerecht zu werden, ist auch in Richtlinien der zuständigen Ministerien für die Bauverwaltung immer wieder ausgedrückt. Teilweise ist in solchen Richtlinien – besonders in älteren – sogar auf die Belange des Bergbaus ausdrücklich hingewiesen worden. Im einzelnen sind hier folgende Richtlinien erwähnenswert:

Der Erlaß des Preußischen Handelsministers vom 13. VII. 1867 „betreffend das Verfahren bei Ausführung der Vorschriften über das Verhältnis des Bergbaus zu öffentlichen Verkehrsanstalten“[176]. Dort heißt es u. a.:

„Die Wünsche des Bergwerkseigentümers sind schon bei der Wahl der Bahnlinie seitens der leitenden Ingenieure durch Benehmen mit den Interessenten festzustellen und, soweit tunlich, zu berücksichtigen. Die Bergwerkseigentümer sind zu den ... landespolizeilichen und eisenbahntechnischen Prüfungen der Projekte vorzuladen...“

In den Richtlinien über die Planfeststellung beim Bau von Reichseisenbahnanlagen[177] heißt es unter Ziff. 29:

„Bei Aufstellung der Entwürfe für neue Eisenbahnen, sowie für die Umgestaltung und Ergänzung von Reichsbahnanlagen ist es Aufgabe der Reichsbahn, nicht nur den Anforderungen des Eisenbahnverkehrs und des Eisenbahnbetriebes zu genügen, sondern unter Würdigung aller Verhältnisse auch den sonstigen Interessen, in deren Gebiet die neuen Anlagen eingreifen, gerecht zu werden. Es müssen Schädigungen von allen durch die Anlage Betroffenen abgehalten werden, soweit dies technisch angängig und wirtschaftlich vertretbar ist.
Bei Abwägung der hiernach zu berücksichtigenden Umstände sind nicht lediglich die zur Zeit der Entwurfsaufstellung bereits gegebenen örtlichen Verhältnisse in Betracht zu ziehen, sondern es darf auch die Weiterentwicklung nicht unberücksichtigt bleiben, die in der nächsten Zukunft zu erwarten ist. Voraussetzung ist hierbei, daß bereits Tatsachen vorliegen, durch die eine bestimmte Weiterentwicklung mit Sicherheit zu erwarten ist.“

In Ziff. 33 der genannten Richtlinien heißt es:

„Zur Gewinnung von Unterlagen für die Gestaltung des Bauentwurfes hat ggfs. möglichst frühzeitig ein Benehmen mit den beteiligten Behörden ... und – wenn erforderlich – auch mit privaten Beteiligten stattzufinden. Dies gilt namentlich auch für die Interessen der Forst- und Domänenverwaltung für etwaige im Gange befindliche Zusammenlegungs- oder Aufteilungsverfahren, ..., endlich für die *bergbaulichen*, militärischen und postalischen Interessen und für die Interessen an der Erhaltung von Natur- und Kunstdenkmälern.“

[176] Abgedruckt in ZfB 8, 424f.

[177] Richtlinien der Reichsbahn-Hauptverwaltung zu § 37 Reichsbahngesetz vom 13. III. 1930, RGBl. II S. 369, abgedruckt auch bei *Schaefer*, Die Gesetze der Reichsautobahnen, S. 67ff., 79.

Diese Richtlinien galten nach dem Erlaß des Generalinspektors für das Deutsche Straßenwesen vom 2. IX. 1935[178] auch für die Planfeststellung bei den Reichsautobahnen.

Schon vorher war durch einen Schriftwechsel zwischen dem preußischen Minister für Wirtschaft und Arbeit und dem Generalinspektor für das Deutsche Straßenwesen festgestellt worden, daß die Interessen des Bergbaus so früh wie möglich und so nachhaltig wie möglich bei der Linienführung der Reichsautobahnen berücksichtigt werden sollten[179].

Für den Bau von Anlagen der Bundesbahn gelten jetzt die „Richtlinien über die Planfeststellung bei Bundesbahnanlagen" vom 15. IX. 1955[180]. Die Richtlinien zu § 37 Reichsbahngesetz (RbG) sind hierdurch ausdrücklich aufgehoben worden. Die neuen Richtlinien erkennen aber an, daß weder § 36 BbG noch die neuen Richtlinien sachliche Unterschiede zur Planfeststellung nach dem RbG bringen. Die neuen Richtlinien bezeichnen in Ziff. 12 Abs. 2 die Planfeststellung treffend als „Einpassung der Bahnanlagen in die nachbarliche Umwelt". Bei dieser Einpassung müssen alle Widerstände behoben oder ausgeglichen werden. In Ziff. 14a Abs. 2 heißt es, daß mit der Planfeststellung über alle öffentlich-rechtlichen Belange entschieden wird, und zu diesen Belangen werden u. a. die bergpolizeilichen Interessen gerechnet. Hier mag noch allein an eine Beteiligung der Bergämter gedacht sein. Eine unmittelbare Beteiligung der Bergwerksunternehmen ist aber auf Grund Ziff. 30 Abs. 1 („Vorarbeiten") erforderlich. Hiernach sollen, ganz wie schon nach den Richtlinien zum RbG, alle Beteiligten möglichst frühzeitig unterrichtet werden, „um Unterlagen für den Bauentwurf zu gewinnen". Als in diesem Zusammenhang beachtlich werden wieder ausdrücklich u. a. die bergbaulichen Interessen genannt. Das kann nur bedeuten, daß bei den möglicherweise betroffenen Bergwerksunternehmen schon in diesem Stadium des Verfahrens erfragt werden soll, welche Linienführung und Bauausführung für sie am besten und erforderlich wäre. Damit werden die Interessen des Bergbaus unübersehbar deutlich als ein bei der Planung der Verkehrsanlage zu berücksichtigender Gesichtspunkt gekennzeichnet.

In den Richtlinien des nordrhein-westfälischen Ministers für Wirtschaft und Verkehr vom 5. VI. 1959[181] wird ebenfalls deutlich darauf hinge-

[178] Vgl. *Schaefer*, a.a.O., S. 91.
[179] Vgl. den Abdruck dieses Schriftwechsels in ZfB 67, 389.
[180] In: Die Bundesbahn 1955, 762ff.
[181] Vgl. MBl. 1959, 1454ff.

wiesen, daß die Planung den Bergbau zu berücksichtigen hat. Ziff. 30 weist zunächst auf § 153 ABG hin, wonach der Bergwerkseigentümer dem Bau der Straße nicht widersprechen könne[182]. Ziff. 30 führt dann weiter aus, daß die Träger der Straßenbaulast bei Baumaßnahmen in Bergbaugebieten zum Schutz der Straße gegen Bergschäden die Sicherheitsvorschrift des § 4 BFStrG („Die Träger der Straßenbaulast haben dafür einzustehen, daß ihre Bauten allen Anforderungen der Sicherheit und Ordnung genügen") in „besonderem Maße zu beachten" habe. Man kann aus diesen Formulierungen erkennen, daß der Bergbau hier nicht seiner eigenen Interessen wegen, sondern allein wegen seiner schädlichen Auswirkungen berücksichtigt werden soll.

Für den Bau von Straßen nach dem BFStrG gelten heute die „Richtlinien für die Planfeststellung nach dem BFStrG" aus dem Jahre 1962[183]. In Ziff. 19 wird auf die landesrechtlichen Vorschriften der Berggesetze hingewiesen, damit also auch auf § 153 Abs. 2 ABG. In Ziff. 34b, bb heißt es:

„Forderungen der Beteiligten nach besonderer Gestaltung des Bauplans sind zu prüfen. Sie sollten berücksichtigt werden, wenn sie in Wahrnehmung öffentlicher Interessen oder zur Sicherung der Benutzung der benachbarten Grundstücke gegen Gefahren oder Nachteile gestellt werden. Bei Anlagen, die dem öffentlichen Verkehr oder sonst dem Gemeinwohl dienen, (z. B. andere Straßen, Eisen- und Straßenbahnen, Schiffahrtswege, Versorgungsleitungen) ist nicht nur von den gegenwärtigen Verhältnissen auszugehen, sondern es ist auch auf die künftige Entwicklung innerhalb eines überschaubaren Zeitraums (etwa 10 Jahre) Rücksicht zu nehmen."

Dieser Überblick über die Richtlinien läßt keinen Zweifel daran zu, daß die umfassende Berücksichtigung aller betroffenen Interessen seit jeher Aufgabe des Planfeststellungsverfahrens war und heute noch ist. Auch daß der Bergbau zu diesen betroffenen Interessen gehört, kann nicht zweifelhaft sein. In den neuesten Richtlinien, in denen für Bundesfernstraßen, ist sogar ausdrücklich anerkannt, daß der Bergbau zu den gesetzlich vorgeschriebenen Verfahrensbeteiligten gehört. Es dürfte danach unabweisbar sein, den Bergbau nicht nur als privaten Beteiligten anzusehen, sondern auch als Träger einer Aufgabe des in Ziff. 34 Buchstabe b, bb der Richtlinien für den Bau von Bundesfernstraßen erwähnten Gemeinwohls. Es ist nicht einzusehen, daß der Bergbau schlechter gestellt sein sollte als etwa der privatrechtlich organisierte Eigentümer einer Versorgungsleitung (etwa Erdöl-, Gas- oder Elektrizitätsfernleitungen). Für Träger solcher Unternehmen zeigt sich die

[182] Dabei fehlt hier allerdings der Hinweis auf die in § 153 Abs. 2 ABG vorgeschriebene Beteiligung des Bergwerkseigentümers am Planfeststellungsverfahren.

[183] VkBl. 1962, S. 178, abgedruckt auch bei *Marschall*, a.a.O., S. 846ff.

Bedeutung für das Allgemeinwohl stets daran, daß ihnen für die Errichtung ihrer Anlagen das Enteignungsrecht verliehen wird. Es kann nicht übersehen werden, daß der Bergwerkseigentümer auch in dieser Hinsicht praktisch gleichsteht (vgl. §§ 135 ff. ABG). Wenn hiermit dem Bergbau gesetzlich bescheinigt wird, daß er Träger öffentlicher Interessen ist, dann wird die Planfeststellungsbehörde kaum anderer Ansicht sein dürfen.

In neuester Zeit wird den Belangen des Bergbaus in Vorschriften des Raumordnungsrechts große Beachtung geschenkt. Das ist deswegen von Bedeutung, weil die Planfeststellung die Grundsätze der Raumordnung und Landesplanung zu beachten hat. Dies kam schon in § 16 BFStrG zum Ausdruck. Vor allem aber haben jetzt § 3 Abs. 1 in Verbindung mit § 2 Abs. 3 des Bundesraumordnungsgesetzes[184] diese Bindung noch verstärkt. Danach binden auch die von den Ländern aufgestellten Raumordnungsgrundsätze (diese Grundsätze der Länder binden sogar Bundesbehörden!). In diesem Rahmen ist von besonderem Interesse das Landesentwicklungsprogramm des Landes Nordrhein-Westfalen[185]. Es schreibt in Ziff. 17 der „besonderen Planungsgrundsätze" vor: „Flächen, unter denen sich nutzbare Lagerstätten befinden, sollen nur solchen Nutzungen zugeführt werden, die unter Abwägung volkswirtschaftlicher ... Gesichtspunkte vertretbar sind".

4. Ermessen der Planfeststellungsbehörden

Aus dem Zweck der Planfeststellung, aus dem Gesetzestext, aus den Richtlinien und aus den Grundsätzen der Raumordnung und Landesplanung läßt sich also die Pflicht der Behörde zur allseitigen Interessenabwägung herleiten. Ferner läßt sich feststellen, daß die Interessen des Bergbaus, wo sie berührt werden, bei dieser Abwägung zu beachten sind.

a) Weder die Gesetze noch die Richtlinien enthalten nun aber konkrete Maßstäbe für die Entscheidung, noch lassen sich solche Maßstäbe für den Einzelfall aus allgemeinen Erwägungen heraus festlegen. Es besteht vielmehr zunächst nur die Pflicht der Planfeststellungsbehörden, eine Interessenabwägung überhaupt vorzunehmen. Auf ein bestimmtes Ergebnis dieser Abwägung besteht kein Anspruch. In diesem Zusammenhang ist bedeutungsvoll, daß das BFStrG die Feststellung des Planes oder die Ab-

[184] Vom 8. IV. 1965, BGBl. I 306.

[185] Vom 7. VIII. 1964, MBl. S. 1205, abgedruckt auch bei *Zinkahn–Bielenberg*, Raumordnungsgesetz des Bundes, S. 368ff. Die anderen Bundesländer haben solche Programme noch nicht aufgestellt.

lehnung des Antrages nicht davon abhängig macht, daß der Plan bestimmte gesetzliche Anforderungen erfüllt[186].

Fehlt es an solchen Genehmigungsvoraussetzungen, so hat die Behörde nach ihrem Ermessen zu entscheiden.

b) Ermessen bedeutet aber nicht Willkür. Vielmehr ermächtigt es nur „zu selbständigen Zweckmäßigkeitserwägungen im Rahmen des Gesetzeszweckes"[187]. Die nach Ermessen entscheidende Behörde hat zwar zwischen dieser und jener Entscheidung die Wahl, immer aber muß sie nach sachlichen Gesichtspunkten unter gerechter und billiger Abwägung der öffentlichen Interessen und der des Einzelnen entscheiden.

c) Ermessen wird auch durch die Richtlinien begrenzt. Die Richtlinien sind zwar keine Rechtsnormen, sondern Verwaltungsanordnungen und binden insoweit nicht wie Gesetze. Läßt aber eine Behörde die auf das betreffende Verfahren bezogenen Richtlinien ohne Gründe, die die Abweichungen rechtfertigen, außer acht, so liegt ein – auch gerichtlich nachzuprüfender – Ermessensfehler vor.

In der Einleitung zu den Richtlinien zu § 36 BbG (vgl. oben S. 104) heißt es: „Nur in begründeten Ausnahmefällen wird ein Abweichen von den Richtlinien verantwortet werden können." Schon in den Richtlinien zu § 37 RbG hatte es in Ziff. 2 (abgedruckt bei *Schaefer*, a.a.O., S. 69) geheißen, daß das Abweichen von den Richtlinien eine seltene Ausnahme bleiben müsse, für die ein „offensichtlicher Grund" vorliegen müsse.

Die Abweichung im Einzelfall verletzt das Gleichbehandlungsgebot[188]. Man spricht hier von einer „Selbstbindung der Verwaltung"[189].

Angesichts des der Funktion wegen elastisch und anpassungsfähig gewollten Ermessensbegriffs läßt sich die Ermessenseinengung generell kaum bestimmen; es wird vielmehr entscheidend auf die Umstände des Einzelfalls ankommen.

[186] Das ist anders etwa bei der Genehmigung eines Flughafens, bei dem nach § 7 LuftVG aus dem Eignungsbegriff des Flughafengeländes Maßstäbe abgeleitet werden können. Vgl. dazu *Westermann*, Zeitschrift für Luftrecht 1957, S. 284 mit weiteren Beispielen. Derartige Erfordernisse in Form des sogenannten unbestimmten Rechtsbegriffs binden die entscheidende Behörde in hier nicht näher zu bestimmenden Grenzen. Vgl. hierzu etwa *Bachof*, JZ 1955, S. 95ff.; *Hans J. Wolff*, Verwaltungsrecht I, § 31 Ic, S. 140ff.; insbes. 143f. mit zahlreichen Nachweisen; *Eyermann–Fröhler*, a.a.O., § 114 Rdn. 9; BVerwGE 4, 89, 92; 5, 153, 162f.; 6, 177, 179, 182; 8, 272, 275; 11, 139, 140; 15, 39, 40f.; 16, 116, 128f.; OVG Lüneburg DVBl. 1958, 837.

[187] Vgl. *Hans J. Wolff*, a.a.O., S. 148; *Forsthoff*, a.a.O., § 5 Ziff. 3.

[188] Vgl. dazu etwa BVerwGE 8, 4, 10; *Eyermann–Fröhler*, a.a.O., § 114 Rdn. 22; *Klinger*, S. 227 unter g.

[189] Vgl. *Menger*, Verwaltungsarchiv 1960 S. 71ff.

Bedeutend ist auch der Grad der Beeinträchtigung: Je tiefer die Planfeststellung in die Interessen Dritter eingreift und je größer die Zahl der Betroffenen ist, um so größere Anforderungen wird man an die Sachgerechtheit der Entscheidung zu stellen haben.

Der Bau einer Autobahn, eines Kanals, einer Eisenbahn insbesondere im Bergbaugebiet ist eine raumgestaltende Maßnahme von außerordentlicher Bedeutung. Sie kann mit der eventuellen Folge der Stillegung von Zechen ganze Gemeinden entscheidend beeinflussen. Das führt dazu, bei *diesen* Teilen der Planfeststellung das Ermessen verhältnismäßig eng zu begrenzen. Ein Flughafen beeinflußt unmittelbar zwar nur ein enger begrenztes Gebiet als die Verkehrslinie, diesen Bereich aber um so intensiver. Hier besteht in aller Regel auch eine größere Wahlmöglichkeit des Standortes.

d) Besonderer Erwähnung bedarf noch, daß ein Ermessensmißbrauch naheliegt, wenn eine Behörde gesetzesfremde Erwägungen fiskalischer Art vorgenommen hat[190].

Allerdings wird man einer Planfeststellungsbehörde nicht vorwerfen dürfen, daß sie darauf bedacht ist, die geplante Linie mit möglichst geringen finanziellen Aufwendungen zu bauen. Sie muß im Gegenteil darauf achten, unnötige Ausgaben zu vermeiden. Es kann aber nicht gestattet werden, daß öffentliche oder private Belange nur deshalb vernachlässigt werden, weil ihre Berücksichtigung den Baulastträger Geld kostet. Die Abwägung kann im Einzelfall schwierig sein, weil die Aufwendungen des Baulastträgers in einem angemessenen Verhältnis zu den zu schützenden Interessen stehen müssen. Die Frage der Angemessenheit wird insbesondere immer dann schwierig sein, wenn die zu schützenden Interessen immaterieller Art sind, so zum Beispiel bei Berücksichtigung von Gesichtspunkten des Landschaftsschutzes. Angesichts der großen Bedeutung dieser Werte für die Allgemeinheit ist den Verkehrsanstalten insoweit ein beträchtliches Maß an Rücksichtnahme zuzumuten.

Viel einfacher ist die Interessenabwägung, wenn die fiskalischen Interessen anderen finanziellen Interessen gegenüberstehen. Sie kann hier bereits in einer rechnerischen Gegenüberstellung einen festen Anhaltspunkt finden. Unter Hinzuziehung volkswirtschaftlicher Gesichtspunkte ist eine Entscheidung dann in der Regel leichter zu finden.

Man wird das Ermessen der Behörde hier also besonders sorgfältig und sogar mit einigem Mißtrauen nachprüfen müssen, denn es ist sicher, daß die

[190] Vgl. *Eyermann–Fröhler*, a.a.O., § 114 Rdn. 25; insbes. aber VGH Freiburg, Verw-Rspr. Bd. 9, Nr. 66 und BVerwGE 3, 1, 10; *Sellmann*, NJW 1965, 1689, 1693 m. w. Nachw.; OVG Rheinland-Pfalz, DÖV 1965, 674, 677.

eigentlichen Planungsziele, nämlich die Errichtung einer den Bedürfnissen des öffentlichen Verkehrs in wirtschaftlicher und technischer Hinsicht einwandfrei entsprechenden Linie, nicht zurückzustehen brauchen, wenn sachgerechte Auflagen zugunsten des Bergbaus gemacht werden. Das einzige, was bei solchen Auflagen beeinträchtigt wird, ist das fiskalische Interesse des Trägers der Verkehrsanlage.

e) Das alles gilt aber nicht etwa nur für die Berücksichtigung öffentlicher Interessen. Darüber hinaus ist es vielmehr auch Aufgabe und Pflicht der Fachplanung, private Belange im Rahmen des Möglichen zu schützen. Das ergibt sich nicht etwa nur daraus, daß Entschädigungspflichten vermieden werden sollen, sondern aus der volkswirtschaftlichen Überlegung, daß der Bau einer neuen Verkehrslinie in aller Regel Werte vernichtet, seien es landwirtschaftliche Betriebe oder Wohnhäuser, Industriebetriebe oder Wälder. Insofern laufen private Interessen und das öffentliche Interesse, sie zu schützen, parallel. Es muß alles geschehen, was diese Schäden gering hält. Das ist nicht nur Aufgabe einer jeden Planung, sondern geradezu ihr Wesen: Nicht die *einseitige* Befriedigung *eines* Interesses, sondern diejenige Lösung ist das Ziel, die im Rahmen des Möglichen ein Optimum für *alle* am Raum Interessierten gewährleistet. Auch dieser Satz muß als für jede Planung unmittelbar geltendes Recht angesehen werden.

Der Schutz privater Interessen darf aber nicht nur dann von der Planung angestrebt werden, wenn diese privaten Interessen mit den öffentlichen Interessen parallel laufen. Vielmehr müssen die privaten Belange auch im Interesse ihres Inhabers geschützt werden.

Es darf nicht ohne jede Rücksicht auf private Belange geplant werden, vielmehr ist stets nach einer Art, das Verkehrsbedürfnis zu befriedigen, zu suchen, die die privaten Rechte und Interessen gar nicht oder doch nur möglichst wenig verletzt. Das folgt letztlich auch aus Art. 14 GG: Kann Eigentum nur dann in Anspruch genommen werden, wenn hierfür ein öffentliches Interesse besteht, dann heißt das gleichzeitig, daß die privaten Belange so weit wie irgendwie möglich zu schonen sind (Grundsatz der Verhältnismäßigkeit der Mittel).

Das Reichsgericht [191] hat einmal sehr deutlich ausgesprochen, daß eine vermeidbare starke Einwirkung auf Nachbarn rechtswidrig sei[192]. Das

[191] Vgl. RGZ 159, 129, 139.

[192] Gleichzeitig hat das RG allerdings betont, eine Schadensersatzpflicht des Straßenbaulastträgers komme nur bei offensichtlicher und grober Ermessensfehlausübung in Betracht.

entspricht in etwa auch der heutigen verwaltungsrechtlichen Rechtsprechung. Dort wird betont, daß eine Überschreitung des Ermessens nur dann angenommen werden könne, wenn die geplante Trasse entgegen anerkannten Regeln der Baukunst oder unter Mißachtung besonders schwerwiegender schutzwürdiger Interessen Dritter gebaut werden soll[193]. Man wird aber sagen können, daß eine solche, in der Rechtsprechung als Ausnahme angesehene Überschreitung des Ermessens meist vorliegen wird, wenn Belange des Bergbaus nicht berücksichtigt werden; denn es geht hierbei in der Regel um Maßnahmen, die der Aufrechterhaltung des Bergwerksbetriebes dienen, wobei die Kosten der Sicherungsmaßnahmen in den meisten Fällen weit unter den Schäden liegen, die durch sie verhütet werden.

f) Bei der Abwägung öffentlicher Interessen mit privaten ist für das Verhältnis von öffentlichen Verkehrsanstalten zum Bergbau noch folgende Überlegung von Interesse:

Wenn private Interessen den öffentlichen weichen müssen, wird oft als Ausgleich ein Entschädigungsanspruch des Betroffenen entstehen. Diese Möglichkeit, die Verletzung des privaten Interesses mit Geld zu entschädigen, hebt zwar die Pflicht, private Interessen zu berücksichtigen, nicht auf; die Möglichkeit des finanziellen Ausgleichs macht den Behörden in derartigen Fällen jedoch den Entschluß, private Interessen zurückzustellen, wesentlich leichter.

Bei den Erörterungen vor Erlaß des ABG sind Auflagen an die Verkehrsanstalt, den Bergbautreibenden zu entschädigen, vorgesehen gewesen[194]. Wenn davon nicht mehr Gebrauch gemacht wird, so muß das Ermessen durch die entsprechend verstärkte Pflicht, die Interessen des Bergbautreibenden durch die Art der Linienführung und der Bauausführung zu schützen, eingeengt werden.

g) Für die Prüfung der Ermessensausübung bei der Planfeststellung muß noch auf einen weiteren allgemeinen Gesichtspunkt hingewiesen werden:

Zur Zeit des Erlasses des ABG waren die Eisenbahnen (im Jahre 1865 interessierten fast allein diese den Gesetzgeber) noch zum großen Teil private Unternehmen. § 153 Abs. 2 ABG war also als eine Vorschrift gedacht, die die Kollision zwischen den Interessen zweier privater Unternehmen regelte. Die Planfeststellungsbehörde nahm nach diesen Vorstellungen die Position eines neutralen Schiedsrichters ein, der zwischen den widerstreitenden Interessen zu vermitteln hatte.

[193] OVG Lüneburg, VkBl. 1956, 755 und VkBl. 1961, 360.
[194] Vgl. dazu oben S. 61.

Das ist heute anders geworden. Einmal deswegen, weil die Verkehrslinien ausschließlich von der öffentlichen Hand geplant und errichtet werden und zum anderen, weil die Planfeststellungsbehörden so sehr mit dem Baulastträger verbunden sind, daß die Gefahr einseitiger Erwägung naheliegt. Beispielsweise gibt § 18 Abs. 5 BFStrG dem Bundesminister für Verkehr gegenüber der Planfeststellungsbehörde ein Weisungsrecht. Damit sind hier praktisch Baulastträger und Planfeststellungsbehörde identisch. Einen neutralen Schiedsrichter gibt es nicht mehr[195]. Da § 153 ABG der Planfeststellungsbehörde gerade die Ausgleichsfunktion zugewiesen hat, müssen an die Objektivität ihrer Entscheidung hohe Anforderungen gestellt und der Ermessensspielraum entsprechend eingeengt werden.

h) Schließlich muß darauf hingewiesen werden, daß die Praxis früherer Jahre die Belange des Bergbaus mit großer Selbstverständlichkeit berücksichtigt hat. Das ergibt sich z. B. aus Veröffentlichungen über den Ausbau des westdeutschen Kanalnetzes vor und nach dem ersten Weltkrieg[196].

5. Planfeststellung und Kostentragung

a) Wenn hiernach feststeht, daß die Planfeststellung die Belange des Bergbaus zu berücksichtigen hat, so liegt darin nicht ohne weiteres die Feststellung, daß auch die Kosten dieser Bergschädensicherung vom Träger der Baulast aufzubringen sind. Wenn das auch naheliegt, so wird diese Konsequenz doch von den Straßenbauverwaltungen bestritten[197].

Es reicht aus, hier die grundsätzliche Regelung im BFStrG zugrunde zu legen. Was dort gesagt ist, gilt entsprechend für die Planfeststellung bezüglich der anderen Verkehrsanlagen:

In § 17 Abs. 4 BFStrG heißt es zunächst, dem Baulastträger seien die Errichtung und Unterhaltung von Anlagen aufzuerlegen, die für das öffentliche Wohl oder zur Sicherung der Nachbargrundstücke erforderlich sind. Das sagt tatsächlich noch nichts über die Pflicht zur Kostentragung. Wen diese Pflicht nach Abs. 4 trifft, ergibt sich aber durch einen Umkehrschluß aus Abs. 5: Nach dieser Vorschrift tragen die Kosten gewisser *nachträglich*

[195] Hier ist erneut eindringlich auf die Rechtsprechung hinzuweisen, nach der ein strenger Maßstab an die Ermessensausübung zu legen ist, wenn eigene Interessen des Hoheitsträgers im Spiel sind, vgl. BVerwGE 3,1 (10).

[196] Vgl. dazu: *Unger*, Zentralblatt der Bauverwaltung 1913, 13ff.; *Hermann*, Zentralblatt der Bauverwaltung 1912, 217ff.; *Bock*, Zentralblatt der Bauverwaltung 1926, 106ff.; *Baertz*, Die Bautechnik, 1932, 687ff.

[197] Vgl. *Marschall*, a.a.O., § 17 Rdn. 11, S. 515f.

notwendig werdender Maßnahmen „*jedoch*“ die Eigentümer der Nachbargrundstücke. Diese Formulierung zeigt eindeutig, daß hier für nachträgliche Maßnahmen eine Ausnahme vorliegt von einer allgemeinen Regel, nämlich von der Regel, daß die Baulastträger bei Maßnahmen, die *von Anfang an* erforderlich sind, alle Kosten, auch für Maßnahmen zum Schutz anderer, selbst zu tragen haben.

Das Gesetz brauchte die Kostenlast in Abs. 4 auch nicht ausdrücklich zu regeln. Der allgemeine Grundsatz, daß die Kosten derjenige zu tragen hat, der mit der Auflage belastet wird, gilt auch ohne gesetzliche Anordnung. Die Kostenlast des Trägers der Straßenbaulast entspricht auch dem im öffentlichen Recht für solche Situationen maßgebenden Veranlassungsprinzip: Die Kosten sind Folgen des Baues der Verkehrsanlage; sie muß derjenige tragen, der den Bau veranlaßt hat, falls nicht das Gesetz ausdrücklich einen anderen heranzieht.

Das ist wohl unzweifelhaft, soweit es sich um die Abwendung von Nachteilen und Gefahren im öffentlichen Interesse handelt. Für die Auflagen, die private Interessen der Nachbarn, insbesondere Vermögensinteressen sichern, wird in der Literatur die Kostenpflicht des Trägers der Straßenbaulast bestritten[198]. Für die Entscheidung ist davon auszugehen, daß durch § 17 Abs. 4 und 5 BFStrG in erster Linie sichergestellt werden soll, daß der Verkehr sicher und leicht möglich ist. Abs. 4 trifft darüber hinaus eine klare Regelung zugunsten der Interessen Dritter, nämlich der Benutzung benachbarter Grundstücke, in erster Linie also der betroffenen Eigentümer. Diese sollen bei der Benutzung ihrer Grundstücke nicht nur vor Eingriffen in ihre Rechte, sondern auch vor „Gefahren“ oder „Nachteilen“ bewahrt werden. Die Formulierung „Gefahren oder Nachteile“ läßt nur den Schluß zu, daß die Interessen des angesprochenen Personenkreises nicht nur bei Eingriffen, die auch formal eine Rechtsbeeinträchtigung darstellen, sondern ganz allgemein auch in vermögensmäßiger Hinsicht beim Bau einer Bundesfernstraße berücksichtigt werden müssen. Die gegenteilige Auffassung engt das Grundeigentum der Nachbarn auch unerträglich und im Blick auf Art. 14 GG rechtswidrig ein. Sollte wirklich beim Bau einer Verkehrsanlage der Schutz vor vermögensmäßigen Nachteilen des Nachbarn nur auf dessen Kosten möglich sein?

[198] Vgl. *Kodal*, Straßenrecht, S. 345ff.; *Sieder–Zeitler*, Bayer. Straßen- und Wegegesetz, zu Art. 38 Anm. 23.

Auch die Richtlinien zum BFStrG machen den hier bekämpften Unterschied – zu Recht – nicht[199].

Wenn danach der Wortlaut von § 17 Abs. 4 und 5 BFStrG und allgemeine Erwägungen einen Unterschied zwischen Auflagen im öffentlichen Interesse und im Interesse der Nachbarn nicht zulassen, so ist die Bedeutung der Vorschriften für das Verhältnis zwischen Verkehrsanstalt und Bergwerkseigentümer noch in doppelter Hinsicht zu prüfen.

b) § 17 BFStrG spricht von „benachbarten Grundstücken". Grundstück im Sinn des BGB und im Sinn des allgemeinen Sprachgebrauchs ist nur ein Teil der Erdoberfläche. Im Verhältnis zwischen Verkehrsanstalt und Bergwerkseigentümer geht es aber nicht um das – mehr oder weniger zufällig vorhandene – Grundeigentum des Bergwerkseigentümers, sondern um das Bergwerkseigentum mit dem Abbaurecht als Kern. Für dieses Bergwerkseigentum gelten nach § 50 Abs. 2 ABG „die sich auf Grundstücke beziehenden Vorschriften des bürgerlichen Gesetzbuches, soweit sich nicht aus diesem Gesetz etwas anderes ergibt". § 50 Abs. 2 ABG bezieht sich in erster Linie auf die rechtstechnische Behandlung des Bergwerkseigentums; dieses ist insoweit ein „grundstücksgleiches Recht". Gleichzeitig legt das ABG damit aber eine Bewertungsgleichheit des Bergwerkseigentums mit dem Grundstück im engeren Sinne nahe. Das gilt insbesondere für die Einordnung des Bergwerkseigentums im Raum- und Nachbarrecht[200]. Das folgt auch aus einem Vergleich von Grundstück und Bergwerkseigentum in den hier kennzeichnenden Punkten. Grund- und Bergwerkseigentum sind objektbezogen; zwar ordnet nur das Grundeigentum einen Teil der Erdoberfläche als Objekt dem Grundeigentümer mit der Folge absoluter Beherrschungsbefugnis unmittelbar zu, während das Bergwerkseigentum das Recht zum Abbau und dementsprechend zur Einwirkung auf die Bodenstruktur und Oberfläche gibt. Damit ist aber auch das Bergwerkseigentum objekt- und raumbezogen und erlaubt eine Einwirkung auf

[199] Vgl. Ziff. 34 Buchst. b,aa der Planfeststellungsrichtlinien zum BFStrG, abgedruckt bei *Marschall*, a.a.O., S. 868. Danach sollen nur solche Mehrkosten nicht vom Baulastträger getragen werden, die entstehen, weil auf Verlangen vom Betroffenen Entwicklungen berücksichtigt werden, die erst nach etwa 10 Jahren oder später zu erwarten sind. Eine solche Einschränkung ist eventuell vertretbar, obwohl der Umkehrschluß aus § 17 Abs. 5 auch hier dagegenspricht. Jedenfalls machen diese Richtlinien deutlich, daß die Pflicht zu Sicherungsmaßnahmen und die Pflicht, die Kosten dafür zu tragen, grundsätzlich in der Person des Baulastträgers zusammenfallen, ohne daß ein Unterschied nach dem Anlaß der Auflagen gemacht ist.

[200] Vgl. dazu *Westermann*, ZfB 106, S. 130.

den Boden. Wichtiger als dieser begriffliche Vergleich ist aber, daß *tatsächlich* Verkehrsanstalt und Bergwerkseigentum mindestens in der gleichen Weise kollidieren wie Verkehrsanstalt und Grundeigentum. Damit ist der eigentliche Grund der nachbarrechtlichen Regelung schlechthin und aller raumbedingten und raumgestaltenden Kollisionsregelung im besonderen gerade auch im Verhältnis Grundeigentümer–Bergwerkseigentümer wirksam. Wenn irgendwo, dann ist hier eine gegenseitige Anpassung erforderlich. Die entgegengesetzte Auffassung führt dazu, einen Teil der Kollisionsregelung, nämlich die Anpassungspflicht des Bergwerkseigentümers, anzuwenden und den anderen Teil mit der unbedingt erforderlichen Ausgleichswirkung zum Nachteil des Bergwerkseigentümers für unanwendbar zu erklären. Es ist auch schlechterdings nicht zu erklären, warum etwa das Eigentum am Zechengrundstück in jeder Hinsicht unter § 17 Abs. 4 und 5 BFStrG fallen sollte, dagegen das Bergwerkseigentum, dem das Zechengrundstück wirtschaftlich dienen soll, nur der Pflicht zugunsten der Verkehrsanstalt unterworfen, dagegen nicht durch die Auflage des Abs. 4 geschützt sein sollte.

Für die sonstige nachbar- und raumrechtliche Betrachtung setzt sich immer mehr durch, daß auf die kollidierende Raumnutzung, nicht auf den Niederschlag des Nutzungsrechts in der formellen Konstruktion abzustellen ist[201]. Es kann danach nicht zweifelhaft sein, daß auch das Bergwerkseigentum „benachbartes Grundstück" im Sinn des § 17 Abs. 4 und 5 BFStrG ist.

c) Mit Rücksicht auf die Sonderregelung für Maßnahmen infolge späterer Veränderung der benachbarten Grundstücke in § 17 Abs. 5 BFStrG ist noch zu prüfen, ob Fortsetzung des Abbaus eine solche Veränderung ist. Ausgangspunkt muß die Gegenüberstellung von „Sicherung der Be-

[201] So auch *H. Schulte*, Privatrechtliche Aufopferung, S. 142ff. Vgl. dazu ferner die Rechtsprechung zum nachbarlichen Gemeinschaftsverhältnis zwischen Grundeigentum und anderen Nutzungsarten. Das nachbarliche Gemeinschaftsverhältnis ist insbesondere anerkannt für Grundstücke und Bergwerkseigentum, RG Urt. v. 22. XII. 1937 = ZfB 78, 448 (457); zustimmend *Boldt*, Glückauf 1939, S. 920ff. Der BGH hat kürzlich davon gesprochen, daß zwischen dem Eigentümer einer in einen Straßenkörper verlegten Versorgungsleitung und dem Eigentümer dieses Straßenkörpers durch das räumlich-enge Nebeneinander ein dem nachbarlichen Gemeinschaftsverhältnis vergleichbarer Zustand herbeigeführt werde, vgl. BGH Urt. v. 11. VII. 1962 = NJW 1962, S. 1817, 1818. Auch im Wasserrecht spricht man vom Nachbarrecht, vgl. etwa *Westermann*, Sachenrecht, § 7 II 10b; *Salzwedel*, Der Rechtsweg im Wasserrecht, Heft 12 der Veröffentlichungen des Instituts f. d. Recht der Wasserwirtschaft an der Univ. Bonn, S. 50ff.; *Sievers*, DVBL. 1962, 193ff. 198.

nutzung" in Abs. 4 und „Änderungen der benachbarten Grundstücke" in Abs. 5 sein. Unter „Sicherung der Benutzung" kann nur die bei Offenlegung des Plans bestehende Nutzungsart gemeint sein. Alles, was geschieht, um zu ermöglichen, diese Nutzungsart beizubehalten, fällt unter Abs. 4. Der entgegengesetzte Standpunkt, daß die Fortsetzung einer auf die Verkehrsanlage einwirkenden Nutzung eine Änderung im Sinn des Abs. 5 bedeutet, würde Abs. 4 praktisch gegenstandslos machen und die Nutzung der benachbarten Grundstücke völlig den Verkehrsinteressen unterordnen. Das soll aber gerade § 17 Abs. 4 BFStrG verhindern. Unter Abs. 5 fallen danach nur neuaufgenommene Nutzungsarten, die mit den Verkehrsanlagen kollidieren. Auch in diesem Zusammenhang ist bedeutsam, daß § 17 Abs. 4 BFStrG den Nachbarn auch vor „Nachteilen" schützen will.

Das ist nicht anders, wenn die „Benutzung" in einem Eingriff in die Substanz besteht, wie es bei einem nach Offenlegung des Plans betriebenen Abbau der Fall ist. Die Einwirkungen auf die Oberfläche sind nicht etwa willkürlich herbeigeführte Änderungen im Sinn des Abs. 5, sondern sie sind die Kollisionsformen, die die Maßnahmen nach Abs. 4 nach Möglichkeit auffangen sollen. Erkennt man – was meines Erachtens unumgänglich ist – an, daß der Bergwerkseigentümer wie alle anderen Anlieger als Berechtigter und Verpflichteter am Planfeststellungsverfahren formell und materiell beteiligt ist, muß er bezüglich der Auswirkung seiner schon bei der Offenlegung des Plans bestehenden Nutzungsbefugnis genauso gestellt werden wie die sonstigen Beteiligten.

Diese Verteilung der Kostenlast, d. h. deren vollständige Übernahme auf den Baulastträger ist nichts Neues, sondern seit langem bekannt, auch im Verhältnis zwischen Bergbau und öffentlichen Verkehrsanlagen: Zunächst ist an die oben[202] erwähnten Veröffentlichungen zur Praxis der Verwaltungsbehörden beim Ausbau des westdeutschen Kanalnetzes zu erinnern: Danach berücksichtigte der Kanalbau die Belange des Bergbaus mit großer Selbstverständlichkeit. Dabei ist besonders erwähnenswert, daß sich in allen diesen Veröffentlichungen nicht der kleinste Hinweis dafür findet, daß die Kosten für Sicherungsmaßnahmen gegen Bergschäden etwa dem Bergbau angelastet worden wären. Das wird bestätigt durch § 12 des Gesetzes betreffend die Herstellung und den Ausbau von Wasserstraßen vom 1. IV. 1905[203]. Schon hier hieß es in Abs. 1, daß dem Staat die Herstellung der

[202] Vgl. S. 111, FN 196.
[203] PrGS S. 179.

erforderlichen Anlagen obliege, und Abs. 2 sagte dann, daß dort, wo solche Vorkehrungen nicht getroffen werden könnten, dem Nachbarn Schadensersatz zu leisten sei. Dies läßt es als ausgeschlossen erscheinen, daß die bei Erfüllung der Pflicht nach Abs. 1 entstehenden Kosten auf den Nachbarn abgewälzt werden konnten. Diese Tendenz zeigt sich deutlich auch in den Materialien zu dem genannten Gesetz. Im Bericht der Kommission des Abgeordnetenhauses[204] werden die Schwierigkeiten des Kanalbaus in Bergsenkungsgebieten mehrfach erwähnt[205]. Nirgends aber findet sich ein Hinweis darauf, daß der Bergbau Kosten bei Behebung dieser Schwierigkeiten, also die Kosten der Erstausstattung mit Bergschädensicherungen, tragen sollte. Ein solcher Hinweis müßte sich aber, wenn das Rechtens sein sollte, zumindest dort finden, wo die Baukosten für die Kanäle berechnet werden. Dort werden jedoch nur Beiträge der Interessenten zu den Baukosten aufgeführt, d. h. Beiträge zukünftiger Benutzer, nicht aber Beiträge des Bergbaus für Sicherungskosten[206].

[204] Vgl. die Sammlung der Drucksachen des preußischen Hauses der Abgeordneten, 20. Legislaturperiode, I. Session 1904/05, 7. Bd., Drucks. Nr. 594, S. 4411 ff.
[205] Vgl. etwa a.a.O., S. 4445/46, 4495, 4503, 4609.
[206] Vgl. die Materialien a.a.O., S. 4515.

D. Bergbau und öffentliche Verkehrsanstalten in der Bergrechtsreform

1. Brauchbarkeit der Grundgedanken der §§ 153, 154 ABG

Die bisherige Untersuchung hat sich um die richtige Auslegung der die Planfeststellung regelnden Vorschriften und vor allem um die Auslegung der §§ 153, 154 ABG bemüht. Entsprechend dem mitverfolgten Ziel, die Methode der gesetzgeberischen und richterlichen Wertung an einem Beispiel aufzuzeigen, standen die Bewertungsfragen im Vordergrund. Angesichts der Art der Formulierungen in § 153 ABG bot sich auch innerhalb des Wortlauts und Systems der auszulegenden Vorschriften Spielraum für die Bewertung auf Grund allgemeiner Rechtsgedanken und für die Frage nach dem, was eine „gerechte Lösung" der Kollisionen sei. Der Schritt, die Gedanken für die Diskussion um eine Reform des Bergrechts in einigen Grundsatzfragen nutzbringend zu machen, liegt nahe.

Daß auch in einem eventuellen neuen Bergrecht die Pflicht der Verkehrsanstalten und der Bergwerkseigentümer zur gegenseitigen Rücksichtnahme Grundlage der Kollisionsregelung sein wird, bedarf meines Erachtens keiner Begründung. Angesichts der gegenüber 1865 noch gewachsenen Bedeutung des allgemeinen Verkehrs und der ihm dienenden Anlagen ist ohne eine Rücksichtnahme des Bergbaus auf die noch empfindlicher gewordenen Verkehrsanlagen nicht auszukommen. Das gilt bezüglich der Art der Einwirkung auf die Oberfläche und damit auf die Verkehrsanlagen uneingeschränkt.

Daß auch die Verkehrsanstalt sich bemühen muß, die Anlagen bergschädenunempfindlich zu machen, ergibt sich schon daraus, daß nur so der Verkehr ungestört von Schäden an den Anlagen und ihren Ausbesserungen ablaufen kann. Aber unabhängig davon muß diese Pflicht den Verkehrsanstalten auch im Interesse der Bergwerkseigentümer auferlegt werden. Nur so wird das Höchstmaß an Ausnutzung der Kräfte des Raums erreicht und nur so ist das Gebot der Achtung der subjektiven Rechte zu erfüllen. Daß die bestmögliche Einpassung der einzelnen Grundstücke in den Raum Ziel jeder Reform des auf den Raum bezogenen Rechts sein muß, ist nicht zu bestreiten. Insoweit gilt für die Grundstücke der juristischen Personen öffentlichen Rechts nichts anderes als für die der privaten Rechtssubjekte, gleichgültig, ob die Grundstücke öffentlichen oder privaten Zwecken dienen sollen.

Ich halte es auch für absolut wünschenswert, die Pflicht zur gegenseitigen Rücksichtnahme zum Inhalt des beteiligten Grundeigentums und des Bergwerkseigentums als privater subjektiver Rechte zu machen. Zwar kann das Ziel auch im Planfeststellungs- und Betriebsplanverfahren erreicht werden – wenn diese Methode nicht überhaupt die praktisch bedeutsamste ist –, es entspricht aber der im Grundgesetz anerkannten Auffassung vom subjektiven Recht und der Verantwortlichkeit des Rechtsinhabers gegenüber der Allgemeinheit und gegenüber den Trägern kollidierender Rechte, entsprechende Pflichten auch und gerade im subjektiven Recht selbst anzusiedeln. Die These von der Subsidiarität der Staatstätigkeit erfordert es, subjektive Rechte und insbesondere die Kollisionsregelung so zu gestalten, daß mindestens die Möglichkeit bleibt, ohne gestaltenden Staatsakt zu einer sachgerechten Lösung zu kommen. Die Hineinnahme solcher Pflichten in das subjektive Recht, die gleichzeitig Rechte des Inhabers der kollidierenden Rechte schaffen, sichert dem Rechtsinhaber aber auch die inhaltsgleiche Unabhängigkeit vom Staat und seinen Organen.

2. Raumgestaltender Charakter des Rechts

Bei dem bisher Gesagten geht es darum, allgemeine Gedanken insbesondere des Raumrechts für die Regelung der Kollision zwischen Bergwerkseigentum und Verkehrsanstalten dienstbar zu machen. Nach der hier vertretenen Ansicht[207] stellen §§ 153, 154 ABG einen besonderen Ausschnitt der Regelung des Verhältnisses zwischen Grundeigentümer und Bergwerkseigentümer dar. Das Besondere ist die Widmung des Bodens zur Grundlage von Verkehrsanlagen. Folglich ergibt sich die erste bergrechtliche Sonderfrage aus der grundsätzlichen Gestaltung der Rechtsbeziehung zwischen Bergwerkseigentümer und Grundeigentümer im neuen Bergrecht. Würde das neue Bergrecht von dem starren Prinzip des § 148 ABG abgehen und gewisse Einwirkungen auf das Baugelände als für Bergbaugebiete typische Folgen der Raumeigenschaft ersatzlos lassen, müßte der Bauherr ein Mindestmaß an Sicherungskosten selbst tragen. Die folgerichtige Anwendung dieses Grundsatzes auf das Verhältnis Verkehrsanstalt–Bergwerks-

[207] Vgl. oben S. 30.

eigentum würde dann zu dem hier schon für das geltende Recht vertretenen Grundsatz führen, daß die Verkehrsanstalt die Kosten der „Erstausstattung" ihrer Anlagen selbst zu tragen hätte. Das wäre gegenüber den für das geltende Recht angeführten Gründen ein zusätzliches Argument.

3. Notwendigkeit des Interessenausgleichs

Unabhängig davon drängen meines Erachtens erhebliche Gründe dahin, *mindestens* den als Auslegungsergebnis gefundenen Ausgleich der Interessen zwischen Verkehrsanstalt und Bergwerkseigentümer ausdrücklich gesetzlich festzulegen. Daß das bezüglich der Sachbeschaffenheit von Verkehrsanlagen und Abbauhandlungen gilt, ist schon gesagt. Bezüglich der Aufteilung der finanziellen Lasten ist zu bedenken, daß *heute* im Vergleich zu 1865 die Befriedigung des Verkehrsbedürfnisses noch viel eindeutiger Teil der öffentlichen Daseinsvorsorge ist als damals. Die Kosten dafür muß der Staat als Repräsentant der Allgemeinheit tragen oder auf dem Weg über die Gebühren ganz oder zum Teil den Benutzern der Anlage auferlegen. Der Bergwerkseigentümer darf weder dem Staat noch den Benutzern der Anlagen gegenüber verpflichtet werden, sich an den Kosten zu beteiligen, die beim Bau der Verkehrsanlage über z. Z. der Planfeststellung umgehenden Bergbau entstehen. Das wie das Bergwerkseigentum schützenswerte Grundeigentum ist ausreichend geschützt, wenn dem Grundeigentümer die Verkehrswertminderung ersetzt wird. Diese schon 1865 gültigen Gedanken gelten heute verstärkt: Die Entwicklung hat den Charakter der Befriedigung des Verkehrsbedürfnisses als Teil der öffentlichen Daseinsvorsorge absolut gegenüber privatwirtschaftlichen oder fiskalischen Zielsetzungen klargestellt. Private Eisenbahngesellschaften gibt es praktisch nicht mehr, ihre Neugründung oder die Ausdehnung ihrer Tätigkeit ist nicht zu erwarten. Gewinnstreben der Verkehrsanstalten im fiskalischen Interesse sollte ausgeschlossen sein; mehr als Eigenwirtschaftlichkeit ist nicht wünschenswert. Dagegen ist der privat-rechtliche und -wirtschaftliche Charakter des Bergwerkseigentums nicht beseitigt, vielmehr ist das Bergwerkseigentum nach wie vor als ein mit privatem Gewinnstreben auszunutzendes Recht gewollt. Es ist nicht angängig, das Bergwerkseigentum bezüglich der Schmälerung seines Inhalts oder der Belastung mit Nachteilen anders zu behandeln als andere subjektive Rechte. Das wäre anders, wenn der gesamte Bergbau verstaatlicht werden würde. Es stünde dann im Belieben des Staates, die Kollision der Rechte von Institutionen, die zwar der Rechtssubjektivität nach, nicht aber den Interessen nach verselbständigt sind, nach Willkür zu behandeln.

Sicher ist auch, daß die subjektiven Rechte gegenüber Eingriffen und Einschränkungen im öffentlichen Interesse jetzt stärker geschützt sind als früher, soweit es sich um ungleich wirkende finanzielle Belastungen der subjektiven Rechte handelt. Die Sozialpflichtigkeit des subjektiven Rechts wirkt sich in erster Linie darauf aus, wie das Rechtsobjekt (hier des Grundstücks- oder des Bergwerkseigentums) genutzt wird; für die hier interessierende Frage ist also auf die Art der Einwirkungen des Abbaus auf die Verkehrsanlage abzustellen. Dieser Forderung ist mit dem unter 2. Gesagtem in vollem Umfang Rechnung getragen. Hier geht es aber um die finanzielle Seite. Die nicht zu umgehende Belastung *einzelner* Betroffener trifft diese zufällig; sie wirkt daher ungleichmäßig, gleichgültig, ob man als Vergleichsgruppe alle Raumbeteiligten oder auch nur alle Bergwerkseigentümer wählt. Dabei kommt es nicht darauf an, ob die von der RG-Rechtsprechung gewollte entgegengesetzte Regelung den Art. 14 GG im Sinn der Verfassungswidrigkeit verletzt; es geht hier nur darum, eine nicht wünschenswerte, ungleiche finanzielle Belastung als Folge einer solchen notwendigen und folglich insoweit gerechtfertigten Ungleichbehandlung des einzelnen Bergwerkseigentümers zu vermeiden.

Es besteht auch ein öffentliches Interesse daran, vermeidbare Verluste an Abbaumöglichkeiten zu verhindern und vom Bergbau allzu hohe Aufwendungen für Verkehrsanlagen fernzuhalten. Die Notwendigkeit, die Lagerstätten zu schützen, ist von der gegenwärtigen Situation des Kohlenbergbaus und der Frage nach der gesamtwirtschaftlich richtig bestimmten Fördermenge unabhängig. Wie auch immer die gesamtwirtschaftliche Aufgabe des Kohlenbergbaus beurteilt wird, so geht doch auf jeden Fall das öffentliche Interesse auf einen rationellen und wirtschaftlich gesunden Bergbau. Dafür ist ein möglichst ungehinderter (insbesondere keine Störung durch Sicherheitspfeiler) und finanziell nicht vorbelasteter Abbau erforderlich.

Die sogenannte Strukturkrise im Kohlenbergbau hat dazu geführt, daß der Staat sich bemüht, das Ruhrrevier mehr als bisher mit anderen Industriearten als Bergbau zu durchsetzen. Diese Umstrukturierung des Ruhrreviers wird u. a. den Aus- und Neubau von Verkehrsanlagen erfordern. Da das Ziel lautet, neue Industrie *neben* dem umfangmäßig zurückgehenden Bergbau anzusiedeln, nicht aber den Bergbau zu verdrängen, darf die Neuordnung dem Bergbau nicht neue untragbare Lasten auferlegen. Die gewünschte

Vielseitigkeit des Gebiets könnte dann durch übermäßige Schrumpfung des Bergbaus in Frage gestellt werden.

Faßt man die nur in den Grundzügen dargestellten Gesichtspunkte zusammen, die für einen Schutz des Bergbaus vor übermäßiger Belastung durch Verkehrsanlagen sprechen, so scheint mir viel dafür zu sprechen, mehr in dieser Hinsicht in einem neuen Berggesetz zu tun, als die hier für das geltende Recht vertretene Lösung ausdrücklich auszusprechen. Es wäre insbesondere empfehlenswert, die Schadensersatzpflicht des Bergwerkseigentümers gegenüber Verkehrsanstalten allgemein oder in besonderen Härtefällen (z. B. Zusammentreffen von Straße und Kanal, Häufung von Brücken, Schleusen usw.) zu mindern.

Schrifttumsverzeichnis

Arndt, Allgemeines Berggesetz für die Preußischen Staaten nebst vollständigem Kommentar, 9. Aufl., Freiburg 1924.

Arndt, Verhältnis zwischen öffentlichen Verkehrsanstalten und Bergbau, Gruchot 52 (1908), S. 63ff.

Austermann, Bergschadensrecht, Münster 1954.

Bachof, Beurteilungsspielraum, Ermessen und unbestimmte Rechtsbegriffe im Verwaltungsrecht, JZ 1955, 95ff.

Baertz, Die Schleusenbauten des Lippe-Seitenkanals Wesel–Datteln, Die Bautechnik 1932, 687ff.

Bekker, Der Besitz beweglicher Sachen, JherJb. 34, 1ff.

Bender, Zur Methodenlehre der Rechtsfindung bei der Auslegung und Fortbildung gesetzlichen Rechts, JZ 1957, 593ff.

Binding, Handbuch des Strafrechts, Band 1, Leipzig 1885.

Bitta, Bergrechtliche Fragen. Teil B: Das Verhältnis des Bergwerkseigentums zu öffentlichen Verkehrsanstalten, sowie zu anderen öffentlichen oder gemeinnützigen Anlagen, ZfB 44, 117 (125ff.).

Blümel, Die Bauplanfeststellung I, Bd. 5 der Reihe „res publica", Beiträge zum öffentlichen Recht, herausgegeben von Prof. Dr. E. Forsthoff, Stuttgart 1961.

Blümel, Ungereimtheiten beim Rechtsschutz gegen Planfeststellungen, DÖV 1959, 665.

Bock, Vom Bau des Lippe-Seitenkanals Wesel–Datteln, Zentralblatt der Bauverwaltung 1926, 106ff.

Boldt, Das Allgemeine Berggesetz und die bergrechtlichen Nebengesetze, 1.–3. Aufl., Münster 1948.

Boldt, Grundbesitz und Bergschaden, ZfB 79, 339ff.

Boldt, Treu und Glauben im Bergschädenrecht, Glückauf 1939, 920ff.

Brassert-Gottschalk, Allgemeines Berggesetz für die Preußischen Staaten, 2. Aufl., Bonn 1914.

Brütt, Die Kunst der Rechtsanwendung, Berlin 1907.

Burckhardt, Methode und System des Rechts, Zürich 1936.

Daubenspeck, Beiträge zur Lehre vom Bergschaden, Berlin 1885.

Diester, Zwei dringende Fragen aus dem Bergschadensrecht, 1. Zu § 150 ABG: Wann ist eine Warnung zur Begründung des Einwandes des mitwirkenden Verschuldens als rechtzeitig anzusehen? – 2. Zu § 153 ABG: Die Grenzen der Vorzugsstellung öffentlicher Verkehrsanlagen, insbesondere mit Bezug auf Eisenbahnausbesserungswerke, Glückauf 1951, 254ff.

Dittus, Die Enteignungsentschädigung nach heutigem Recht, NJW 1965, 2179ff.

Ebel-Weller, Allgemeines Berggesetz (ABG), 2. Aufl., Berlin 1963.

Ebmeier, Zur Frage über das Recht der Gewerkschaften, Entschädigung zu fordern, wenn sie gezwungen werden, Sicherheitspfeiler gegen die Erdoberfläche stehen zu lassen, ZfB 2, 68ff.

Engisch, Die Idee der Konkretisierung in Recht und Rechtswissenschaft unserer Zeit, Heidelberg 1953.

Enneccerus-Nipperdey, Allgemeiner Teil des Bürgerlichen Rechts, 15. Aufl., 1. Halbb., Tübingen 1959.

Esser, Einführung in die Grundbegriffe des Rechts und des Staates, Wien 1949.

Esser, Grundsatz und Norm in der richterlichen Fortbildung des Privatrechts, 2. Aufl., Tübingen 1964.

Eyermann-Fröhler, Verwaltungsgerichtsordnung, 3. Aufl., München–Berlin 1962.

Feuth, Die Rechtsposition des Bergbautreibenden nach §§ 150, 154 des Allgemeinen Berggesetzes, NJW 1955, 773ff.

Feuth, Das Vorrangverhältnis zwischen Bergbau und Verkehrsanlagen nach § 154 ABG und seine praktische Bedeutung, Glückauf 1954, 368ff.

Feuth, Weiteres zu §§ 150 und 154 ABG, NJW 1956, 53f.

Fleischauer, Erwächst dem Bergwerkseigentümer im landrechtlichen Wirkungsbereiche des Allgemeinen Berggesetzes vom 24. Juni 1865 aus bergpolizeilichen Auflagen, die ihm im Interesse einer auf der Oberfläche vorhandenen Anlage gemacht werden, ein Entschädigungsanspruch gegen den Eigentümer der Anlage? ZfB 52, 247ff.

Forsthoff, Lehrbuch des Verwaltungsrechts, I. Bd. Allgemeiner Teil, 8. Aufl., München–Berlin 1961.

Gadegast, Verkehrsproblem im Ruhrgebiet, Forschungs- und Sitzungsberichte der Akademie für Raumforschung und Landesplanung, Bd. XII, Bremen 1959, S. 59ff.

Gebhardt, Ruhrbergbau, Essen 1957.

Hahn, Allgemeines Berggesetz für die Preußischen Staaten vom 24. Juni 1865, nebst den vollständigen Materialien zur Erläuterung desselben, Berlin 1865.

Haustein, Bergbau und öffentliche Verkehrsanstalten (Eine Erwiderung), DÖV 1956, 102ff.

Haustein, Die Eisenbahn im öffentlichen Recht, Frankfurt a. M. 1960.

Heinemann, Der Bergschaden, 3. Aufl., Berlin 1961.

Heller-Lehmann, Deutsche Berggesetze, Textsammlung, Essen 1961.

Hermann, Zum Bau des Rhein–Herne-Kanals, Zentralblatt der Bauverwaltung 1912, 217ff.

Hubmann, Grundsätze der Interessenabwägung, AZP 155, 85ff.

Isay, Hermann u. *Rudolf*, Allgemeines Berggesetz für die Preußischen Staaten, Kommentar: 1. Bd., 2. Aufl., Mannheim, Berlin, Leipzig 1933 (1. Aufl. 1919); 2. Bd., 1. Aufl., Mannheim, Berlin, Leipzig 1920.

Isay, Rudolf, Bergbau und öffentliche Verkehrsanstalten, Glückauf 1954, 1519ff.

Kassenbeck, Weiteres zu §§ 150 und 154 ABG, NJW 1956, 51f.

Klein, Hans-Peter, Der Ersparniswert in der Enteignung von Grundstücken eines Bergbautreibenden, Diss. Münster 1964.

Kleindienst, Der privatrechtliche Immissionsschutz nach § 906 BGB, Recht und Staat, Heft 298/299, Tübingen 1964.

Klinger, Kommentar zur Verwaltungsgerichtsordnung, 2. Aufl., Göttingen 1964.

Klostermann, Besprechung zum Erkenntnis des Appellationsgerichtes zu Hamm vom 10. Oktober 1861, ZfB 3, 102, 108ff.

Klosterman, Das Allgemeine Berggesetz vom 24. Juni 1865, nebst Einleitung und Kommentar, Berlin 1866.

Klostermann-Fürst-Thielmann, Allgemeines Berggesetz für die Preußischen Staaten, 6. Aufl., Berlin 1911.

Kodal, Straßenrecht, 2. Aufl., München–Berlin 1964.

Kohler, Über die Interpretation von Gesetzen, Grünhuts-Zeitschrift Bd. 13 (1886), 1ff.

Krautschneider, Bergbau und öffentliche Verkehrsanstalten, ZfB 106, 206ff.

Krautschneider, Direktionsprinzip und Inspektionsprinzip im Bergrecht, ZfB 103, 26ff.

Kremer, Artikel 14 des Bonner Grundgesetzes und das Allgemeine Berggesetz, ZfB 99, 409ff.

Kretschmar, Über die Methode der Privatrechtswissenschaft, Leipzig 1914.

Larenz, Methodenlehre der Rechtswissenschaft, Berlin–Göttingen–Heidelberg 1960.

Less, Vom Wesen und Wert des Richterrechts, Erlangen 1954.

Liver, Der Wille des Gesetzes, Rektoratsrede, Bern 1954.

Loebell, Preußisches Enteignungsgesetz, Leipzig 1884.

Marschall, Bundesfernstraßengesetz, 2. Aufl., Köln–Berlin–Bonn–München 1963.

Menger, Aus der Praxis der Verwaltung und der Verwaltungsgerichtsbarkeit, Verwaltungsarchiv 1960, 71ff.

Meyer, Der Entschädigungsanspruch wegen bergbehördlicher Einschränkungen des Bergwerkseigentums, ZfB 102, 216ff.

Miesbach-Engelhardt, Bergrecht, Kommentar, Berlin 1962.

Müller, Subjektive und objektive Auslegungstheorie in der Rechtsprechung des Bundesverfassungsgerichts, JZ 1962, 471ff.

Müller-Erzbach, Die Bergschadenshaftung des Bergbautreibenden gegenüber öffentlichen Verkehrsanstalten, Der Einwand des § 150 des Allgemeinen Berggesetzes, ZfB 69, 515ff.

Radbruch, Rechtsphilosophie, 4. Aufl., besorgt von Erik Wolf, Stuttgart 1950.

Reichel, Gesetz und Richterspruch, Zürich 1915.

Reinhardt-König, Richter und Rechtsprechung, München und Berlin 1957.

Reinicke, G. u. *D.*, Zum Vertrauensschutz auf eine ständige Rechtsprechung, MDR 1956, 324ff.

Reuss-Grotefend-Dapprich, Das Allgemeine Berggesetz, 11. Aufl., Köln–Berlin 1959.

Rumpf, Gesetz und Richter, Versuch einer Methode der Rechtsanwendung, Berlin 1907.

Salzwedel, Der Rechtsweg im Wasserrecht, Veröffentlichungen des Instituts für das Recht der Wasserwirtschaft an der Universität Bonn, Heft 12, Bonn 1962, 50ff.

Schaefer, Die Gesetze der Reichsautobahnen, Berlin 1937.

Schlüter, Die geschichtliche Entwicklung des preußischen Bergpolizeirechts, ZfB 76, 293ff.

Schlüter-Hense, Allgemeines Berggesetz für die Preußischen Staaten mit Kommentar, 3. Aufl., Berlin 1913.

Schmidt, Bergschädenfragen der Bundesbahn im Ruhrgebiet, Die Bundesbahn 1953, 913ff.

Schönke, Einführungen in die Rechtswissenschaft, Karlsruhe 1946.
Schulte, Hans, Privatrechtliche Aufopferung und Enteignung, Diss. Münster 1964.
Schwinge, Teleologische Begriffsbildung im Strafrecht, Bonn 1930.
Sellmann, Sozialbindung des Eigentums und Enteignung, NJW 1965, 1689ff.
Sieder-Zeitler, Bayerisches Straßen- und Wegegesetz, München 1960.
Siedlungsverband Ruhrkohlenbezirk, Planungsatlas, herausgegeben von Umlauf, Essen 1960.
Sievers, Der Rechtsweg im Wasserrecht, DVBl. 1962, 193ff.
Siewert, Bergbau und öffentliche Verkehrsanstalten, Diss. Köln 1960.
Starck, Über das Verhältnis des Bergbaus zu öffentlichen Verkehrsanstalten (§§ 148ff. ABergG), JW 1914, 582ff.
von Staudinger, Kommentar zum Bürgerlichen Gesetzbuch, I. Band, Allgemeiner Teil, erläutert von Brändl und Coing, 11. Aufl., Berlin 1957.
Thieme, Rechtsgutachten über das Verhältnis von Bergbau und öffentlichen Verkehrsanstalten, Hamburg, September 1963 (unveröffentlicht).
Ule, Verwaltungsgerichtsbarkeit, Köln–Berlin–München–Bonn 1962.
Unger, Schutz der Bauwerke an den Schiffahrtskanälen gegen Bodensenkungen in Bergbaugebieten, Zentralblatt der Bauverwatltung 1913, 13ff.
Veith, Die Entschädigungsverbindlichkeit der Eisenbahngesellschaften dem Bergwerkseigentümer gegenüber, Berlin 1864.
Wach, Handbuch des deutschen Zivilprozeßrechts, Bd. 1, Leipzig 1885.
Weissner, Aufgaben des Markscheiders bei der Behandlung zentraler bergbaulicher Fragen, Mitteilungen aus dem Markscheidewesen 1953, 27.
Westermann, Der Großflughafen im Raum- und Nachbarrecht, Zeitschrift für Luftrecht 1957, 259ff.
Westermann, Der Inhalt des Ersatzanspruchs bei Gebäudezerstörung und Gebäudeschäden, AZP 156, 137ff.
Westermann, Welche gesetzlichen Maßnahmen zur Luftreinhaltung und zur Verbesserung des Nachbarrechts sind erforderlich? Wissenschaftliche Abhandlungen der Arbeitsgemeinschaft für Forschung des Landes Nordrhein-Westfalen Bd. 9, Köln und Opladen 1958.
Westermann, Rechtsprinzipien des Preußischen Allgemeinen Berggesetzes, ZfB 106, 122ff.
Westermann, Sachenrecht, 4. Aufl., Karlsruhe 1960.
Westermann, Streitentscheidung im Zivilrecht, Schriften der Gesellschaft zur Förderung der Westfälischen Wilhelms-Universität zu Münster, Heft 32, Münster 1955.
Westhoff, Bergbau und Grundbesitz; Band I: Der Bergschaden, Berlin 1904; Band II: Die Grundabtretung. Die öffentlichen Verkehrsanstalten. Berlin 1906.
Westhoff, Der Schadensersatzanspruch des Bergwerksbesitzers bei Anordnung eines Sicherheitspfeilers durch bergpolizeiliche Verfügung, ZfB 43, 450ff.
Westhoff, Erläuterungen zu § 150 Allgemeinen Berggesetzes, ZfB 44, 454ff.
Westhoff-Schlüter, Geschichte des deutschen Bergrechts, ZfB 50, 27ff., 230ff., 357ff., 492ff.
Wieacker, Gesetz und Richterkunst, Schriftenreihe der Juristischen Studiengesellschaft Karlsruhe, Heft 34, Karlsruhe 1958.
Wolff, Hans J., Verwaltungsrecht I, 5. Aufl., München und Berlin 1963.
Zinkahn-Bielenberg, Raumordnungsgesetz des Bundes, Berlin 1965.

Summary

The encounter between mining industry and public transport installations is a matter of incompatible interests of clashing spatial usufructuary rights. Due to their close connection to certain localities, there is only a very small number of instances in which the mining industry and transport installations can settle the difficulties resulting from the clash by a side step of the one, or the other part; they rather have to attune to each other, i. e. the mining industry by their system of working, and the transport installations by the selection of the route of the traffic lines, and by certain constructional measures. The points in question are whether such a mutual consideration can be demanded, who shall fix the details and, above all, who shall meet the, mostly considerable, expenses of the measures.

By its §§ 153, 154, the State Mines Law (ABG) has provided a special mining law regulation of the relationship between mining industry and public transport installations. It originates from the clash of landed property and mining concession, and incorporates a special clash regulation therein which is to do justice to the particularity of the spatial encounter between mining industry and transport installations. Besides, there is the zoning procedure (Planfeststellungsverfahren) which is available for all types of transport installations.

While the private law regulation of the State Mines Law is an abstract general regulation, the legal sequence orders of which are to give occasion to an analogous behaviour of the concerned parties, in order to indirectly achieve an appropriate spatially planning effect in this way, the question of the zoning procedure under public law is to directly secure by an act of state in a concrete case that the transport installation will adapt itself suitably and harmoniously to the space.

The way how the §§ 153, 154 of the State Mines Law settle the relationship between transport installations and mining industry cannot be readily derived from the wording of the regulations. The regulations require to be interpreted. The RG (National Supreme Court of Justice) has, in permanent jurisdiction, held the view that the mining interests are absolutely subordinate to those of the transport installations, and that – by operation of law – the mining concession is restricted in favour of the transport installations. On the one hand, the RG derived this result from § 154 by arguing that the restriction of the compensation claim on the part of the mine owner clearly indicated that, in the exercise of his right, the person engaged in mining would not have to withdraw in view of the conflicting interests of the transport installations by reason of a police intervention, but by virtue of a legal restriction on the mine property. On the other hand, the RG stated the reason for its view to be the exclusion of the right of protest of the person engaged in mining in § 253, subsection 1. On this basis, the RG arrived at the exclusion of § 150 for the construction of transport installations by concluding that, due to the legal restriction on the mine property, any damage to the transport installation by the continued mining after the approval and establishment of the transport installation would, at least objectively, be unlawful, so that there would no longer remain an opportunity for the acceptance of a contributory negligence in the intendment of § 150. According to the court decisions, § 154 will become a meaningless regulation. Due to the fact that, in the opinion of the RG, "installations not otherwise required" in the intendment of § 154, subsection 1, will not be in question if such measures are *also* taken for the purpose of continuing the operation of the mine also after the setup of the transport installation, all measures – upon the acceptance of the absolute privilege of the transport installations – will be taken in order to continue the exploitation otherwise not permissible, i. e. they cause no claim for damages.

Originally, most authors agreed to the court decisions. As early as 1914, however, objections had been made, and in the more recent literature the decisions of the RG mostly have been rejected. Therefore a customary right could not result from the decisions of the RG.

Contrary to the view of the RG, it follows from the genesis of the §§ 153, 154, and from the purpose of the law which is to be determined objectively and which is related to the present time, that the §§ 153, 154 of the State Mines Law do not aim at a partial preference of the interest of the transport installations, but rather at an equalization of the transport and mining interests. This results in a view to be designated as "equalization theory", according to which, as a substantial consequence of the conflict settlement, an order for consideration and adaptation will result, which is applicable to and must be complied with by both parties. From § 153, subsection 1, there follows the substantial obligation of the mine owner to behave himself such that damages to the transport installations are avoided, and that safety of transport is guaranteed. From this modification of the regulation of § 153, subsection 1, which is a purely procedural regulation according to its wording, into a direction with a substantial content, there can furthermore be concluded that the mine owner cannot refer to § 150 against the transport installation. Consequently, in the sense of a reasonable and economically acceptable equalization between the mining and transport interests, the transport installation will be in a much more favourable position than other surface owners. As a compensation, § 153, subsection 2, must – on the other hand – be interpreted such that this regulation is not limited to a mere arrangement of the hearing of the mine owner, but that it constitutes the order of a substantial obligation of the transport installation for consideration towards the mining industry, in compliance with the equalization idea which is undeniably inherent in the conflict settlement. The contents of this obligation for consideration must be defined by the term of the exacting demand which the legislator has also employed in the comparable conflict settlement of § 906 of the BGB (Civil Code), which likewise refers to space. Consequently, the obligation of the transport installation is to select a route and method of construction that will prejudice the mining industry as little as possible. The costs resulting therefrom will have to be borne by the transport installations.

Since the conclusions thus derived from § 153 constitute genuine substantial obligations of the mine owner (§ 153, subsection 1), and of the bearer of the transport installation (§ 153, subsection 2), it will also be possible to enforce them by instituting legal proceedings for discharge in kind. In certain circumstances, the mine owner will thus be obliged to take suitable measures underground for the protection of the transport installations; the transport institutes cannot claim compensation for damages to their installations, if they have failed to adapt the installations to mining. The private law decisions will then be associated with the regulations of the mining and zoning authorities given under public law.

In case the person engaged in mining had been authorized to start mining operation at an earlier date than that at which the approval of the transport installation has been given, then the mine owner will be entitled to claim compensation for damages for the manufacture of the "installations not otherwise required" in the mine, as per § 154, subsection 1. In due consideration of the purpose of the law, which is directed towards a financial compensation, the only presupposition of the claim for damages should be, that – whithout the existence of the transport institute – these measures would not have been taken. In such a case, a claim for damages will not only exist for such installations which directly guarantee the safety of the transport installation, but also for those measures which serve for the prevention of damages to the transport installations. A compensation of benefits against the damage claim for expenditures of § 154, subsection 1, cannot, on principle, be asserted.

In the zoning procedure under public law, too, the interests of the transport installations and of the mining industry must be equalized. This results from the obligation of the administrative authorities to consider also the private interests in the zoning procedure. It follows from § 17, subsection 4, and subsection 5, of the federal law for highways (BFStrG), that the road contractor has to bear the costs for those measures which are required to be taken for the protection of the private interests. This applies similarly to the zoning of other transport installations.

In the reform of the law on mining, the equalization theory as advocated here, which does full justice to the warranty of private property in Article 14 of the Constitution (GG), in regard to the treatment of the mine property, could form the starting point for the legal settlement of the equalization of the interests of transport installations and mine owners.

Résumé

La rencontre entre l'exploitation des mines et les installations publiques pour les transports et la circulation provoque une incompatibilité d'intérêts en raison de la collision entre les droits de jouissance respectifs dans l'espace. L'exploitation des mines aussi bien que les installations publiques pour les transports et la circulation ne peuvent que très rarement résoudre ces problèmes d'incompatibilité, par exemple en cédant la place à l'autre, car l'un et l'autre sont liés à l'emplacement où ils exercent leur activité; ils sont donc, au contraire, obligés de s'adapter et de s'entendre réciproquement; les mines par la méthode d'exploitation, les installations pour les transports et la circulation par le choix du tracé des voies de circulation et par des mesures de construction. Toutefois, la question se pose de savoir, si de tels égards réciproques peuvent être exigés, qui décide des détails et surtout, qui supporte coûts souvent considérables entraînés par les mesures prises.

Le code minier général (ABG) a crée par les paragraphes 153, 154 un règlement de droit minier particulier ayant trait au rapport entre l'exploitation des mines et les installations publiques pour les transports et la circulation. Le code procède de la collision entre la propriété foncière et le droit de l'exploitation des mines et a prévu, à cet effet, un règlement spécial de la collision, lequel doit résoudre équitablement le problème particulier constitué par la rencontre dans l'espace entre l'exploitation des mines et les installations publiques pour les transports et la circulation. Il y a, en outre, la procédure de détermination des plans, laquelle existe pour toutes les sortes d'installations pour les transports et la circulation.

Alors que le règlement de droit privé du code minier général constitue un règlement général abstrait, dont les dispositions doivent conduire à une attitude conforme des intéressés, afin d'obtenir ainsi indirectement ordre et harmonie de l'espace, la procédure de droit public de détermination des plans vent assurer directement par acte de souveraineté, dans un cas concret, que l'installation pour les transports et la circulation s'insère adéquatement et harmoniquement à l'espace environnant.

La teneur des règlements prévus aux §§ 153, 154 du code minier général ne permet pas, sans plus, de savoir comment est réglé le rapport entre l'exploitation des mines et les installations pour les transports et la circulation. Les règlements doivent être interprétés. La Cour suprême (RG) a constamment admis dans sa jurisprudence, que les intérêts des exploitations minières sont subordonnés, d'une manière absolue, à ceux des installations pour les transports et la circulation. Le droit d'extraction est limité, en vertu de la loi, en faveur des installations pour les transports et la circulation. La Cour suprême a premièrement déduit ce résultat du § 154, en argument, que la limitation du droit à indemnisation du propriétaire de l'exploitation minière laissait clairement distinguer, que l'exploitant de la mine, dans l'exercise de son droit, serait subordonné aux intérêts des installations publiques pour les transports et la circulation non seulement dans un cas isolé en raison d'une intervention policière, mais au contraire déjà en raison d'une limitation légale apportée à la propriété minière. La Cour suprême a, d'autre part, fondé son avis, dans § 153 alinéa 1, sur l'exclusion du droit d'opposition de l'exploitant des mines. La Cour suprême a décidé, sur cette base, la suppression du § 150 à l'égard de la construction d'installations pour les transports et la circulation, en déduisant qu'en raison de la limitation légale de la propriété minière est illégal au moins objectivement tout dommage, que cause l'exploitation minière à une installation de transport et circulation, ayant continué son activité après que cette dernière a reçu acte d'autorisation et a été construite. Par conséquent l'acceptation d'une culpabilité commune dans l'esprit du § 150 ne se justifie plus. § 154 devient, d'après la jurisprudence, un règlement vide de toute substance. D'après l'avis de la Cour suprême il ne s'agit pas d'« installations d'ordinaire non nécessaires » dans l'esprit du § 154 alinéa 1, lorsque de telles mesures sont prises aussi dans le but de poursuivre l'exploitation des mines aussi après la construction de l'installation pour les transports et la circulation; l'on prend donc, lors de l'acceptation du privilège absolu des établissements pour les transports et la circulation, toutes ces mesures dans le but de poursuivre une extraction, qui autrement ne serait pas autorisée. Cettes mesures ne confèrent, par suite, aucun droit à indemnisation.

La littérature, à l'origine, a approuvé largement la jurisprudence. Toutefois, une opposition s'est formée dès 1914, et la littérature actuelle rejette dans l'ensemble la jurisprudence. Par suite, un droit coutumier n'a pas pu naître de la jurisprudence de la Cour suprême.

Contrairement à l'interprétation de la Cour suprême il résulte de l'historique de l'origine des §§ 153, 154 et du but de la loi, à déterminer objectivement et s'appliquant au présent, que les §§ 153, 154 du code minier général ne visent pas à un traitement de faveur unilatéral des intérêts des établissements pour les transports et la circulation, mais au contraire ont pour objectif un compromis entre les intérêts des mines et des transports. Ceci conduit à une interprétation devant être désignée « théorie du compromis ». Il en résulte, comme conséquence relative au fond du règlement de l'incompatibilité d'intérêts, un principe impératif pour les deux parties les invitant à des égards et à une adaptation réciproques. Le propriétaire de l'exploitation minière est donc obligé, d'après § 153 alinéa 1, relativement au fond, d'éviter que les installations pour les transports et la circulation subissent des dommages et d'assurer la sécurité de la circulation. De cette réinterprétation du règlement du § 153 alinéa 1, lequel d'après la teneur est purement de droit du procédure relatif à une disposition relative au fond, il résulte que le propriétaire de la mine ne peut pas invoquer le § 150 à l'égard de l'établissement pour les transports et la circulation. L'installation pour les transports et la circulation se trouve donc dans une meilleure situation que les autres propriétaires de surfaces, en ce qui concerne un compromis raisonnable et supportable matériellement entre ses propres intérêts et les intérêts des exploitations minières. De l'autre côté, pour rétablir l'équilibre, § 153 alinéa 2 doit être interprété de telle sorte que ce règlement ne soit pas seulement limité à une simple audition du propriétaire de l'exploitation minière, mais de telle sorte qu'il représente, conformément à l'esprit de compromis, qui indiscutablement est inhérent à la réglementation de l'incompatibilité des intérêts, pour l'installation pour les transports et la circulation l'injonction d'une obligation relative au fond d'avoir des égards envers l'exploitation des mines. La teneur de cette obligation de prendre des égards doit être déterminée selon le concept de « délimitation des exigences raisonnables », lequel le législateur a utilisé également dans la réglementation comparable du § 906 BGB (code civil) portant également sur un cas d'imcompatibilité des intérêts dans l'espace. L'obligation de l'établissement pour les transports et la circulation consiste donc à choisir un tracé et un mode de construction qui défavorise le moins possible l'exploitation des mines. Les coûts en résultant doivent être supportés par l'établissement pour les transports et la circulation.

Les conséquences découlant ainsi du § 153 signifiant donc de véritables obligations matérielles du propriétaire de la mine (§ 153 alinéa 1) et du responsable de l'établissement pour les transports et la circulation (§ 153 alinéa 2), elles peuvent donc être réalisées effectivement au moyen d'une action en exécution. Le propriétaire de la mine est donc obligé, le cas échéant, de prendre des mesures, dans la mine, assurant la protection des installations pour les transports et la circulation. Ces dernières n'ont aucun droit à indemnisation en raison de dommages à leurs installations, si elles ont négligé d'adapter celles-ci à l'exploitation minière. Les décisions de droit privé vont donc de paire avec les règlements de droit public des autorités minières et des autorités de la procédure de détermination des plans.

Lorsque l'exploitant de la mine avait le droit d'exploitation avant que l'autorisation de l'établissement pour les transports et la circulation ne soit émise, le propriétaire de la mine a, conformément au § 154 alinéa 1 un droit d'indemnisation pour la construction des « installations d'ordinaire non nécessaires » dans la mine. En tenant compte de l'objectif de la loi, qui vise à un compromis d'ordre financier, la seule condition du droit à l'indemnisation est, que sans l'existence de l'établissement pour les transports et la circulation ces mesures n'auraient pas été prises. Dans ce cas le droit à l'indemnisation ne comprend pas seulement les installations qui garantissent directement la sécurité des installations pour les transports et la circulation, mais également celles qui servent à prévenir les dommages. Normalement, la compensation d'un dommage avec un avantage ne peut pas être exercé contre le droit à indemnisation des dépenses prévu par le § 154 alinéa 1.

Il faut également trouver un compromis pour les intérêts des mines et des établissements pour les transports et la circulation lorsqu'il s'agit de la procédure de détermination des plans de droit public. Ceci résulte de l'obligation des autorités administratives de tenir compte, dans la procédure de détermination des plans, aussi des intérêts privés. Il résulte du § 17 alinéas 4 et 5 de la loi fédérale sur les transports routiers (BFStrG) que le responsable de la construction des routes doit supporter les coûts entraînés par les mesures nécessaires à la protection des intérêts privés. Des mesures analogues s'appliquent pour la détermination des plans pour d'autres installations de transports et de circulation.

Dans la réforme du droit minier la théorie du compromis défendue ici, qui rend complètement justice à la propriété minière en égard de la garantie de la propriété selon l'article 14 de la Loi fondamentale (GG), pourrait constituer le point de départ pour la réglementation légale du compromis entre les intérêts des établissements pour les transports et la circulation et les propriétaires d'exploitations minières.

Diskussion *

Staatssekretär i. e. R. Professor Dr. h. c. Dr.-Ing. E. h. Leo Brandt

Landesplanung, Raumordnung und das Zusammenwirken der Kräfte über und unter Tage haben Sie gegenübergestellt und gezeigt, daß folgende zwei Dinge für das Ruhrgebiet von gleicher Bedeutung sind: Bergbau und Eisenbahn. Sie sagten, daß früher durch die Gesetze die Situation eine andere war als jetzt. Damals stand die Eisenbahn ganz vorn. Jedermann sagte: Eisenbahnen müssen gebaut werden, sonst können wir keine Kohlen befördern. Die erste Eisenbahn, die jetzt gerade 125 Jahre alt ist und von Düsseldorf nach Erkrath führt, ist als Kohlenbahn gebaut worden. Sie sollte Kohle aus Langenberg an den Rhein führen. Sicher, die Verkehrssituation war damals eine ganz andere, und die Straßen, die 2000 Jahre neben dem Wasser der einzige Verkehrsweg waren, traten für hundert Jahre in den Hintergrund. Es entstand das Eisenbahnzeitalter, und wohl auch eine Überbewertung desselben.

Professor Dr. jur. Harry Westermann

Ich habe hier einmal den Bericht der Kommission des Abgeordnetenhauses über den Entwurf des Allgemeinen Berggesetzes vom Jahre 1865 mitgebracht. Da heißt es:

„Die Kommission verkannte schließlich nicht, daß die hier einschlägigen Wechselbeziehungen zwischen dem Bergbau und dem öffentlichen Verkehr bei der stetigen Entwicklung dieser Verhältnisse möglicherweise nach der

* Für ein besseres Verständnis der Diskussion ist zu berücksichtigen, daß der Vortrag in der jetzt vorliegenden Form gegenüber der der Diskussion zugrunde liegenden Fassung in einigen Punkten überarbeitet und ergänzt worden ist. Das gilt vor allem für das Planfeststellungsverfahren und dort insbesondere für die Frage der Kostentragung. Für die Überarbeitung des Vortrages haben sich gerade aus der lebhaften Diskussion wertvolle Anregungen ergeben.

einen oder der anderen Richtung hin dereinst vielleicht neue und von dem gegenwärtigen Entwurf abweichende Bestimmungen erheischen können; zur Zeit sei es jedoch nicht möglich, irgendwelche Eventualitäten als in gewisser oder naher Aussicht stehend zu bezeichnen."

Es ist typisch als zeitbedingte Regelung empfunden worden.

Professor Dr. jur., Dr. jur. h. c. Hans Peters

Daß der Vortrag hervorragend war, darüber sind wir uns einig. Für jeden, der jetzt das Wort ergreift, ist es schwer, gewisse Bedenken zu äußern.

Trotzdem glaube ich, ein paar Worte sagen zu sollen. In diesem Vortrag zeigt sich deutlich der Ausgangspunkt des Zivilrechtlers. Ich wäre jedenfalls, wenn ich an das gleiche Problem hätte herangehen sollen, anders vorgegangen. Bei der Diskussionsbemerkung, die der Herr Referent jetzt zu Herrn Staatssekretär machte, zeigt sich der Unterschied. Sie haben gesagt, daß die jetzige Lage ungerecht ist. Das ist, wenn man das einer Rechtsordnung vorwirft, ein sehr schwerer Vorwurf. Die Frage ist nur, ob nicht ein anderer, nämlich öffentlich-rechtlicher Ausgangspunkt die gesetzliche Regelung wesentlich gerechter erscheinen ließe. Schon darin zeigt sich die Haltung des Zivilrechtlers, daß Sie davon ausgehen, was ein *Richter* entscheidet oder entscheiden würde; man muß meiner Ansicht nach damit beginnen, welche Pflicht bei der vorgegebenen Gesetzeslage die Verwaltungsbehörden haben, wenn sie vor diesem Problem stehen, und man muß dabei vom Planfeststellungsverfahren ausgehen. Im Planfeststellungsverfahren kann und soll all den Gesichtspunkten Rechnung getragen und soll nach der Rechtsordnung der Gerechtigkeit weitgehend zum Sieg verholfen werden, indem die Verwaltungsbehörden, die beteiligt sind – das sind sämtliche Verwaltungsbehörden, die überhaupt in Frage kommen –, den verschiedenen Gesichtspunkten, *auch* den Gesichtspunkten des Bergbaus, die auch für die Verwaltung sehr wesentliche positive Interessen sind, Rechnung tragen. Insofern fürchte ich nicht, daß die Ungerechtigkeiten so groß sind, wie sie dadurch erscheinen, daß man den konkreten Fall vom Standpunkt des zunächst mit der Sache überhaupt nicht befaßten Richters an Hand der Auslegung von Paragraphen zu lösen sucht. Ein großer Teil der theoretischen Bedenken schwindet dann. Mein Ausgangspunkt ist nicht der des Richters, sondern der der Verwaltung, die nun zunächst einmal im Planfeststellungsverfahren alle wesentlichen Gesichtspunkte berücksichtigt. Damit scheidet ein großer Teil der

Ungerechtigkeitsquellen, die hier behandelt worden sind, aus. Aber natürlich kann der Fall auch vor ein Gericht kommen, und nun geht es tatsächlich um die Auslegung der hier genannten Paragraphen und um die Frage, was der Gesetzgeber gewollt hat. Sie sind dann auf den Gesetzgeber eingegangen. Ich würde zunächst die Auslegung des Sinnes des Gesetzes vorziehen. Der ganze fünfte Titel des Allgem. Berggesetzes handelt ja, wie die Überschrift besagt, über die Rechtsverhältnisse zwischen Bergbautreibenden und Grundbesitzern. Nun ist dabei der dritte Abschnitt, also die §§ 153, 154 eine lex spezialis insofern, als dieser gegenüber den anderen Grundbesitzern die *Verkehrsanstalten* besonders behandelt. Diese werden nicht primär unter dem Gesichtspunkt des privaten Grundbesitzes behandelt, sondern des öffentlichen Interesses. Von hier aus ist m. E. das ganze Problem zu lösen, denn damit bekommt nämlich das Widerspruchsrecht einen guten Sinn – einen anderen Sinn, als wenn man einfach ein zivilrechtliches Widerspruchsrecht vorsähe.

Jetzt geht es im öffentlichen Recht um zwei Fragen, die beide entschieden sind (ob gerecht oder nicht gerecht, das wage ich nicht zu entscheiden). Es geht nämlich erstens darum: Kann jemand, speziell ein Bergbauberechtigter, auf Grund des materiellen Rechts es verhindern, daß eine öffentliche Anlage entsteht? Das ist der eine Fragenkomplex. Man muß hier nach dem Gesetz mit Recht mit Nein antworten. Es gibt keinen Widerspruch eines Bergbauberechtigten, daß Eisenbahnen, Flugplätze, Verschiebebahnhöfe usw. gebaut werden. Der Bergbauberechtigte hat kein Widerspruchsrecht. Das bedeutet hier materiell, der Bergbauberechtigte kann das nicht verhindern. Wenn man weiß, welch große Schwierigkeiten sonst Privateigentümer Gewerbebetrieben machen können, halte ich diese Feststellung des § 153 Abs. 1 nicht für so bedeutungslos wie der Herr Referent, in einer sehr auf die Sicherung des Privateigentums bedachten Zeit.

§ 154 behandelt die zweite Frage, die immer im öffentlichen Recht dort hervortritt, wo Eingriffe in Rechte zur Erörterung stehen: ob der, der in seinen Rechten oder Interessen beeinträchtigt wird, vielleicht eine Entschädigung bekommen kann. Wenn ein Gewerbetreibender nach § 16 der Gewerbeordnung eine Erlaubnis für seinen Betrieb erhalten hat, kann niemand mehr die Einstellung des Betriebs dieses Gewerbetreibenden fordern, weil etwa der Nachbar schwer gestört wird und weil sein Eigentum mit diesem Betrieb in Konflikt steht. Infolgedessen braucht der Gewerbetreibende nicht zu weichen. Wohl aber gibt es Entschädigungen, die der Gewerbetreibende dem Geschädigten unter Umständen leisten muß. Wenn die Anlage zu großen Lärm entwickelt, müssen z. B. in dieser Fabrik die Fenster geschlossen werden, und was da sonst alles gefordert werden kann. Mir scheint zunächst das Verhältnis von § 153 zu § 154 in diesem System darin zu liegen, daß keiner verbieten kann, daß z. B. die Straße gebaut wird. Welche Entschädigungen dann aber in Frage kommen und ob diese gerecht sind, das beantwortet § 154. Mag sein, daß das vielleicht nach den heutigen Verhältnissen nicht mehr als gerecht zu bezeichnen ist, wenn hier sogar gewisse Entschädigungen ausgeschlossen werden. Das war im Jahre 1865 nach dem damaligen Stande der Anschauungen ein Versuch und soll gewiß nicht hindern, daß der Gesetzgeber in späterer Zeit die Dinge vielleicht etwas anders regelt. Aber Provisorien sind meist langdauernd. So ist es auch mit diesem Provisorium § 154, das heute vielleicht sich ungerecht auswirken mag.

Das war also der Grundaufbau dieses Paragraphen. Jetzt komme ich zu Abs. 2. Hierzu bin ich entgegengesetzter Meinung wie Sie. Denn Sie sagen, es kann nicht in einem Paragraphen eine materiell-rechtliche Vorschrift stehen und im zweiten Paragraphen die Verfahrensvorschrift. Vielleicht würde das heute nicht mehr so formuliert werden, weil wir nun so viele Verfahrensvorschriften im Verwaltungsrecht haben, daß man sie nicht mehr in demselben Paragraphen behandelt. Im Bundesbahngesetz oder im Bundesstraßengesetz ist es so, daß zuerst ein paar Paragraphen materiellen Rechts, dann die über das Planfeststellungsverfahren kommen. Aber damals war alles noch viel einfacher. Es war die Zeit, als gerade die Verwaltungsgerichtsbarkeit entstand; in Preußen bestand sie noch gar nicht. Es gab dort noch keine Verwaltungsgerichtsbarkeit, als das allgemeine Berggesetz entstand. Damals dachte man daher nicht so formal, wie man es heute sogar oft übertreibt. Damals ging man von der materiellen Vorschrift aus. Dann erscheint die Regelung der §§ 153, 154 durchaus verständig. Es fängt damit an, daß gegen die Ausführung von Landstraßen, Eisenbahnen, Kanälen usw., zu deren Anlegung durch Gesetz oder Verordnung dem Unternehmer das Enteignungsrecht verliehen ist, dem Bergbauberechtigten kein Widerspruchsrecht zusteht. Das heißt, daß eine Anlage im öffentlichen Interesse errichtet wird. Wenn diese Anlage so bedeutend ist, daß der Unternehmer dafür das Enteignungsrecht bekommen hat, dann erscheint mir die an sich keineswegs selbstverständliche Forderung in der Tat gerecht, daß dem Bergbautreibenden ein Widerspruchsrecht nicht zusteht, m. a. W., daß er nicht etwa wegen der ihm entstehenden Störungen oder wegen der daraus folgenden kostspieligeren Entschädigungsforderungen gegen ihn aus Bergschäden die öffentliche Anlage irgendwie soll verhindern können.

Professor Dr. jur. Harry Westermann

Entschuldigen Sie, Herr Professor Peters, daß ich Sie unterbreche. Streichen Sie einmal den § 153 Abs. 1. Kann der Bergbautreibende den Bau einer Verkehrsanlage dann verhindern? Kann denn irgend jemand außer einem Minister die Anlage einer Eisenbahn verhindern? Doch niemand! Er kat kein Widerspruchsrecht. Wenn neben Ihrem Haus eine Eisenbahn gelegt wird, dann können Sie auch nicht widersprechen.

Professor Dr. jur., Dr. jur. h. c. Hans Peters

Es ist immer wieder möglich, daß der Eigentümer auf Grund seines Eigentumsrechts z. B. wegen Nachbarrechten – hier vielleicht wegen erheblicher Störung des unter- oder oberirdischen Bergbaus – sich gegen die Errichtung der öffentlichen Anlagen wendet, wie z. B. der Nachbar gegen eine stinkende Pelztierfarm.

Professor Dr. jur. Harry Westermann

Das geht doch nicht bei Verkehrsanlagen. Sie können vielleicht Schadensersatz bekommen.

Professor Dr. jur., Dr. jur. h. c. Hans Peters

Zunächst einmal kann auf *meinem* Grundstück niemand eine Eisenbahn legen. Und im Planfeststellungsverfahren werde ich Widerspruch einlegen gegen den Bau einer Autobahn dicht vorbei an meinem Wohnhaus. Schäden des Bergbaus können noch schwerwiegender sein.

Professor Dr. jur. Harry Westermann

Darum geht es nicht. Es geht doch um fremden Boden. Der Bergbautreibende kann nicht dem Bau auf fremden Boden widersprechen. Und im Planfeststellungsverfahren kann er lediglich Einwendungen im Sinne von Gegenvorstellungen erheben, mit dem Anspruch auf fehlerfreie Ermessensentscheidung.

Professor Dr. jur., Dr. jur. h. c. Hans Peters

O ja, es geht auch um ein Verbot auf Grund des Widerspruchs von Nachbarn. Sonst wäre doch § 26 Gewerbeordnung überflüssig. Es ist bei den vielen Anfechtungsmöglichkeiten, die es gegenüber öffentlichen Bauten gibt, durchaus richtig und gut, wenn man deutlich in das Gesetz hineinschreibt, wie weit die Rechte des Nachbarn oder anderer Betroffener, hier: des Bergbauberechtigten, reichen.

Nun zur formalen, d. h. zur Verfahrensfrage. Auch diese scheint wieder aktuell. Vor Feststellung der einer solchen Straße zu gebenden Richtung sind diejenigen, über deren Bergwerke dieselbe geführt werden soll, von der zuständigen Behörde darüber zu hören, in welcher Weise unter möglichst geringer Benachteiligung des Bergwerkseigentums die Anlage ausgeführt werden kann. Weil es damals das heutige Planfeststellungsverfahren noch nicht gab, ist das Erforderliche in § 153 Abs. 2 Allgem. Berggesetz gesagt, d. h. nun müssen aber die Beteiligten gehört werden. Das finde ich gar nicht unnatürlich; man muß sich in die damalige Lage versetzen. Heute steht das in den einzelnen Gesetzen, z. B. Bundesfernstraßengesetz. Dazu kommen die Schranken des Eigentums oder die Enteignung, wie sie in Art. 14 des Grundgesetzes nebeneinander stehen. Diese Frage wird bedeutsam, wenn man überlegt, ob § 154 Abs. 1 Satz 2 etwa eine Enteignung entschädigungslos vorsieht.

Ich will mich damit zunächst begnügen und die fraglichen Paragraphen aus *meiner* Sicht erläutern. Man muß davon ausgehen, daß der damals noch sehr sorgfältige Gesetzgeber seine Regelung wohlüberlegt hat. Das Reichsgericht hätte sonst gewiß diesen Paragraphen nicht ebenso sorgfältig angewandt und hätte ihn damit nicht soundso oft bestätigt, wenn nicht ein vernünftiger Sinn dahintersteckte. Der Sinn ist, daß Private, auch Bergbauberechtigte solche öffentlichen Anlagen nicht sollen verhindern können. Wie dann die Eigentümer gestellt werden sollen, das zu regeln scheint mir die bei richtiger Auslegung gar nicht so unvernünftige Regelung der §§ 153 ff. Allgem. Berggesetz vom 24. Juni 1865.

Professor Dr. jur. Harry Westermann

Darf ich hierauf sofort antworten, sonst kehrt das immer wieder. Herr Professor Peters, ich kann Ihnen in keiner Weise folgen. § 26 GewO läßt sich schon deshalb nicht mit § 153 I ABG vergleichen, weil sich bereits auf Grund der allgemeinen Regelung des Verhältnisses von Grundeigentum und Bergwerkseigentum ergibt, daß der Bergwerkseigentümer nicht verlangen kann, daß der Grundeigentümer sein Eigentum in bestimmter Weise nutzt oder bestimmte Nutzungen unterläßt. Tatsache ist weiterhin, daß das Widerspruchsrecht im Planfeststellungsverfahren trotz § 153 erhalten geblieben ist. Der Bergbautreibende wird gehört. Er kann Einwendungen gegen den Plan erheben. Wenn Sie recht hätten, würde man gesagt haben, mein Freund, das gibt es nicht! Also, das normale Einspruchsverfahren ist erhalten geblieben.

Zunächst sagen Sie – um in der Reihenfolge zu bleiben –, das Gerechte ist das Planfeststellungsverfahren. Ich habe es bewußt an den Anfang gestellt, und ich bin weitgehend mit Ihnen einverstanden, wenn im Planfeststellungsverfahren so verfahren wird, wie Sie es geschildert haben. Im Planfeststellungsverfahren wird aber heute in der Praxis anders verfahren. Lassen Sie mich einen Fall schildern, den ich aus eigener Anschauung kenne:

Die Autobahn überkreuzt einen Kanal. Damit hier weiter abgebaut werden kann, muß die Autobahn 6 m höher gelegt werden, und zwar in einer Länge von 2 km. Das ist eine vernünftige Regelung des Planfeststellungsverfahrens. Aber – so sagt die Behörde – §§ 153/154 (vergleiche Reichsgericht) ordnet an, die Kosten zahlt der Bergbau. Dann sind Sie mit Ihrem Planfeststellungsverfahren am Ende. Die Behörde sagt: 6 m höher, aber nur, wenn der Bergbau die Kosten trägt. Die Entscheidung fällt also doch bei §§ 153/154. Oder Sie müssen Ihr Herz in beide Hände nehmen und sagen: Die Planfeststellungsbehörde mag so vernünftig sein und sagen: 6 m höher plus Kosten.

(Professor Dr. Peters: Es wird dabei in der Regel nach der Priorität entschieden!)

Die Priorität ist selbstverständlich! Also, Herr Professor Peters, das Planfeststellungsverfahren mag entscheiden wie es will. Wenn das Planfeststellungsverfahren nicht gleichzeitig über die Kosten eine Entscheidung trifft, sondern die Behörde sagt, für die Kostenentscheidung beziehe ich mich auf §§ 153/154 plus Reichsgerichtsrechtsprechung – so geschieht es bei uns im Augenblick –, dann fällt die Entscheidung nicht im Planfeststellungsverfahren, sondern die Entscheidung fällt nach §§ 153/154.

Im übrigen muß hier erwähnt werden, daß, soweit ich im Bilde bin und soweit ich das feststellen konnte, ursprünglich die Behörden so vorgegangen sind, wie Sie es gesagt haben. Herr Oberbergamtsdirektor Bernhardt, der auch hier ist, ist einmal der Frage nachgegangen, wie beim Bau der Kanäle verfahren wurde. Die Kanäle hat man alle mit einer bestimmten Höhe vorgehalten. Das hat der preußische Staat bezahlt. Da war also alles in Ordnung in dem Sinne, wie Sie es geschildert haben. Mein Widerspruch richtet sich nur dagegen, daß man heute in der Praxis zum Planfeststellungsverfahren ja sagt, aber die Kosten trägt der andere.

Herr Professor Peters, ich bin in keiner Weise überzeugt, daß das Streichen des Widerspruchs im § 153 irgendeine Bedeutung haben kann, wenn es verfahrensrechtlich beschränkt bleibt. Es gibt außer Behörden keinen Privaten, der irgendwie in der Lage ist, den Bau einer öffentlichen Verkehrseinrichtung zu verhindern. Nach unserem Recht gibt es das überhaupt nicht. Selbst wenn Sie massiv mit § 1004 BGB vorgehen, wird man Ihnen neben Ihr Schlafzimmer eine D-Zug-Strecke legen. Sie müssen das ertragen. Sie können Ansprüche nach dem jetzt neugefaßten § 906 BGB geltend machen, aber Ihr Widerspruch gegen den Bau der D-Zug-Strecke ist form-, frist- und fruchtlos. Es wird also in § 153 ein Widerspruchsrecht abgeschnitten, das es materiell-rechtlich nicht gibt. Es gibt nur ein Anhörungsverfahren im Planfeststellungsverfahren. Es ist ja überraschend, daß das Widerspruchsrecht in § 153 Abs. 1 ausgeschlossen und in § 153 Abs. 2 das gerade von Ihnen so sehr betonte Anhörungsverfahren angeordnet wird. Das widerspricht sich doch, wenn ich das Widerspruchsrecht versage und das Anhörungsverfahren lasse. Wenn der Bergbautreibende angehört wird, dann kann er auch gegen die Entscheidung Einspruch einlegen.

Ich komme jetzt gleich zum nächsten Schritt. Sie sagen, ich kann in einem Paragraphen Verfahrensrechtliches und Materiellrechtliches haben. Absolut einverstanden, ich habe auch nie behauptet, daß es das nicht gibt. Ich habe nur gesagt, es ist unzulässig, in einem Paragraphen so zu unterscheiden, wie es das Reichsgericht tut: § 153 Abs. 1 ist verfahrensrechtlich und wird vom Reichsgericht materiell-rechtlich umgedeutet! § 153 Abs. 2 ist verfahrensrechtlich und bleibt auch nach Ansicht des Reichsgerichts verfahrensrechtlich. Das ist unmöglich, wenn in der Entstehungsgeschichte steht, daß Abs. 1 und Abs. 2 im Ausgleichsverhältnis stehen. Dann muß ich entweder beiden Vorschriften einen ausschließlich verfahrensrechtlichen Inhalt belassen, damit bin ich einverstanden, oder ich muß beide mit materiellem Inhalt ausgestalten. Aber das Reichsgericht, dem Sie offensichtlich beipflichten wollen, wenigstens in einigen Punkten, läßt es ja nicht bei verfahrensrechtlichen Vorschriften, sondern das Reichsgericht leitet aus § 153 das massivste an materiellen Rechtsfolgen ab, was denkbar ist, nämlich die Rechtswidrigkeit des Bergbaus im Ruhrgebiet. Das ergibt sich aus den Worten: Er kann nicht widersprechen. Wir kommen also mit der verfahrensrechtlichen Regelung nicht aus.

Nun zu Ihrer Spezialisierung! Ich bin mit Ihnen der Meinung, daß die Spezialisierung in § 153 und § 154 aus dem öffentlichen Interesse an der Verkehrsanlage erwächst. Das habe ich deutlich herausgestellt. Ich bin auch der Ansicht, daß das der tragende Grund der Spezialisierung ist, verbunden mit der verstärkten Ortsgebundenheit der Verkehrsanlagen.

Diese Spezialisierung erlaubt durchaus, das Sachinteresse der Verkehrsanlage absolut vor das Sachinteresse des Bergbaus zu stellen. Wogegen ich mich wehre – das darf ich noch einmal sagen – ist nur, daß neben der Bevorzugung der Sachinteressen der Verkehrsanlage auch finanzielle Interessen der Verkehrsanstalten betont werden. Ich sehe die Konkretisierung der Sozialpflichtigkeit eines subjektiven Rechts und seines Trägers immer so, daß er sich mit seinem Recht so einordnen muß, daß die Sachinteressen der Allgemeinheit gewahrt werden. Die Sachinteressen der Allgemeinheit bezüglich der Ausnutzung des Eigentums, der Einordnung des Eigentums und so weiter gehen im Sinne der Verkehrsanstalten den privaten Interessen vor. Es gibt nach meiner Meinung in unserer Verfassung aber keine Möglichkeit, die Sozialpflichtigkeit dahin zu konkretisieren, daß die notwendigerweise entstehenden Kosten der Private tragen muß. So sehe ich die Verfassung. Ich wäre aber dankbar, wenn man mich bezüglich des letzten Punktes belehren oder widerlegen würde. Das sind aber Dinge, die die Herren des öffentlichen Rechts besser zu beurteilen vermögen als ich.

Professor Dr. jur. Gerhard Reinicke

Nun, Herr Professor Westermann, Sie haben weitgehend das vorweggenommen, was ich zum Planfeststellungsverfahren sagen wollte. In diesem Verfahren wird das öffentliche Interesse geprüft, und die im öffentlichen Interesse liegenden Sicherungen werden getroffen. Es wird daher auch so gebaut, wie es mit Rücksicht auf den umgehenden oder zu erwartenden Bergbau vernünftig ist. Dann beginnt jedoch erst die Problematik, nämlich die Frage nach dem finanziellen Ausgleich. Darüber finden sich im Planfeststellungsverfahren keine Bestimmungen. Die Behörden lehnen es durchweg ab, zu diesen privatrechtlichen Fragen Stellung zu nehmen. Entscheidend ist also die Auslegung der Bestimmungen der §§ 153, 154 ABG. Man kann es auch so ausdrücken, daß das Problem, das Herr Prof. Westermann behandelt hat, ausschließlich ein privatrechtliches Problem, nämlich der Auslegung der genannten Bestimmungen des ABG ist. Das Planfeststellungsverfahren ermöglicht eine befriedigende Regelung der öffentlichen Belange, gibt aber keinen Weg für den Ausgleich der finanziellen Interessen. Im Planfeststellungsverfahren wird nicht angeordnet, wer die Kosten für die zu treffenden Maßnahmen zu tragen hat.

Nun zur Auslegung des § 153: Ich würde es in der Tat für denkbar halten, daß diese Bestimmung lediglich klarstellen soll, daß auch der Bergwerkseigentümer den Bau einer öffentlichen Verkehrsanlage nicht solle verhindern können. Das enthielte allerdings dann nur eine Selbstverständlichkeit. Als Äquivalent dafür hat man dem Bergwerkseigentümer ein Anhörungsrecht zugebilligt. Diese Auslegung würde ich als die formale bezeichnen, die Herr Prof. Westermann als zweite mögliche Auslegung genannt hat. Dann ist aber völlig offen, wer nun die notwendigen Sicherungskosten zu tragen hat. § 154 regelt ja nur die umgekehrte Frage, nämlich die, in welchen Fällen der Bergwerkseigentümer Ersatz dafür verlangen kann, daß er unter Tage gewisse Anlagen schafft. Dieses Problem hat Herr Prof. Westermann ausgeklammert. Ich glaube, man kann es auch jetzt unberücksichtigt lassen. Was zur Debatte steht, ist ja im wesentlichen die Frage: Wer zahlt die hohen Beträge für die Sicherungskosten? Darüber sagt § 154 nichts aus. Wenn man die formale Auslegung des § 153 für richtig hält, so regelt auch diese Bestimmung die Frage nicht. Dann würden die allgemeinen Bestimmungen gelten, also auch § 150 ABG. Die Bestimmung wird fast immer anwendbar sein, da der Träger der öffentlichen Verkehrsanstalten weiß, daß Bergschäden an der Anlage drohen und der Bergwerkseigentümer die zu erwartenden Schäden auch konkret bezeichnen kann.

Das Reichsgericht hat nach Ihrer Auffassung, Magnifizenz, gesagt, daß jeder Bergbau als rechtswidrig anzusehen ist, der eine öffentliche Verkehrsanlage schädigt, und daraus gefolgert, daß alle Sicherungskosten vom Bergbau getragen werden müssen. Nun hat Herr Prof. Westermann überzeugend dargelegt, daß man das in § 153 nicht hineinlesen kann. Ob in ihm das enthalten ist, was Herr Prof. Westermann herausgelesen hat, ist eine andere Frage. Man kann auch auf dem Standpunkt stehen, daß diese Bestimmung eben über die Frage nichts enthält, d. h. also auf dem Boden der formalen Auslegung stehen. Die Entstehungsgeschichte gibt für unser Problem so wenig her, weil man immer nur die Frage gesehen hat, ob der Bergbau entschädigt werden muß für die Schäden, die er durch den Bau der öffentlichen

Verkehrsanlage erleidet. Die Wissenschaft von den Bergschädensicherungen war damals erst im Entstehen. Heute kann man technisch die komplizierteste Verkehrsanlage so bauen, daß die Gefahr der Bergschäden zumindest sehr gering ist. Es ist nur die Frage, wer diese Kosten tragen muß. Dieses Problem ist damals nicht erörtert worden, man hat es vermutlich gar nicht gesehen; man hat immer nur auf die Entscheidungen geblickt, in denen gesagt wird, der Bergbau, der einen Kohlenvorrat sitzenlassen muß, könne hierfür keine Entschädigung verlangen.

Nimmt man an, § 153 enthalte keine materielle Regelung, so läge eine Lücke vor, die nach den Wertungen des Gesetzes ausgefüllt werden muß. Ob man die Anwendung des § 150 ABG dann ausschließen kann, halte ich für sehr zweifelhaft. Es handelt sich hierbei um eine ebenso grundlegende Bestimmung, wie die des § 254 BGB.

Ich möchte dieses Problem hier nicht vertiefen. Wenn der Gesetzgeber die Frage heute ausdrücklich neu regeln würde, wäre es sicherlich eine interessengerechte Wertung, wenn die Lösung gewählt würde, die Herr Prof. Westermann bereits als geltendes Recht durch Auslegung des § 153 gewinnt, nämlich, daß die Sicherungskosten von dem Träger der öffentlichen Verkehrsanlage übernommen werden müssen.

Staatssekretär i. e. R. Professor Dr. h. c., Dr.-Ing. E. h. Leo Brandt

Sie sagten, daß der Sicherheitspfeiler stehenbleiben muß. Meine Frage: Man hat sich mit diesen Problemen an das Reichsgericht gewandt. Ist wirklich entschieden worden, daß Kosten für die vorweg gegen Bergschäden gesicherten Anlagen, also Verschiebebahnhöfe usw., vom Bergbau zu zahlen sind, und sind sie auch gezahlt worden?

Professor Dr. jur. Harry Westermann

Nein, Herr Staatssekretär! Über den Sicherheitspfeiler ist nach 1865 nur noch einmal entschieden worden, und man hat abgelehnt, daß dafür Entschädigung gezahlt wird. Die übrigen Entscheidungen sind unter Ausschluß des § 154 gefällt worden. Es waren Schäden an den Anlagen entstanden. Die mußten ausgebessert werden. Dann berief sich der Bergbautreibende darauf: Du hast ja gewußt – § 150 –, daß es Bergschäden geben kann.

Dann sagte das Reichsgericht: § 150 gilt nicht, denn dein Abbau ist rechtswidrig. Einmal hat das Reichsgericht in einer Entscheidung gesagt – ich habe sie vorgetragen –, die Verkehrsanstalt brauche gar keine Rücksicht zu nehmen, denn der Bergbau müsse ja einstellen, sobald der Plan offengelegt sei. Es bestand also von daher kein Anlaß für das Reichsgericht zu sagen, du mußt irgendwelche Kosten tragen.

Professor Dr. jur. Ulrich Scheuner

Ich möchte mich nicht so sehr zu den Einzelheiten äußern als zu einigen methodischen Fragen. Die Abgrenzung, die der Gesetzgeber im Jahre 1865 vorgenommen hat, beruhte auf einer ganz anderen sozialen Situation als wir sie heute vorfinden. Daher liegt hier vor uns ein echtes gesetzgeberisches Problem. Der Versuch, eine Aufgabe der Gesetzgebung durch eine andere Auslegung eines lange in anderem Sinn interpretierten Gesetzes zu lösen, führt schon an die Grenze erlaubter richterlicher Rechtskorrektur.

Auch der Versuch, dem Privatrecht hier gegenüber dem öffentlichen Recht eine Vorhand zu verleihen, führt nicht weiter, da die Wurzeln des Bergrechts im öffentlichen Recht liegen.

Am Anfang der Entwicklung steht das Interesse des Staates am Bergbau. Unter dem Einfluß der liberalen Strömungen hat der Staat dann freilich sein Bergregal aus der Hand gegeben und privates Bergwerkseigentum, begründet allerdings durch Verleihung des Staates, geschaffen. Mit diesem kreuzte sich in der Mitte des 19. Jahrhunderts ein neues Interesse, die Eisenbahn.

Ich versuche damit, die historischen Interessenlagen zu deuten und die Lage, vor der sich der Gesetzgeber 1865 sah. Die Auffassung, der Gesetzgeber habe damals das Problem nicht erkannt, dürfte nicht zutreffen. Der Landtag war sich der Tragweite des Konfliktes, soweit er ihn übersehen konnte, durchaus bewußt. Er hat ihn in einem bestimmten Sinne gelöst und zwar offensichtlich mit einem gewissen Vorrang für die Eisenbahn. Angesichts der Stärke der Eisenbahninteressen in damaliger Zeit spricht vieles dafür, daß dies Kapitel des preußischen Berggesetzes auch deutlich die Verkehrsanstalten bevorzugt. Daher vermag ich nicht die Richtigkeit einer rein verfahrensrechtlichen Deutung der §§ 153 und 154 anzuerkennen. Der Gesetzgeber hat, das ergibt sich aus Äußerungen der Kommissionsmitglieder, hier materielle Fragen entschieden. Die Rechtsprechung des Reichsgerichts ist also nicht so falsch, sondern hat nur eine bestimmte Tendenz des

Gesetzes weiter entwickelt. Ob diese Tendenz heute noch richtig ist, ist eine ganz andere Frage. Aber man wird nicht sagen können, das Reichsgericht sei jahrzehntelang einem Irrtum unterlegen. Die von ihm verdeutlichte Tendenz lag im Sinne der Belastung des Finanzkräftigeren. In der Gegenwart ist die Lage anders geworden, weil der eine Hauptbeteiligte, der Bergbau, nicht mehr die gleiche Finanzkraft hat und auf der anderen Seite die Inanspruchnahme durch öffentliche Verkehrsanstalten sehr gestiegen ist. Auch ist heute der Vorrang der Verkehrsanstalten nicht mehr einzusehen. Es ist eine Lage entstanden, die nach einer neuen gesetzlichen Lösung verlangt. Aus mancherlei Gründen hat der Gesetzgeber seit langem gezögert. Aber er wird seiner Verantwortung nicht dauernd ausweichen können.

Nur einen weiteren Punkt möchte ich hervorheben. Die Lösung, die der Redner ins Auge gefaßt hat, bringt keinen billigen Ausgleich. Im Grunde bürdet er dem Verkehr die ganze Last auf. Hier würde wohl eine gerechtere Lösung gefunden werden müssen.

Nicht überzeugend erscheint mir die Ableitung der Sozialpflichtigkeit vor 1918. Bis dahin war der Gesetzgeber allmächtig und konnte ohne Entschädigung in private Rechte eingreifen. Er konnte dem Eigentum eine Sozialpflicht auferlegen, und der Gedanke an eine Enteignung war gegenüber einem gesetzgeberischen Akt fernliegend. Vor 1918 hatten diese Fragen mit dem Eigentums- und Enteignungsrecht nichts zu tun.

Was die Entschädigungsfrage anlangt, so hat Prof. Peters darauf hingewiesen, daß man § 154 AGB im Zusammenhang mit §§ 16, 26 GewO sehen muß. § 154 ist deutlich eine Regelung der Entschädigungsfrage. Dafür, daß der Bergbautreibende die Verkehrsanlagen nicht verhindern kann, ist ihm Entschädigung in einem ganz begrenzten Umfang zu gewähren. Das ist offenbar die Grundlösung des Gesetzes, die uns heute freilich unbillig erscheinen mag.

Zusammenfassend darf ich dem ausgezeichneten Vortrag meine Anerkennung aussprechen, zweifele aber daran, daß es sich hier um ein Problem handelt, das man durch Neuauslegung von Bestimmungen nach vielen Jahrzehnten der Rechtsprechung lösen kann. Hier wird man eine gesetzgeberische Lösung finden müssen.

Oberbergamtsdirektor Dr. jur. Herbert Weller

Ich glaube, die Problematik ist aus der bisherigen Diskussion schon sehr deutlich geworden. Die Auslegungsschwierigkeiten sind dadurch entstanden, daß zur Zeit des Erlasses des Allgemeinen Berggesetzes noch nicht ein so klarer Unterschied zwischen öffentlichem und privatem Recht gemacht wurde, wie das heute der Fall ist.

Herr Professor Westermann hat zutreffend betont, daß die §§ 153 und 154 im fünften Titel des ABG stehen, der die privatrechtlichen Vorschriften über das Verhältnis zwischen Bergbautreibenden und Grundbesitzern enthält. Es erscheint mir jedoch zweifelhaft, ob man deshalb zu dem Ergebnis kommen muß, daß dem § 153 auch eine gewisse materiell-rechtliche Bedeutung beizumessen ist. Ich teile die Auffassung von Herrn Professor Westermann, daß das Reichsgericht doch wohl mehr materielles Recht in den § 153 hineinlegt, als vertretbar ist. Deshalb bin ich persönlich der Meinung, daß der formellen Auslegung des § 153 der Vorzug gegeben werden sollte.

Wenn man § 153 materiell-rechtliche Bedeutung beimißt, fragt es sich, ob diese sich auf dem Gebiete des öffentlichen Rechtes oder in privatrechtlicher Hinsicht auswirkt. Wenn Sie der Meinung sein sollten, Herr Professor Westermann, daß eine materielle privatrechtliche Bedeutung im § 153 liegt – Sie haben gesagt, eine Pflicht zur gegenseitigen Rücksichtnahme –, dann ergibt sich die Frage, wie sich diese Verpflichtung im Einzelfall konkretisiert. Würde das bedeuten, daß der Unternehmer der öffentlichen Verkehrsanstalt einen Unterlassungsanspruch gegen den Bergbautreibenden im Einzelfall haben kann mit der Begründung, der Bergbautreibende sei seiner Verpflichtung zur Rücksichtnahme auf den Träger der öffentlichen Verkehrsanstalt nicht nachgekommen? Wenn Sie diese Ansicht vertreten wollten, entspricht das im Ergebnis der Theorie des Reichsgerichts. Ich sehe deshalb eine Gefahr darin, dem § 153 überhaupt eine privatrechtliche Bedeutung beizumessen.

Sie haben vorhin betont, unser heutiges Planfeststellungsverfahren habe keine privatrechtlich präjudizierende Wirkung. Die Entscheidung über die Ausführung öffentlicher Verkehrsanstalten liegt also auf öffentlich-rechtlichem Gebiet. Dasselbe gilt für die bergrechtliche Betriebsplanzulassung. Wenn der § 153 ABG über seinen formellen Inhalt hinaus materielle Rechtswirkungen haben sollte, können diese mithin ebenfalls nur öffentlichrechtlicher Art sein. § 153 würde dann etwa den Behörden als Richtschnur dienen, wie die Entscheidung über die Zulassung des Bergwerksbetriebes auf der einen Seite und die Genehmigung der Trassenführung des öffentlichen Verkehrsmittels auf der anderen Seite zu erfolgen hat.

Landtagsabgeordneter Dr. jur. Fritz Kassmann

Ich will es nicht wagen, in dieses Gespräch zwischen Zivilrecht und öffentlichem Recht einzugreifen. Ich möchte nur einen mehr allgemeinen Gesichtspunkt erörtern, der mir sehr wesentlich zu sein scheint. Sosehr die Unterhaltung zwischen Herr Professor Westermann und Magnifizenz Peters bzw. Herrn Professor Scheuner kontrovers sein mag, so war man sich doch stillschweigend darüber einig, daß sich vieles der Problematik durch das Planfeststellungsverfahren regeln lasse, gerade unter dem Gesichtspunkt, daß da auch die materiellen Folgen in den Griff gebracht werden könnten. Ich habe das Gefühl, daß man keinem der am Planfeststellungsverfahren Beteiligten das zumuten kann. Jedenfalls, wenn ich die staatliche Seite zu vertreten hätte, würde ich jedes Planfeststellungsverfahren – welches Ressort es auch immer sei, das sich damit befaßt – genau darauf ansehen, wie bei den großen Beträgen, um die es ja dabei immer geht, die Teilnehmer am Planfeststellungsverfahren über Ansprüche verfügen. Die Repräsentanten jedweden Ressorts müßten sich aus Entscheidungen über materielle Ansprüche heraushalten. Sie können nicht solche Entscheidungen fällen, wenn sie ihre Beamtenpflicht wahrnehmen. Sie müssen sich vor Entscheidungen hüten, die gegen das geltende Zivilrecht – sagen wir – hohe Ansprüche dem einen oder anderen zuerkennen. Mit anderen Worten, wir sind wieder bei dem Ausgangspunkt, der auch aus Ihren Ausführungen als Fazit zu entnehmen war. Man kann sich einigen, so lange nicht viel Kosten entstehen. Wenn viel Kosten entstehen, dann ist auch die Vollmacht des einzelnen Beamten schnell am Ende. Dann läuft es nämlich praktisch auf eine hohe Subvention des einen oder des anderen Gewerbezweiges hinaus. Das kann sich aber kein Repräsentant der Verwaltung leisten, solange das von einem Gesetz nicht gedeckt wird. So hoch ist das Gehalt eines Beamten einschließlich Pension nicht, um eine solche Entscheidung riskieren zu können. Infolgedessen hilft dieses Verfahren hier nicht. Deshalb bin ich der Meinung, wir stehen im Grunde vor dem, was Herr Professor Scheuner hervorgehoben hat, daß das Ganze ein gesetzgeberisches Problem ist. Der Gesetzgeber aber steht wie häufig vor einer unangenehmen Aufgabe und entwickelt auch keinen übertriebenen Fleiß bei der Lösung dieser Aufgabe. Auch er kann nur verteilen, was sich im Etat niederschlägt. Bevor der Etat überhaupt aufgebaut ist, ist ja das Geld trotz der Milliardenzahlen verteilt. Wenn man sich die Größe dieser Aufgabe ansieht, die hier zur Debatte steht, dann möchte ich von mir aus sagen, daß es zu dieser Konfliktsituation überhaupt erst gekommen ist, weil im Grunde längst alles auf den Kopf gestellt ist, wenn man die derzeitige Situation mit etwa 1860 vergleicht, als das Berggesetz geschaffen wurde. Damals war das Ruhrgebiet menschenleer. Damals führten wenige Straßen durch das Gebiet, es gab wenige Eisenbahnen. Vielleicht könnte man sagen, das sei unter patriotischen Gesichtspunkten – „Verteidigung" würde man heute sagen – erfolgt. Heute aber haben wir das dichtbesiedeltste Industriegebiet, ich glaube der Welt überhaupt, mit all den Folgen, die daraus resultieren, mit den Straßen, den Eisenbahnen, demnächst mit Flugplätzen, mit öffentlichen Gebäuden jeder Art, die in bergbaugefährdeten Gebieten riskant sind, mit „Schwimmopern", Sportplätzen und allen möglichen Einrichtungen. Wenn man das Problem in den Griff bekommen will, muß man in erster Linie auch wirtschaftliche Überlegungen anstellen. Das geht dann an Milliarden. Ich schätze nur ganz grob. Infolgedessen wird man auch den Gesetzgeber verstehen müssen, wenn er da den Cunctator spielt. Trotzdem wird man um eine gesetzgeberische Lösung nach meiner Auffassung nicht herumkommen, wenn überhaupt etwas geschehen soll. Ich darf eine Parallele ziehen, wenn es mir gestattet ist, zu der in diesem Zusammenhang verwandten Frage der Bergschädenverzichte. Die öffentliche Entwicklung leidet ja darunter, daß wir in unserem Lande manche Grundstücke, die längst bebaut werden müßten, nicht in Anspruch nehmen können, weil der Bergbau in seiner wirtschaftlichen Situation nicht den Bergschädenverzicht aussprechen kann. Die öffentliche Hand hat wiederum nicht so viel Geld, um das von sich aus leicht zu übernehmen. Im Grunde fragt man sich, wie man das Problem in der Vergangenheit hätte lösen können, etwa durch die Ansparung bestimmter Mittel. Aber das ist eine wehmütige Betrachtung eines Nachgeborenen. Es hat keinen Sinn, früheren Generationen darüber Vorwürfe machen zu wollen, was sie nicht voraussehen konnten und wir nun jetzt finanziell mit öffentlichen Mitteln zu bewältigen haben. Wir landen, so sagte Professor Scheuner vorhin, vielleicht wieder beim Staat, und es spitzt sich vielleicht zu in Richtung auf eine besondere Art „Sozialisierung". Wie das geschehen kann, mag dahingestellt sein. Aber wenn wir nicht beim öffentlichen Recht landen sollten, so bin ich doch sicher, daß wir bei der öffentlichen Kasse landen, denn ohne die öffentliche Kasse wird nichts geschehen. Das möchte ich als meine persönliche Meinung hierzu sagen. Ich meine, das sollte man vielleicht bei weiteren Überlegungen zu all den Gesichtspunkten, die hier vorgetragen sind, in Rechnung stellen.

Professor Dr. rer. pol. Fritz Wilhelm Hardach

Hier ist wiederholt die Frage aufgeworfen worden, um welche Kosten es sich handelt und ob es sich überhaupt lohnt, dieses Problem vom finanziellen Standpunkt zu behandeln. Deshalb scheint es nützlich zu sein, zu überlegen, in welchen Größenordnungen sich die Aufwendungen bewegen. Herrr Professor Westermann hatte gesagt, die Bergschäden betrügen 1 DM je Tonne. Das wären bei 140 Millionen Tonnen Kohleförderung 140 Millionen DM im Jahre. Davon entfällt auf die öffentlichen Verkehrsmittel nur ein Teil. Nach einer Schätzung, die für zwei mir nahestehenden Bergwerksgesellschaften gilt, werden das 20–40 % im Jahr sein, also 40–50 Millionen DM für Bergschäden allein in einem Jahr. Zu diesen Kosten durch verursachte Schäden kommen noch die Kosten zur Vermeidung künftiger Bergschäden. Sie werden nach meiner Schätzung mindestens dieselbe Größenordnung haben.

Nun kommen drittens noch die Verluste aus den stehenbleibenden Sicherheitspfeilern hinzu, die Sie auch erwähnt haben, nämlich der Verzicht auf den Abbau von Kohlevorräten unter öffentlichen Verkehrsanlagen. Wenn wir 140 Millionen Tonnen im Jahr fördern, werden schätzungsweise mindestens 2 % nicht gefördert, weil sie unter Verkehrsanlagen liegen. Wir verzichten also auf die Förderung von mindestens 2,8 Millionen Tonnen im Jahr. Das bedeutet (nach Abzug der Personalkosten) einen Einnahmeverzicht von ungefähr 100 Millionen DM jährlich. Die Größenordnung beträgt also zusammen ein paar Hundert Millionen DM im Jahr. Es ergibt sich daraus, wie wichtig diese Frage ist und wie wichtig auch der finanzielle Ausgleich zwischen den Interessenpartnern ist.

Wir müssen aber auch berücksichtigen, daß sich bei beiden Interessenpartnern Schrumpfungserscheinungen zeigen. Im Essener Stadtgebiet sind in den letzten Jahren allein drei Eisenbahnstrecken stillgelegt worden. Wir wissen aus der Presse, daß die Bundesbahn zahlreiche Strecken und Bahnhöfe stillegen will. Wir wissen, daß uns auch im Bergbau Schrumpfungserscheinungen durch Stillegungen bevorstehen. Bei der Stillegung werden Bergschädenkosten wegfallen. Durch die Stillegung von Bahnstrecken und Bahnhöfen werden auch Kosten wegfallen. Man muß also auch die künftige Struktur des Ruhrgebietes betrachten und die sich daraus ergebenden Wirkungen für Bergbau und Verkehr.

Nun möchte ich noch fragen, Herr Kollege Westermann, ist es nicht einfacher, diese Dinge durch Gesetz zu regeln als durch Auslegung und Rechtsprechung? Wir müssen das Preußische Berggesetz von 1865 sowieso ändern. Es ist überholt. Aber darf man in einem Hause der Landesregierung von einem neuen Bundesberggesetz sprechen, darf man sagen, daß das besser wäre als ein veraltetes Landesgesetz?

Professor Dr. jur. Harry Westermann

Ich bin sehr dankbar für die hier geführte Diskussion. Sie werden Verständnis haben, wenn es mir nicht gelingt, die ganze Diskussion methodisch zusammenzufassen. Ich will es aber versuchen. Zum Schluß will ich überprüfen, ob ich auf alles genügend eingegangen bin.

Zunächst noch einmal zu der Frage Planfeststellungsverfahren oder nicht! Herr Kassmann, Sie haben richtig darauf hingewiesen, daß ein Planfeststellungsverfahren schwierig ist. Wenn ich eine praktische Bemerkung machen darf, dann ist die Schwierigkeit, diese Dinge finanziell im Planfeststellungsverfahren zu regeln, mit einem Wort anzudeuten: Der Rechnungshof. Die Behörde, die im Planfeststellungsverfahren 15 Millionen DM übernimmt, muß ja damit rechnen, daß der Rechnungshof hinterher sagt, hier liegt eine 70 Jahre alte Rechtsprechung des Reichsgerichts zugrunde, wie konntest du dagegen verstoßen. In der Tat liegt also die finanzielle Seite bei § 153 und § 154.

Das nächste Problem – ich weiß nicht, ob ich immer ganz richtig verstanden worden bin – ist, daß ich das Gesetz mit § 153 und § 154 richtig auslegen will. Ich darf nochmals sagen, ich wäre mit einer rein formellen Auslegung einverstanden, die Herr Professor Reinicke nochmals stark in den Vordergrund gestellt hat. Ich meine nur, daß dann dem Willen des Gesetzgebers, die Verkehrsanstalten besser zu stellen als andere Grundeigentümer, nicht Rechnung getragen würde. Es würde dann doch mehr oder weniger die ganze Last auf seiten der Verkehrsanstalten liegen.

Nun zu Ihnen, Herr Professor Scheuner! Sie sagten, ich hätte etwas einseitig die Lasten auf die Verkehrsanstalten verteilt. Ich glaube, daß das nicht der Fall ist. Ich habe meine Theorie bewußt als „Ausgleichstheorie" bezeichnet. Ich möchte noch einmal sagen, wie ich die Lasten am liebsten verteilt sähe. Nennen wir das Wort Erstausstattung. Die ersten Maßnahmen zur Geringhaltung von Bergschäden, zur Aufrechterhaltung des Bergbaubetriebes und zur Sicherheit und Schnelligkeit des Verkehrs würde ich im Rahmen des Zumutbaren den Verkehrsanstalten allein auflasten. Sagen Sie nicht, das sei eine Kautschukbestimmung. Wir arbeiten im Raumrecht weitgehend mit dem Begriff der Zumutbarkeit. Ich darf darauf verweisen, daß der Bundesgesetzgeber im Jahre 1959 im § 906 Abs. 2 BGB den Begriff der Zumutbarkeit wiederaufgenommen hat. Im übrigen ist das nicht so schlimm, denn es werden ja nicht jeden Tag Verkehrsanlagen gebaut. Man kann mit dem Begriff der Zumutbarkeit durchaus in Einzelfällen arbeiten. Also, die Last der Erstausstattung würde ich den Verkehrsanstalten auferlegen. Die gesamten dann noch verbleibenden Schäden sind nicht gering. Sie können sich ja nie so von vornherein sichern, daß nicht doch noch Schäden eintreten. Sie bleiben nach meiner Theorie, da ich § 150 ausschalte, beim Bergbau. Ich bleibe dabei, daß ich den eingeschränkten Ersatzanspruch des § 154 als Rechtens ansehe, wenn ich auch nicht der Auslegung durch das Reichsgericht folge. Dabei belaste ich den Bergbau wieder mit nicht unbeträchtlichen Lasten.

Es bleibt auch dabei, daß die übrigen Untertagemaßnahmen, die nicht unter § 154 zu bringen sind, dem Bergbau aufgelastet werden. Ich bin also etwas enttäuscht, wenn man in dem von mir nach bestem Wissen und Gewissen ausgeglichenen Verhältnis eine Einseitigkeit sieht. Wenn Sie mich fragen, wie wirkt sich das zahlenmäßig aus, so bin ich überfragt. Ob das bei 50 : 50 liegt, weiß ich nicht. Ich meine aber, daß hier eine generelle Linie liegt, die wirklich einen Ausgleich schafft.

Nun zur Auslegung! Es dreht sich darum, daß der Wortlaut von § 153 und § 154 auch bei Heranziehung der Entstehungsgeschichte die Unterordnungstheorie des Reichsgerichts nicht deckt. Es ist also eine Auslegung erforderlich. Auslegung ist ja ein sehr schwieriges Problem. Herr Professor Scheuner, Sie haben mit Recht noch einmal auf die wirtschafts- und rechtspolitische Situation im Jahre 1865 hingewiesen. Ich glaube aber, aus der Entstehungsgeschichte – ich habe ja die eine Stelle vorgelesen – ist die Doppelgleisigkeit der damaligen Interessenwahrung sehr deutlich ersichtlich. Man wollte den Bergbau *und* die Verkehrsanstalten fördern und war wahrscheinlich in der damaligen Situation geneigt, das Schwergewicht etwas mehr auf die Verkehrsanstalten zu legen. Das war das neu aufkommende Interesse, dessen Berücksichtigung auch für den Bergbau notwendig war.

Mit Recht ist darauf hingewiesen worden, daß es wahrscheinlich auch ein Politikum war, daß man die Verkehrsanstalten herausgehoben, beileibe aber nicht einseitig betont hat. In dem Kommissionsbericht steht ja, daß sie zumindest das gleiche Interesse bedeuteten. Es heißt in dem Beschluß, der den

Erörterungen folgte, „daß de lege ferenda ein solcher unbeschränkter Entschädigungsanspruch auch nicht anzuerkennen sei, weil das öffentliche Interesse mindestens die gleich starke Berechtigung des Bergbaues und des öffentlichen Verkehrs fordere". Man hat alle Interessen berücksichtigen wollen. Dann ergibt sich eigentlich die Ausgleichstheorie von selber. Wenn man beide Interessen fördern will, kann man nicht die ganze Last einem aufbürden, dann muß man eben versuchen, einen Mittelweg zu gehen, wobei sich sicher die Gesetzesverfasser damals nicht über alle Einzelheiten, die uns heute bekannt sind, Gedanken gemacht haben. Darauf hat ja Herr Professor Reinicke hingewiesen. Das ganze Verfahren der Sicherung usw. gab es damals noch nicht. Man kannte weder die technische Problematik, noch hat man sie in das Rechtliche hineingehoben.

Zur methodischen Frage der Auslegung möchte ich noch einmal sagen: Auslegung ist Auslegung hic et hoc. Der auslegende Richter entscheidet so wie er heute auslegt. Er benutzt als Auslegungshilfe die heutige tatsächliche Situation, und er benutzt als Auslegungshilfe die geistigen Grundhaltungen von heute. Da scheint mir doch das Verhältnis zwischen Verkehrsanstalten und Bergbau sich etwas verschoben zu haben. Einer der Herren hat mit Recht darauf hingewiesen – das habe ich auch selber gesagt –, daß die privatwirtschaftliche Betonung bei den Verkehrsanstalten nicht mehr so stark ist wie damals. Die Situation des Bergbaus hat sich verändert, allerdings auch die der Bundesbahn, so daß sich die Gewichte bei Bundesbahn und Bergbau wohl aufheben. Bei Straßen und Wasserstraßen scheint mir das anders zu sein. Bei der Auslegung muß man nach meiner Meinung diese Gesichtspunkte berücksichtigen. Ob meine Ausgleichstheorie noch Auslegung oder Lückenfüllung ist, will ich offenlassen. Die Grenze zwischen Auslegung und Lückenfüllung ist außerordentlich schwierig zu bestimmen. Im ursprünglichen Konzept hatte ich noch Abgrenzungsversuche zur Lückenausfüllung und Gesetzeskorrektur. Wenn ich darüber gesprochen hätte, hätte das zuviel Zeit beansprucht. Die Frage konnte offenbleiben, weil diese Abgrenzung mehr oder weniger gleichgültig ist.

Eine Auslegung können wir jederzeit nachvollziehen. Die Auslegung des Reichsgerichts von 1891, die mehrmals bestätigt ist, muß jederzeit neu vollzogen werden. Wir haben ja kein Präjudizienrecht. Der Richter, der die §§ 153 und 154 anwendet, muß neu auslegen. Er kann sich sagen, das hat das Reichsgericht oftmals bestätigt, das ist für mich sehr wesentlich; aber seine richterliche Überzeugung muß er sich selber bilden.

Nun noch ein Wort zur Kontinuität. Der Gesichtspunkt der Kontinuität klang in der Diskussion an. Es ist sicher so, daß man sich scheuen soll, eine herkömmliche Rechtssituation mit Auslegung zu durchbrechen. Ich selber bin sehr vorsichtig mit Neuerungen. Ich unterscheide allerdings in diesem Zusammenhang Normen, auf die sich ein lang andauernder und viele Rechtsgenossen treffender Vertrauenstatbestand gegründet hat, und exzeptionelle Ausnahmenormen. Auf die Auslegung der §§ 153 und 154 hat nicht jedermann eine Eisenbahn gebaut in dem Vertrauen, daß die reichsgerichtliche Rechtsprechung so bleibt. Das sind vielmehr exzeptionelle Ausnahmetatbestände, die heute jeweils ausschließlich die öffentliche Hand betreffen. Von der Anerkennung eines Vertrauenstatbestandes kann dabei nicht die Rede sein. Ich meine also, daß die Änderung der Auslegung hier gerechtfertigt wäre. Richterrecht ist nicht entstanden, Gewohnheitsrecht auch nicht. Wenn eine Rechtsprechung 1891 entsteht und um 1900 herum, also gut 10 Jahre später, der erste wissenschaftliche Widerspruch kommt und sich dieser Widerspruch mit gewissen Schwankungen bis heute durch die Literatur hindurchzieht, dann kann ich darin kein Richterrecht und kein Gewohnheitsrecht sehen. Wenn es Richterrecht ist à la bonheur, dann wird das Richterrecht, das durch Richterspruch entstanden ist, durch Richterspruch geändert. Das ist ja die Schwäche des Richterrechts; wobei ich immer die Konzession mache, daß ich dort, wo ein schwer zu beseitigender Vertrauenstatbestand beim Bürger entstanden ist, als Richter sehr vorsichtig sein würde, auch mit der Änderung des Richterrechts. Das ist aber hier nicht der Fall.

Nun zu den Anmerkungen von Herrn Direktor Weller! Ich würde in der Tat den Schluß ziehen, daß der Bergbautreibende, da er ja weiß, daß über Tage Verkehrsanlagen betrieben werden, sich überlegen muß, wie er seinen Abbau einrichtet. Wenn er darauflosbaut, zu Bruch baut, würde ich das als rechtswidrig ansehen. Ich würde auch einen Unterlassungsanspruch geben. Der ist aber ganz anders begründet als der des Reichsgerichtes. Ich komme damit nicht in die theoretische Nähe des Reichsgerichtes, wohl aber in die Nähe des Standpunktes des Reichsgerichtes in krassen Extremfällen. Die andere Meinung, die verfahrensrechtliche, muß ja immer zur Bergbehörde rufen, während das meiner Meinung nach schon in der Natur der Dinge angelegt ist. Ich neige nun einmal dazu, die Rechtsnormen so auszugestalten, daß die Pflichtigkeit nach Möglichkeit schon in der Rechtsnorm und in der Rechtsbeziehung verankert ist, so daß nicht erst nach der Obrigkeit gerufen werden muß, um öffentliche Interessen zu wahren. Das ist ein methodischer Ansatz.

Ich glaube, damit habe ich wohl die wesentlichsten Fragen beantwortet.

Ich bitte um Entschuldigung, daß ich manchen Gedanken nur thesenförmig andeuten konnte. Ich verspreche, daß ich mir Mühe geben werde, in der demnächst vorzulegenden Monographie diese Dinge in voller Breite darzustellen. Sie wird, wie Sie sich vorstellen können, nicht ganz kurz werden. Ich möchte da der Entstehungsgeschichte und den wirtschaftspolitischen Zusammenhängen, soweit ich das als Zivilrechtler kann, in allen Einzelheiten nachgehen.

VERÖFFENTLICHUNGEN DER ARBEITSGEMEINSCHAFT FÜR FORSCHUNG DES LANDES NORDRHEIN-WESTFALEN

AGF-N Heft Nr.		NATUR-, INGENIEUR- UND GESELLSCHAFTSWISSENSCHAFTEN
1	*Friedrich Seewald, Aachen*	Neue Entwicklungen auf dem Gebiete der Antriebsmaschinen
	Fritz A. F. Schmidt, Aachen	Technischer Stand und Zukunftsaussichten der Verbrennungsmaschinen, insbesondere der Gasturbinen
	Rudolf Friedrich, Mülheim (Ruhr)	Möglichkeiten und Voraussetzungen der industriellen Verwertung der Gasturbine
2	*Wolfgang Riezler †, Bonn*	Probleme der Kernphysik
	Fritz Micheel, Münster	Isotope als Forschungsmittel in der Chemie und Biochemie
3	*Emil Lehnartz, Münster*	Der Chemismus der Muskelmaschine
	Gunther Lehmann, Dortmund	Physiologische Forschung als Voraussetzung der Bestgestaltung der menschlichen Arbeit
	Heinrich Kraut, Dortmund	Ernährung und Leistungsfähigkeit
4	*Franz Wever, Düsseldorf*	Aufgaben der Eisenforschung
	Hermann Schenck, Aachen	Entwicklungslinien des deutschen Eisenhüttenwesens
	Max Haas, Aachen	Die wirtschaftliche und technische Bedeutung der Leichtmetalle und ihre Entwicklungsmöglichkeiten
5	*Walter Kikuth, Düsseldorf*	Virusforschung
	Rolf Danneel, Bonn	Fortschritte der Krebsforschung
	Werner Schulemann, Bonn	Wirtschaftliche und organisatorische Gesichtspunkte für die Verbesserung unserer Hochschulforschung
6	*Walter Weizel, Bonn*	Die gegenwärtige Situation der Grundlagenforschung in der Physik
	Siegfried Strugger †, Münster	Das Duplikantenproblem in der Biologie
	Fritz Gummert †, Essen	Überlegungen zu den Faktoren Raum und Zeit im biologischen Geschehen und Möglichkeiten einer Nutzanwendung
7	*August Götte, Aachen*	Steinkohle als Rohstoff und Energiequelle
	Karl Ziegler, Mülheim (Ruhr)	Über Arbeiten des Max-Planck-Instituts für Kohlenforschung
	Wilhelm Fucks, Aachen	Die Naturwissenschaft, die Technik und der Mensch
	Walther Hoffmann, Münster	Wirtschaftliche und soziologische Probleme des technischen Fortschritts
9	*Franz Bollenrath, Aachen*	Zur Entwicklung warmfester Werkstoffe
	Heinrich Kaiser, Dortmund	Stand spektralanalytischer Prüfverfahren und Folgerung für deutsche Verhältnisse
10	*Hans Braun, Bonn*	Möglichkeiten und Grenzen der Resistenzzüchtung
	Carl Heinrich Dencker, Bonn	Der Weg der Landwirtschaft von der Energieautarkie zur Fremdenergie
11	*Herwart Opitz, Aachen*	Entwicklungslinien der Fertigungstechnik in der Metallbearbeitung
	Karl Krekeler, Aachen	Stand und Aussichten der schweißtechnischen Fertigungsverfahren
12	*Hermann Rathert, W'tal-Elberfeld*	Entwicklung auf dem Gebiet der Chemiefaser-Herstellung
	Wilhelm Weltzien †, Krefeld	Rohstoff und Veredlung in der Textilwirtschaft
13	*Karl Herz, Frankfurt a. M.*	Die technischen Entwicklungstendenzen im elektrischen Nachrichtenwesen
	Leo Brandt, Düsseldorf	Navigation und Luftsicherung
14	*Burckhardt Helferich, Bonn*	Stand der Enzymchemie und ihre Bedeutung
	Hugo Wilhelm Knipping, Köln	Ausschnitt aus der klinischen Carcinomforschung am Beispiel des Lungenkrebses

15	*Abraham Esau †, Aachen*	Ortung mit elektrischen u. Ultraschallwellen in Technik u. Natur
	Eugen Flegler, Aachen	Die ferromagnetischen Werkstoffe der Elektrotechnik und ihre neueste Entwicklung
16	*Rudolf Seyffert, Köln*	Die Problematik der Distribution
	Theodor Beste, Köln	Der Leistungslohn
17	*Friedrich Seewald, Aachen*	Die Flugtechnik und ihre Bedeutung für den allgemeinen technischen Fortschritt
	Edouard Houdremont †, Essen	Art und Organisation der Forschung in einem Industriekonzern
18	*Werner Schulemann, Bonn*	Theorie und Praxis pharmakologischer Forschung
	Wilhelm Groth, Bonn	Technische Verfahren zur Isotopentrennung
19	*Kurt Traenckner †, Essen*	Entwicklungstendenzen der Gaserzeugung
20	*M. Zvegintzov, London*	Wissenschaftliche Forschung und die Auswertung ihrer Ergebnisse
		Ziel und Tätigkeit der National Research Development Corporation
	Alexander King, London	Wissenschaft und internationale Beziehungen
21	*Robert Schwarz †, Aachen*	Wesen und Bedeutung der Siliciumchemie
	Kurt Alder †, Köln	Fortschritte in der Synthese der Kohlenstoffverbindungen
21 a	*Karl Arnold †*	Forschung an Rhein und Ruhr
	Otto Hahn, Göttingen	Die Bedeutung der Grundlagenforschung für die Wirtschaft
	Siegfried Strugger †, Münster	Die Erforschung des Wasser- und Nährsalztransportes im Pflanzenkörper mit Hilfe der fluoreszenzmikroskopischen Kinematographie
22	*Johannes von Allesch, Göttingen*	Die Bedeutung der Psychologie im öffentlichen Leben
	Otto Graf, Dortmund	Triebfedern menschlicher Leistung
23	*Bruno Kuske, Köln*	Zur Problematik der wirtschaftswissenschaftlichen Raumforschung
	Stephan Prager, Düsseldorf	Städtebau und Landesplanung
24	*Rolf Danneel, Bonn*	Über die Wirkungsweise der Erbfaktoren
	Kurt Herzog, Krefeld	Der Bewegungsbedarf der menschlichen Gliedmaßengelenke bei der Arbeit
25	*Otto Haxel, Heidelberg*	Energiegewinnung aus Kernprozessen
	Max Wolf, Düsseldorf	Gegenwartsprobleme der energiewirtschaftlichen Forschung
26	*Friedrich Becker, Bonn*	Ultrakurzwellenstrahlung aus dem Weltraum
	Hans Straßl, Münster	Bemerkenswerte Doppelsterne und das Problem der Sternentwicklung
27	*Heinrich Behnke, Münster*	Der Strukturwandel der Mathematik in der ersten Hälfte des 20. Jahrhunderts
	Emanuel Sperner, Hamburg	Eine mathematische Analyse der Luftdruckverteilungen in großen Gebieten
28	*Oskar Niemczyk †, Berlin*	Die Problematik gebirgsmechanischer Vorgänge im Steinkohlenbergbau
	Wilhelm Ahrens, Krefeld	Die Bedeutung geologischer Forschung für die Wirtschaft, besonders in Nordrhein-Westfalen
29	*Bernhard Rensch, Münster*	Das Problem der Residuen bei Lernvorgängen
	Hermann Fink, Köln	Über Leberschäden bei der Bestimmung des biologischen Wertes verschiedener Eiweiße von Mikroorganismen
30	*Friedrich Seewald, Aachen*	Forschungen auf dem Gebiet der Aerodynamik
	Karl Leist †, Aachen	Einige Forschungsarbeiten aus der Gasturbinentechnik
31	*Fritz Mietzsch †, Wuppertal*	Chemie und wirtschaftliche Bedeutung der Sulfonamide
	Gerhard Domagk †, Wuppertal	Die experimentellen Grundlagen der bakteriellen Infektionen
32	*Hans Braun, Bonn*	Die Verschleppung von Pflanzenkrankheiten und Schädlingen über die Welt
	Wilhelm Rudorf, Köln	Der Beitrag von Genetik und Züchtung zur Bekämpfung von Viruskrankheiten der Nutzpflanzen

33	*Volker Aschoff, Aachen*	Probleme der elektroakustischen Einkanalübertragung
	Herbert Döring, Aachen	Die Erzeugung und Verstärkung von Mikrowellen
34	*Rudolf Schenck, Aachen*	Bedingungen und Gang der Kohlenhydratsynthese im Licht
	Emil Lehnartz, Münster	Die Endstufen des Stoffabbaues im Organismus
34a	*Wilhelm Fucks, Aachen*	Mathematische Analyse von Sprachelementen, Sprachstil und Sprachen
35	*Hermann Schenck, Aachen*	Gegenwartsprobleme der Eisenindustrie in Deutschland
	Eugen Piwowarsky †, Aachen	Gelöste und ungelöste Probleme im Gießereiwesen
36	*Wolfgang Riezler †, Bonn*	Teilchenbeschleuniger
	Gerhard Schubert, Hamburg	Anwendungen neuer Strahlenquellen in der Krebstherapie
37	*Franz Lotze, Münster*	Probleme der Gebirgsbildung
38	*E. Colin Cherry, London*	Kybernetik. Die Beziehung zwischen Mensch und Maschine
	Erich Pietsch, Frankfurt	Dokumentation und mechanisches Gedächtnis – zur Frage der Ökonomie der geistigen Arbeit
39	*Abraham Esau †, Aachen*	Der Ultraschall und seine technischen Anwendungen
	Heinz Haase, Hamburg	Infrarot und seine technischen Anwendungen
40	*Fritz Lange, Bochum-Hordel*	Die wirtschaftliche und soziale Bedeutung der Silikose im Bergbau
	Walter Kikuth und Werner Schlipköter, Düsseldorf	Die Entstehung der Silikose und ihre Verhütungsmaßnahmen
40a	*Eberhard Gross, Bonn*	Berufskrebs und Krebsforschung
	Hugo Wilhelm Knipping, Köln	Die Situation der Krebsforschung vom Standpunkt der Klinik
41	*Gustav Victor Lachmann, London*	An einer neuen Entwicklungsschwelle im Flugzeugbau
	A. Gerber, Zürich-Oerlikon	Stand der Entwicklung der Raketen- und Lenktechnik
42	*Theodor Kraus, Köln*	Über Lokalisationsphänomene und Ordnungen im Raume
	Fritz Gummert †, Essen	Vom Ernährungsversuchsfeld der Kohlenstoffbiologischen Forschungsstation Essen
42a	*Gerhard Domagk †, Wuppertal*	Fortschritte auf dem Gebiet der experimentellen Krebsforschung
43	*Giovanni Lampariello, Rom*	Das Leben und das Werk von Heinrich Hertz
	Walter Weizel, Bonn	Das Problem der Kausalität in der Physik
43a	*Jose Ma Albareda, Madrid*	Die Entwicklung der Forschung in Spanien
44	*Burckhardt Helferich, Bonn*	Über Glykoside
	Fritz Micheel, Münster	Kohlenhydrat-Eiweißverbindungen und ihre biochemische Bedeutung
45	*John von Neumann †, Princeton*	Entwicklung und Ausnutzung neuerer mathematischer Maschinen
	Eduard Stiefel, Zürich	Rechenautomaten im Dienste der Technik
46	*Wilhelm Weltzien †, Krefeld*	Ausblick auf die Entwicklung synthetischer Fasern
	Walther G. Hoffmann, Münster	Wachstumsprobleme der Wirtschaft
47	*Leo Brandt, Düsseldorf*	Die praktische Förderung der Forschung in Nordrhein-Westfalen
	Ludwig Raiser, Tübingen	Die Förderung der angewandten Forschung durch die Deutsche Forschungsgemeinschaft
48	*Hermann Tromp, Rom*	Die Bestandsaufnahme der Wälder der Welt als internationale und wissenschaftliche Aufgabe
	Franz Heske, Hamburg	Die Wohlfahrtswirkungen des Waldes als internationales Problem
49	*Günther Böhnecke, Hamburg*	Zeitfragen der Ozeanographie
	Heinz Gabler, Hamburg	Nautische Technik und Schiffssicherheit
50	*Fritz A. F. Schmidt, Aachen*	Probleme der Selbstzündung und Verbrennung bei der Entwicklung der Hochleistungskraftmaschinen
	August Wilhelm Quick, Aachen	Ein Verfahren zur Untersuchung des Austauschvorganges in verwirbelten Strömungen hinter Körpern mit abgelöster Strömung
51	*Johannes Pätzold, Erlangen*	Therapeutische Anwendung mechanischer und elektrischer Energie

52	*F. W. A. Patmore, London*	Der Air Registration Board und seine Aufgaben im Dienste der britischen Flugzeugindustrie
	A. D. Young, London	Gestaltung der Lehrtätigkeit in der Luftfahrttechnik in Großbritannien
52a	*C. Martin, London*	Die Royal Society
	A. J. A. Roux, Südafrikanische Union	Probleme der wissenschaftlichen Forschung in der Südafrikanischen Union
53	*Georg Schnadel, Hamburg*	Forschungsaufgaben zur Untersuchung der Festigkeitsprobleme im Schiffbau
	Wilhelm Sturtzel, Duisburg	Forschungsaufgaben zur Untersuchung der Widerstandsprobleme im See- und Binnenschiffbau
53a	*Giovanni Lampariello, Rom*	Von Galilei zu Einstein
54	*Walter Dieminger, Lindau/Harz*	Ionosphäre und drahtloser Weitverkehr
54a	*John Cockcroft, Cambridge*	Die friedliche Anwendung der Atomenergie
55	*Fritz Schultz-Grunow, Aachen*	Kriechen und Fließen hochzäher und plastischer Stoffe
	Hans Ebner, Aachen	Wege und Ziele der Festigkeitsforschung, insbesondere im Hinblick auf den Leichtbau
56	*Ernst Derra, Düsseldorf*	Der Entwicklungsstand der Herzchirurgie
	Gunther Lehmann, Dortmund	Muskelarbeit und Muskelermüdung in Theorie und Praxis
57	*Theodor von Kármán †, Pasadena*	Freiheit und Organisation in der Luftfahrtforschung
	Leo Brandt, Düsseldorf	Bericht über den Wiederbeginn deutscher Luftfahrtforschung
58	*Fritz Schröter, Ulm*	Neue Forschungs- und Entwicklungsrichtungen im Fernsehen
	Albert Narath, Berlin	Der gegenwärtige Stand der Filmtechnik
59	*Richard Courant, New York*	Die Bedeutung der modernen mathematischen Rechenmaschinen für mathematische Probleme der Hydrodynamik und Reaktortechnik
	Ernst Peschl, Bonn	Die Rolle der komplexen Zahlen in der Mathematik und die Bedeutung der komplexen Analysis
60	*Wolfgang Flaig, Braunschweig*	Zur Grundlagenforschung auf dem Gebiet des Humus und der Bodenfruchtbarkeit
	Eduard Mückenhausen, Bonn	Typologische Bodenentwicklung und Bodenfruchtbarkeit
61	*Walter Georgii, München*	Aerophysikalische Flugforschung
	Klaus Oswatitsch, Aachen	Gelöste und ungelöste Probleme der Gasdynamik
62	*Adolf Butenandt, München*	Über die Analyse der Erbfaktorenwirkung und ihre Bedeutung für biochemische Fragestellungen
63	*Oskar Morgenstern, Princeton*	Der theoretische Unterbau der Wirtschaftspolitik
64	*Bernhard Rensch, Münster*	Die stammesgeschichtliche Sonderstellung des Menschen
65	*Wilhelm Tönnis, Köln*	Die neuzeitliche Behandlung frischer Schädelhirnverletzungen
65a	*Siegfried Strugger †, Münster*	Die elektronenmikroskopische Darstellung der Feinstruktur des Protoplasmas mit Hilfe der Uranylmethode und die zukünftige Bedeutung dieser Methode für die Erforschung der Strahlenwirkung
66	*Wilhelm Fucks, Gerd Schumacher und Andreas Scheidweiler, Aachen*	Bildliche Darstellung der Verteilung und der Bewegung von radioaktiven Substanzen im Raum, insbesondere von biologischen Objekten (Physikalischer Teil)
	Hugo Wilhelm Knipping und Erich Liese, Köln	Bildgebung von Radioisotopenelementen im Raum bei bewegten Objekten (Herz, Lungen etc.) (Medizinischer Teil)
67	*Friedrich Paneth †, Mainz*	Die Bedeutung der Isotopenforschung für geochemische und kosmochemische Probleme
	J. Hans D. Jensen und H. A. Weidenmüller, Heidelberg	Die Nichterhaltung der Parität
67a	*Francis Perrin, Paris*	Die Verwendung der Atomenergie für industrielle Zwecke
68	*Hans Lorenz, Berlin*	Forschungsergebnisse auf dem Gebiete der Bodenmechanik als Wegbereiter für neue Gründungsverfahren
	Georg Garbotz, Aachen	Die Bedeutung der Baumaschinen- und Baubetriebsforschung für die Praxis

69	*Maurice Roy, Chatillon*	Luftfahrtforschung in Frankreich und ihre Perspektiven im Rahmen Europas
	Alexander Naumann, Aachen	Methoden und Ergebnisse der Windkanalforschung
69a	*Harry W. Melville, London*	Die Anwendung von radioaktiven Isotopen und hoher Energiestrahlung in der polymeren Chemie
70	*Eduard Justi, Braunschweig*	Elektrothermische Kühlung und Heizung. Grundlagen und Möglichkeiten
	Richard Vieweg, Braunschweig	Maß und Messen in Geschichte und Gegenwart
71	*Fritz Baade, Kiel*	Gesamtdeutschland und die Integration Europas
	Günther Schmölders, Köln	Ökonomische Verhaltensforschung
72	*Rudolf Wille, Berlin*	Modellvorstellungen zum Übergang Laminar-Turbulent
	Josef Meixner, Aachen	Neuere Entwicklung der Thermodynamik
73	*Ake Gustafsson, Diter v. Wettstein und Lars Ehrenberg, Stockholm*	Mutationsforschung und Züchtung
	Joseph Straub, Köln	Mutationsauslösung durch ionisierende Strahlung
74	*Martin Kersten, Aachen*	Neuere Versuche zur physikalischen Deutung technischer Magnetisierungsvorgänge
	Günther Leibfried, Aachen	Zur Theorie idealer Kristalle
75	*Wilhelm Klemm, Münster*	Neue Wertigkeitsstufen bei den Übergangselementen
	Helmut Zahn, Aachen	Die Wollforschung in Chemie und Physik von heute
76	*Henri Cartan, Paris*	Nicolas Bourbaki und die heutige Mathematik
76a	*Harald Cramér, Stockholm*	Aus der neueren mathematischen Wahrscheinlichkeitslehre
77	*Georg Melchers, Tübingen*	Die Bedeutung der Virusforschung für die moderne Genetik
	Alfred Kühn, Tübingen	Über die Wirkungsweise von Erbfaktoren
78	*Fréderic Ludwig, Paris*	Experimentelle Studien über die Distanzeffekte in bestrahlten vielzelligen Organismen
	A. H. W. Aten jr., Amsterdam	Die Anwendung radioaktiver Isotope in der chemischen Forschung
79	*Hans Herloff Inhoffen und Wilhelm Bartmann, Braunschweig*	Chemische Übergänge von Gallensäuren in cancerogene Stoffe und ihre möglichen Beziehungen zum Krebsproblem
	Rolf Danneel, Bonn	Entstehung, Funktion und Feinbau der Mitochondrien
80	*Max Born, Bad Pyrmont*	Der Realitätsbegriff in der Physik
81	*Joachim Wüstenberg, Gelsenkrichen*	Der gegenwärtige ärztliche Standpunkt zum Problem der Beeinflussung der Gesundheit durch Luftverunreinigungen
82	*Paul Schmidt, München*	Periodisch wiederholte Zündungen durch Stoßwellen
83	*Walter Kikuth, Düsseldorf*	Die Infektionskrankheiten im Spiegel historischer und neuzeitlicher Betrachtungen
84	*F. Rudolf Jung †, Aachen*	Die geodätische Erschließung Kanadas durch elektronische Entfernungsmessung
84a	*Hans-Ernst Schwiete, Aachen*	Ein zweites Steinzeitalter? – Gesteinshüttenkunde früher und heute
85	*Horst Rothe, Karlsruhe*	Der Molekularverstärker und seine Anwendung
	Roland Lindner, Göteborg	Atomkernforschung und Chemie, aktuelle Probleme
86	*Paul Denzel, Aachen*	Technische und wirtschaftliche Probleme der Energieumwandlung und -fortleitung
87	*Jean Capelle, Lyon*	Der Stand der Ingenieurausbildung in Frankreich
88	*Friedrich Panse, Düsseldorf*	Klinische Psychologie, ein psychiatrisches Bedürfnis
	Heinrich Kraut, Dortmund	Über die Deckung des Nährstoffbedarfs in Westdeutschland
89	*Wilhelm Bischof, Dortmund*	Materialprüfung – Praxis und Wissenschaft
90	*Edgar Rößger, Berlin*	Zur Analyse der auf angebotene tkm umgerechneten Verkehrsaufwendungen und Verkehrserträge im Luftverkehr
	Günther Ulbricht, Oberpfaffenhofen (Obb.)	Die Funknavigationsverfahren und ihre physikalischen Grenzen
91	*Franz Wever, Düsseldorf*	Das Schwert in Mythos und Handwerk
	Ernst Hermann Schulz, Dortmund	Über die Ergebnisse neuerer metallkundlicher Untersuchungen alter Eisenfunde und ihre Bedeutung für die Technik und die Archäologie

92	*Hermann Schenck, Aachen*	Wertung und Nutzung der wissenschaftlichen Arbeit am Beispiel des Eisenhüttenwesens
93	*Oskar Löbl, Essen*	Streitfragen bei der Kostenberechnung des Atomstroms
	Frederic de Hoffmann, San Diego (USA)	Ein neuer Weg zur Kostensenkung des Atomstroms. Das amerikanische Hochtemperaturprojekt (NTGR)
	Rudolf Schulten, Mannheim	Die Entwicklung des Hochtemperaturreaktors
94	*Gunther Lehmann, Dortmund*	Die Einwirkung des Lärms auf den Menschen
	Franz Josef Meister, Düsseldorf	Geräuschmessungen an Verkehrsflugzeugen und ihre hörpsychologische Bewertung
95	*Pierre Piganiol, Paris*	Probleme der Organisation der wissenschaftlichen Forschung
	Gaston Berger †, Paris	Die Akzeleration der Geschichte und ihre Folgen für die Erziehung
96	*Herwart Opitz, Aachen*	Technische und wirtschaftliche Aspekte der Automatisierung
	Joseph Mathieu, Aachen	Arbeitswissenschaftliche Aspekte der Automatisierung
97	*Stephan Prager, Düsseldorf*	Das deutsche Luftbildwesen
	Hugo Kasper, Heerbrugg (Schweiz)	Die Technik des Luftbildwesens
98	*Karl Oberdisse, Düsseldorf*	Aktuelle Probleme der Diabetesforschung
	H. D. Cremer, Gießen	Neue Gesichtspunkte zur Vitaminversorgung
99	*Hans Schwippert, Düsseldorf*	Über das Haus der Wissenschaften und die Arbeit des Architekten von heute
	Volker Aschoff, Aachen	Über die Planung großer Hörsäle
100	*Raymond Cheradame, Paris*	Aufgaben und Probleme des Instituts für Kohleforschung in Frankreich – Anforderungen an den wissenschaftlichen Nachwuchs in der Forschung und seine Ausbildung
	Marc Allard, † St. Germain-en-Laye	Das Institut für Eisenforschung in Frankreich und seine Probleme in der Eisenforschung
101	*Reimar Pohlman, Aachen*	Die neuesten Ergebnisse der Ultraschallforschung in Anwendung und Ausblick auf die moderne Technik
	E. Ahrens, Kiel	Schall und Ultraschall in der Unterwassernachrichtentechnik
102	*Heinrich Hertel, Berlin*	Grundlagenforschung für Entwurf und Konstruktion von Flugzeugen
103	*Franz Ollendorff, Haifa*	Technische Erziehung in Israel
104	*Hans Ferdinand Mayer, München*	Interkontinentale Nachrichtenübertragung mittels moderner Tiefseekabel und Satellitenverbindungen
105	*Wilhelm Krelle, Bonn*	Gelöste und ungelöste Probleme der Unternehmensforschung
	Horst Albach, Bonn	Produktionsplanung auf der Grundlage technischer Verbrauchsfunktionen
106	*Lord Hailsham, London*	Staat und Wissenschaft in einer freien Gesellschaft
107	*Richard Courant, New York; Frederic de Hoffmann, San Diego; Charles King Campbell, New York; John W. Tuthill, Paris*	Forschung und Industrie in den USA – ihre internationale Verflechtung
108	*André Voisin, Frankreich*	Über die Verbindung der Gesundheit des modernen Menschen mit der Gesundheit des Bodens
	Hans Braun, Bonn	Standort und Pflanzengesundheit
109	*Alfred Neuhaus, Bonn*	Höchstdruck-Hochtemperatur-Synthesen, ihre Methoden und Ergebnisse
	Rudolf Tschesche, Bonn	Chemie und Genetik
110	*Uichi Hashimoto, Tokyo*	Ein geschichtlicher Rückblick auf die Erziehung und die wissenschaftstechnische Forschung in Japan von der Meiji-Restauration bis zur Gegenwart
111	*Basil Schonland, Harwell*	Einige Gesichtspunkte über die friedlichen Verwendungsmöglichkeiten der Atomenergie

112	*Wilhelm Fucks, Aachen*	Über Arbeiten zur Hydromagnetik elektrisch leitender Flüssigkeiten, über Verdichtungsstöße und aus der Hochtemperaturplasmaphysik
	Hermann L. Jordan, Jülich	Erzeugung von Plasma hoher Temperatur durch magnetische Kompression
113	*Friedrich Becker, Bonn*	Vier Jahre Radioastronomie an der Universität Bonn
	Werner Ruppel, Rolandseck	Große Richtantennen
114	*Bernhard Rensch, Münster*	Gedächtnis, Abstraktion und Generalisation bei Tieren
115	*Hermann Flohn, Bonn*	Klimaschwankungen und großräumige Klimabeeinflussung
116	*Georg Hugel, Ville-D'Array*	Über Petrolchemie
117	*August Wilhelm Quick, Aachen*	Komponenten der Raumfahrt
	Georg Emil Knausenberger, Oberpfaffenhofen	Steuerung und Regelung in der Raumfahrttechnik
118	*Karl Steinbuch, Karlsruhe*	Über Kybernetik
	Wolf-Dieter Keidel, Erlangen	Kybernetische Systeme des menschlichen Organismus
119	*Walter Kikuth, Düsseldorf*	Die biologische Wirkung von staub- und gasförmigen Immissionen
	Franz Grosse-Brockhoff, Düsseldorf	Die Technik im Dienste moderner kardiologischer Diagnostik
120	*Milton Burton, Notre Dame, Ind., USA*	Energie-„Dissipation" in der Strahlenchemie
	GüntherO.Schenck,Mülheim (Ruhr)	Mehrzentren-Termination
121	*Fritz Micheel, Münster*	Synthese von Polysacchariden
	Paul F. Pelshenke, Detmold	Neuere Ergebnisse der Getreide- und Brotforschung
122	*Karl Steimel, Frankfurt (Main)*	Der Standort der Industrieforschung in Forschung und Technik
	Fritz Machlup, Princeton (USA)	Die Produktivität der naturwissenschaftlichen und technischen Forschung und Entwicklung
123	*Wassily Leontief, Cambridge (USA)*	Die multiregionale Input-Output-Analyse
	Rolf Wagenführ, Brüssel	Die multiregionale Input-Output-Analyse im Rahmen der EWG: Statistisch-methodologische Probleme
124	*Otto Robert Frisch, Cambridge (England)*	Die Elementarteilchen der Physik
	Wilhelm Fucks, Aachen	Mathematische Analyse von Formalstrukturen von Werken der Musik
125	*Max Delbrück, Köln-Pasadena (USA)*	Über Vererbungschemie
126	*Helmut Winterhager, Aachen*	Vakuum-Metallurgie auf dem Gebiet der Nichteisen-Metalle
	Rudolf Spolders, Essen	Anwendung der Vakuumbehandlung bei der Stahlerzeugung
127	*Werner Nestel, Ulm (Donau)*	Grenzen und Aussichten des Nachrichtenverkehrs
	Wolfgang Haack, Berlin	Beobachtung des Luftraumes durch automatische Verarbeitung der Informationen von Rundsichtgeräten mittels digitaler Rechenautomaten
128	*Martin Schmeisser, Aachen*	Neue Ergebnisse der Halogen-Chemie
	Karl Ziegler, Mülheim-Ruhr	Aus den neueren Arbeiten des Max-Planck-Instituts für Kohlenforschung, Mülheim-Ruhr
129	*Roger Makins, London*	Die Atomenergie im Vereinigten Königreich
	John Cockcroft, London	Die wissenschaftlichen und technischen Leistungen von Hochfluß-Forschungsreaktoren
130	*Stefan Meiring Naudé, Pretoria (Südafrika)*	Der Südafrikanische Forschungsrat für Wissenschaft und Industrie
131	*William P. Allis, Paris*	Langfristige Planung und Aufgaben der Atlantischen Zusammenarbeit auf verschiedenen Gebieten in Naturwissenschaft und Technik

132	*August-Wilhelm Quick, Aachen*	Die Bedeutung eines deutschen Beitrages zur Weltraumfahrt
133	*Jean Dieudonné, Paris*	Die Lieschen Gruppen in der modernen Mathematik
	Claus Müller, Aachen	Mathematische Probleme der modernen Wellenoptik
134	*Louis Bugnard, Paris*	Aufbau und Aufgaben des Institut National d'Hygiène, Paris, im Dienst der medizinischen Forschung
135	*Fritz Burgbacher, Köln*	Die Energiesituation in der Bundesrepublik und die Zukunftsaussichten der Kohle
	Willy Ochel, Dortmund	Der Wandel in der Stahlerzeugung und die Auswirkungen auf die Wirtschaft unseres Landes
136	*George McGhee, Bad Godesberg*	Natürliche Hilfsquellen der Welt: Die Situation heute und in der Zukunft The World's Natural Resources Position: Present and Future
137	*Heinrich Mandel, Essen*	Die Entwicklung der Stromerzeugungsmöglichkeiten und das unternehmerische Wagnis der Elektrizitätswirtschaft
138	*Volker Aschoff, Aachen*	Über das räumliche Hören
	Jürgen Aschoff, Erling-Andechs	Biologische Periodik als selbsterregte Schwingung
139	*Pierre Auger, Paris*	Die wissenschaftliche Forschung als internationale Aufgabe
	Eugen M. Knoernschild, Porz-Wahn (Rhld.)	Die Bedeutung der Plasma-Antriebe in der Raumfahrt
140	*Heinrich Niehaus, Bonn*	Aktuelle Fragen der Agrarpolitik im Rahmen der europäischen Integration
	Joseph Straub, Köln-Vogelsang	Probleme der Pflanzenzüchtung im neuen Europa
141	*Pierre Jacquinot, Paris*	Das Centre National de la Recherche Scientifique
	André Maréchal, Paris	Organisation und Politik der wissenschaftlichen Forschung in Frankreich
142	*Rudolf Hillebrecht, Hannover*	Die Auswirkungen des wirtschaftlichen und sozialen Strukturwandels auf den Städtebau
	Friedrich Tamms, Düsseldorf	Städtebau und Verkehr
143	*Otto Bayer, Leverkusen*	Die Rolle des Zufalls in der organischen Chemie
144	*Gunther Lehmann, Dortmund*	Die Arbeitsfähigkeit des Menschen im tropischen Klima
	Helmut J. Jusatz, Heidelberg	Die Bedeutung der Seuchenlage für die Entwicklung der Tropenländer
145	*Robert Gardellini, Paris*	Produktivität und französische Wirtschaft
	Hans H. Moll, Essen	Unterschiede in der Produktivität der Industrie-Wirtschaften in den verschiedenen Ländern und ihre Auswirkungen in den Volkswirtschaften aus der Sicht des Ingenieurs
146	*Heinz Goeschel, Erlangen*	Neue Entwicklungslinien in der Starkstromtechnik
147	*Edward Teller, Livermore (Californien)*	Die Situation der modernen Physik
148	*Julien Warter, Straßburg*	Reanimation verschiedener Krankheiten des Nervensystems
	Wilhelm Künzer, Freiburg i. Br.	Zur Physiologie der Blutgerinnung bei Neugeborenen
149	*Herbert Döring, Aachen*	Theorie und Anwendung des Lasers
150	*Ewald Wicke, Münster*	Die Ursachen der vielfältigen Lösungseigenschaften des Wassers
	Wilhelm Klemm, Münster	Aus einer Forschungsstätte der Anorganischen Chemie — Ergebnisse aus dem Anorganisch-Chemischen Institut der Universität Münster
151	*Otto Lutz, Braunschweig*	Probleme der Luft- und Raumfahrtantriebe
	Fritz A. F. Schmidt, Aachen	Energieumwandlung im Hochtemperaturgebiet bei Hochleistungstriebwerken und Raketen
152	*Heinz Unger, Bonn*	Elektronische Datenverarbeitungsanlagen und Automatentheorie
153	*Victor F. Weisskopf, Genf*	Die Zukunft der Elementarteilchenforschung
	Willibald Jentschke, Hamburg	Das Deutsche Elektronen-Synchrotron (DESY). Eigenschaften und Forschungsmöglichkeiten

AGF-G *Heft Nr.*		GEISTESWISSENSCHAFTEN
1	*Werner Richter †, Bonn*	Von der Bedeutung der Geisteswissenschaften für die Bildung unserer Zeit
	Joachim Ritter, Münster	Die Lehre vom Ursprung und Sinn der Theorie bei Aristoteles
2	*Josef Kroll, Köln*	Elysium
	Günther Jachmann, Köln	Die vierte Ekloge Vergils
3	*Hans Erich Stier, Münster*	Die klassische Demokratie
4	*Werner Caskel, Köln*	Lihyan und Lihyanisch. Sprache und Kultur eines früharabischen Königreiches
5	*Thomas Ohm †, Münster*	Stammesreligionen im südlichen Tanganjika-Territorium
6	*Georg Schreiber †, Münster*	Deutsche Wissenschaftspolitik von Bismarck bis zum Atomwissenschaftler Otto Hahn
7	*Walter Holtzmann †, Bonn*	Das mittelalterliche Imperium und die werdenden Nationen
8	*Werner Caskel, Köln*	Die Bedeutung der Beduinen in der Geschichte der Araber
9	*Georg Schreiber †, Münster*	Irland im deutschen und abendländischen Sakralraum
10	*Peter Rassow †, Köln*	Forschungen zur Reichs-Idee im 16. und 17. Jahrhundert
11	*Hans Erich Stier, Münster*	Roms Aufstieg zur Weltmacht und die griechische Welt
12	*Karl Heinrich Rengstorf, Münster*	Mann und Frau im Urchristentum
	Hermann Conrad, Bonn	Grundprobleme einer Reform des Familienrechtes
13	*Max Braubach, Bonn*	Der Weg zum 20. Juli 1944. Ein Forschungsbericht
15	*Franz Steinbach †, Bonn*	Der geschichtliche Weg des wirtschaftenden Menschen in die soziale Freiheit und politische Verantwortung
16	*Josef Koch, Köln*	Die Ars coniecturalis des Nikolaus von Kues
17	*James B. Conant, USA*	Staatsbürger und Wissenschaftler
	Karl Heinrich Rengstorf, Münster	Antike und Christentum
19	*Fritz Schalk, Köln*	Das Lächerliche in der französischen Literatur des Ancien Régime
20	*Ludwig Raiser, Tübingen*	Rechtsfragen der Mitbestimmung
21	*Martin Noth, Bonn*	Das Geschichtsverständnis der alttestamentlichen Apokalyptik
22	*Walter F. Schirmer, Bonn*	Glück und Ende der Könige in Shakespeares Historien
23	*Günther Jachmann, Köln*	Der homerische Schiffskatalog und die Ilias (erschienen als wissenschaftliche Abhandlung)
24	*Theodor Klauser, Bonn*	Die römische Petrustradition im Lichte der neuen Ausgrabungen unter der Peterskirche
25	*Hans Peters, Köln*	Die Gewaltentrennung in moderner Sicht
28	*Thomas Ohm †, Münster*	Die Religionen in Asien
29	*Johann Leo Weisgerber, Bonn*	Die Ordnung der Sprache im persönlichen und öffentlichen Leben
30	*Werner Caskel, Köln*	Entdeckungen in Arabien
31	*Max Braubach, Bonn*	Landesgeschichtliche Bestrebungen und historische Vereine im Rheinland
32	*Fritz Schalk, Köln*	Somnium und verwandte Wörter in den romanischen Sprachen
33	*Friedrich Dessauer, Frankfurt*	Reflexionen über Erbe und Zukunft des Abendlandes
34	*Thomas Ohm †, Münster*	Ruhe und Frömmigkeit. Ein Beitrag zur Lehre von der Missionsmethode
35	*Hermann Conrad, Bonn*	Die mittelalterliche Besiedlung des deutschen Ostens und das Deutsche Recht
36	*Hans Sckommodau, Köln*	Die religiösen Dichtungen Margaretes von Navarra
37	*Herbert von Einem, Bonn*	Der Mainzer Kopf mit der Binde
38	*Joseph Höffner, Münster*	Statik und Dynamik in der scholastischen Wirtschaftsethik
39	*Fritz Schalk, Köln*	Diderots Essai über Claudius und Nero
40	*Gerhard Kegel, Köln*	Probleme des internationalen Enteignungs- und Währungsrechts
41	*Johann Leo Weisgerber, Bonn*	Die Grenzen der Schrift – Der Kern der Rechtschreibreform
43	*Theodor Schieder, Köln*	Die Probleme des Rapallo-Vertrags. Eine Studie über die deutsch-russischen Beziehungen 1922–1926
44	*Andreas Rumpf, Köln*	Stilphasen der spätantiken Kunst

45	*Ulrich Luck, Münster*	Kerygma und Tradition in der Hermeneutik Adolf Schlatters
46	*Walter Holtzmann †, Bonn*	Das deutsche historische Institut in Rom
	Graf Wolff Metternich, Rom	Die Bibliotheca Hertziana und der Palazzo Zuccari zu Rom
47	*Harry Westermann, Münster*	Person und Persönlichkeit als Wert im Zivilrecht
49	*Friedrich Karl Schumann †, Münster*	Mythos und Technik
52	*Hans J. Wolff, Münster*	Die Rechtsgestalt der Universität
53	*Josef Pieper, Münster*	Über den Philosophie-Begriff Platons
54	*Max Braubach, Bonn*	Der Einmarsch deutscher Truppen in die entmilitarisierte Zone am Rhein im März 1936. Ein Beitrag zur Vorgeschichte des zweiten Weltkrieges
55	*Herbert von Einem, Bonn*	Die „Menschwerdung Christi" des Isenheimer Altares
56	*Ernst Joseph Cohn, London*	Der englische Gerichtstag
57	*Albert Woopen, Aachen*	Die Zivilehe und der Grundsatz der Unauflöslichkeit der Ehe in der Entwicklung des italienischen Zivilrechts
58	*Parl Kerényi, Ascona*	Die Herkunft der Dionysosreligion nach dem heutigen Stand der Forschung
59	*Herbert Jankuhn, Göttingen*	Die Ausgrabungen in Haithabu und ihre Bedeutung für die Handelsgeschichte des frühen Mittelalters
60	*Stephan Skalweit, Bonn*	Edmund Burke und Frankreich
62	*Anton Moortgat, Berlin*	Archäologische Forschungen der Max-Freiherr-von-Oppenheim-Stiftung im nördlichen Mesopotamien 1955
63	*Joachim Ritter, Münster*	Hegel und die französische Revolution
66	*Werner Conze, Heidelberg*	Die Strukturgeschichte des technisch-industriellen Zeitalters als Aufgabe für Forschung und Unterricht
67	*Gerhard Hess, Bad Godesberg*	Zur Entstehung der „Maximen" La Rochefoucaulds
69	*Ernst Langlotz, Bonn*	Der triumphierende Perseus
70	*Geo Widengren, Uppsala*	Iranisch-semitische Kulturbegegnung in parthischer Zeit
71	*Josef M. Wintrich †, Karlsruhe*	Zur Problematik der Grundrechte
72	*Josef Pieper, Münster*	Über den Begriff der Tradition
73	*Walter F. Schirmer, Bonn*	Die frühen Darstellungen des Arthurstoffes
74	*William Lloyd Prosser, Berkeley*	Kausalzusammenhang und Fahrlässigkeit
75	*Johann Leo Weisgerber, Bonn*	Verschiebung in der sprachlichen Einschätzung von Menschen und Sachen (erschienen als wissenschaftliche Abhandlung)
76	*Walter H. Bruford, Cambridge*	Fürstin Gallitzin und Goethe. Das Selbstvervollkommnungsideal und seine Grenze
77	*Hermann Conrad, Bonn*	Die geistigen Grundlagen des Allgemeinen Landrechts für die preußischen Staaten von 1794
78	*Herbert von Einem, Bonn*	Asmus Jacob Carsten, Die Nacht mit ihren Kindern
79	*Paul Gieseke, Bad Godesberg*	Eigentum und Grundwasser
80	*Werner Richter †, Bonn*	Wissenschaft und Geist in der Weimarer Republik
81	*Joh. Leo Weisgerber, Bonn*	Sprachenrecht und europäische Einheit
82	*Otto Kirchheimer, New York*	Gegenwartsprobleme der Asylgewährung
83	*Alexander Knur, Bad Godesberg*	Probleme der Zugewinngemeinschaft
84	*Helmut Coing, Frankfurt*	Die juristischen Auslegungsmethoden und die Lehren der allgemeinen Hermeneutik
85	*André George, Paris*	Der Humanismus und die Krise der Welt von heute
86	*Harald von Petrikovits, Bonn*	Das römische Rheinland. Archäologische Forschungen seit 1945
87	*Franz Steinbach †, Bonn*	Ursprung und Wesen der Landgemeinde nach rheinischen Quellen
88	*Jost Trier, Münster*	Versuch über Flußnamen
89	*C. R. van Paassen, Amsterdam*	Platon in den Augen der Zeitgenossen
90	*Pietro Quaroni, Rom*	Die kulturelle Sendung Italiens
91	*Theodor Klauser, Bonn*	Christlicher Märtyrerkult, heidnischer Heroenkult und spätjüdische Heiligenverehrung
92	*Herbert von Einem, Bonn*	Karl V. und Tizian
93	*Friedrich Merzbacher, München*	Die Bischofsstadt

94	*Martin Noth, Bonn*	Die Ursprünge des alten Israel im Licht neuer Quellen
95	*Hermann Conrad, Bonn*	Rechtsstaatliche Bestrebungen im Absolutismus Preußens und Österreichs am Ende des 18. Jahrhunderts
96	*Helmut Schelsky, Münster*	Der Mensch in der wissenschaftlichen Zivilisation
97	*Joseph Höffner, Münster*	Industrielle Revolution und religiöse Krise. Schwund und Wandel des religiösen Verhaltens in der modernen Gesellschaft
98	*James Boyd, Oxford*	Goethe und Shakespeare
99	*Herbert von Einem, Bonn*	Das Abendmahl des Leonardo da Vinci
100	*Ferdinand Elsener, Tübingen*	Notare und Stadtschreiber. Zur Geschichte des schweizerischen Notariats
101	*Ivor Jennings, Cambridge (England)*	Die Umwandlung von Geschichte in Gesetz
102	*Ahasver v. Brandt, Lübeck*	Die Hanse und die nordischen Mächte im Mittelalter
103	*Gerhard Kegel, Köln*	Die Grenze von Qualifikation und Renvoi im internationalen Verjährungsrecht
104	*Heinz-Dietrich Wendland, Münster*	Der Begriff Christlich-sozial. Seine geschichtliche und theologische Problematik
105	*Joh. Leo Weisgerber, Bonn*	Grundformen sprachlicher Weltgestaltung
106	*Herbert von Einem, Bonn*	Das Stützengeschoß der Pisaner Domkanzel. Gedanken zum Alterswerk des Giovanni Pisano
107	*Kurt Weitzmann, Princeton (USA)*	Geistige Grundlagen und Wesen der Makedonischen Renaissance
108	*Max Horkheimer, Frankfurt (Main)*	Über das Vorurteil
109	*Hans Peters, Köln*	Das Recht auf die freie Entfaltung der Persönlichkeit in der höchstrichterlichen Rechtsprechung
110	*Edward Fellowes, London*	Die Kontrolle der Exekutive durch das britische Unterhaus
111	*Ludwig Raiser, Tübingen*	Die Aufgaben des Wissenschaftsrates
112	*Mario Montanari, Imola/Bologna (Italien)*	Die geistigen Grundlagen des Risorgimento
113	*Josef Pieper, Münster*	Über das Phänomen des Festes
114	*Werner Caskel, Köln*	Der Felsendom und die Wallfahrt nach Jerusalem
115	*Hubert Jedin, Bonn*	Strukturprobleme der Ökumenischen Konzilien
116	*Gerhard Hess, Bad Godesberg*	Die Förderung der Forschung und die Geisteswissenschaften
117	*Ludwig Voelkl, Rom*	Die Kirchenstiftungen des Kaisers Konstantin im Lichte des römischen Sakralrechts
118	*Walther Hubatsch, Bonn und Percy Ernst Schramm, Göttingen*	Die deutsche militärische Führung in der Kriegswende (Das Kulminationsjahr 1943 – Das Ende des Krieges)
119	*Theodor Schieder, Köln*	Der Nationalstaat in Europa als historisches Phänomen
120	*Eleanor von Erdberg-Consten, Aachen*	Kunst und Religion in Indien, China und Japan
121	*Jean Daniélou, Paris*	Das Judenchristentum und die Anfänge der Kirche
122	*Franz Wieacker, Göttingen*	Zum heutigen Stand der Naturrechtsdiskussion
123	*Bernhard Kötting, Münster (Westf.)*	Der frühchristliche Reliquienkult und die Bestattung im Kirchengebäude
124	*Günther Stökl, Köln*	Das Bild des Abendlandes in den altrussischen Chroniken
125	*Joseph Höffner Münster (Westf.)*	Selbstverständnis und Perspektiven des Zweiten Vatikanischen Konzils
126	*Jost Trier Münster (Westf.)*	Wortgeschichten aus alten Gemeinden
127	*Herbert Dieckmann, Cambridge, Mass.*	Die künstlerische Form des Rêve de D'Alembert
128	*Hans Welzel, Bonn*	An den Grenzen des Rechts. Die Frage nach der Rechtsgeltung
129	*Paul Mikat, Düsseldorf*	Das Verhältnis von Kirche und Staat im Lande Nordrhein-Westfalen in Geschichte und Gegenwart
131	*Harry Westermann, Münster*	Das Verhältnis zwischen Bergbau und öffentlichen Verkehrsanstalten als Gegenstand richterlicher und gesetzgeberischer Bewertung

AGF-WA Band Nr.		WISSENSCHAFTLICHE ABHANDLUNGEN
1	*Wolfgang Priester, Hans-Gerhard Bennewitz und Peter Lengrüßer, Bonn*	Radiobeobachtungen des ersten künstlichen Erdsatelliten
2	*Joh. Leo Weisgerber, Bonn*	Verschiebungen in der sprachlichen Einschätzung von Menschen und Sachen
3	*Erich Meuthen, Marburg*	Die letzten Jahre des Nikolaus von Kues
4	*Hans-Georg Kirchhoff, Rommerskirchen*	Die staatliche Sozialpolitik im Ruhrbergbau 1871–1914
5	*Günther Jachmann, Köln*	Der homerische Schiffskatalog und die Ilias
6	*Peter Hartmann, Münster*	Das Wort als Name (Struktur, Konstitution und Leistung der benennenden Bestimmung)
7	*Anton Moortgat, Berlin*	Archäologische Forschungen der Max-Freiherr-von-Oppenheim-Stiftung im nördlichen Mesopotamien 1956
8	*Wolfgang Priester und Gerhard Hergenhahn, Bonn*	Bahnbestimmung von Erdsatelliten aus Doppler-Effekt-Messungen
9	*Harry Westermann, Münster*	Welche gesetzlichen Maßnahmen zur Luftreinhaltung und zur Verbesserung des Nachbarrechts sind erforderlich?
10	*Hermann Conrad und Gerd Kleinheyer, Bonn*	Carl Gottlieb Svarez (1746–1798) – Vorträge über Recht und Staat
11	*Georg Schreiber †, Münster*	Die Wochentage im Erlebnis der Ostkirche und des christlichen Abendlandes
12	*Günther Bandmann, Bonn*	Melancholie und Musik. Ikonographische Studien
13	*Wilhelm Goerdt, Münster*	Fragen der Philosophie. Ein Materialbeitrag zur Erforschung der Sowjetphilosophie im Spiegel der Zeitschrift „Voprosy Filosofii" 1947–1956
14	*Anton Moortgat, Berlin*	Tell Chuēra in Nordost-Syrien. Vorläufiger Bericht über die Grabung 1958
15	*Gerd Dicke, Krefeld*	Der Identitätsgedanke bei Feuerbach und Marx
16a	*Helmut Gipper, Bonn, und Hans Schwarz, Münster*	Bibliographisches Handbuch zur Sprachinhaltsforschung, Teil I (Erscheint in Lieferungen)
17	*Thea Buyken, Bonn*	Das römische Recht in den Constitutionen von Melfi
18	*Lee E. Farr, Brookhaven, Hugo Wilhelm Knipping, Köln, und William H. Lewis, New York*	Nuklearmedizin in der Klinik. Symposion in Köln und Jülich unter besonderer Berücksichtigung der Krebs- und Kreislaufkrankheiten
19	*Hans Schwippert, Düsseldorf Volker Aschoff, Aachen, u. a.*	Das Karl-Arnold-Haus. Haus der Wissenschaften der AGF des Landes Nordrhein-Westfalen in Düsseldorf. Planungs- und Bauberichte (Herausgegeben von Leo Brandt, Düsseldorf)
20	*Theodor Schieder, Köln*	Das deutsche Kaiserreich von 1871 als Nationalstaat
21	*Georg Schreiber †, Münster*	Der Bergbau in Geschichte, Ethos und Sakralkultur
22	*Max Braubach, Bonn*	Die Geheimdiplomatie des Prinzen Eugen von Savoyen
23	*Walter F. Schirmer, Bonn, und Ulrich Broich, Göttingen*	Studien zum Literarischen Patronat im England des 12. Jahrhunderts
24	*Anton Moortgat, Berlin*	Tell Chuēra in Nordost-Syrien. Vorläufiger Bericht über die dritte Grabungskampagne 1960
25	*Margarete Newels, Bonn*	Poetica de Aristoteles traducida de latin. Ilustrada y comentada por Juan Pablo Mártir Rizo. (Erste kritische Ausgabe des spanischen Textes.)
26	*Vilho Niitemaa, Turku, Pentti Renvall, Helsinki, Erich Kunze, Helsinki, und Oscar Nikula, Åbo*	Finnland – gestern und heute

27	*Ahasver von Brandt, Heidelberg* *Paul Johansen, Hamburg* *Hans van Werveke, Gent* *Kjell Kumlien, Stockholm* *Hermann Kellenbenz, Köln*	Die Deutsche Hanse als Mittler zwischen Ost und West
28	*Hermann Conrad, Gerd Kleinheyer, Thea Buyken und Martin Herold, Bonn*	Recht und Verfassung des Reiches in der Zeit Maria Theresias. Die Vorträge zum Unterricht des Erzherzogs Joseph im Natur- und Völkerrecht sowie im Deutschen Staats- und Lehnrecht
29	*Erich Dinkler, Heidelberg*	Das Apsismosaik von S. Apollinare in Classe
30	*Hermann Conrad, Bonn* *Walther Hubatsch, Bonn* *Bernhard Stasiewski, Bonn* *Reinhard Wittram, Göttingen* *Ludwig Petry, Mainz und* *Erich Keyser, Marburg/Lahn*	Deutsche Universitäten und Hochschulen im Osten
31	*Anton Moortgat, Berlin*	Tell Chuēra in Nordost-Syrien. Bericht über die vierte Grabungskampagne 1963
32	*Albrecht Dihle, Köln*	Umstrittene Daten. Untersuchungen zum Auftreten der Griechen am Roten Meer
33	*Heinrich Behnke und Klaus Kopfermann (Hsgb.), Münster/Westf.*	Festschrift zur Gedächtnisfeier für Karl Weierstraß 1815–1965

Sonderreihe
PAPYROLOGICA COLONIENSIA

Vol. I *Aloys Kehl*	Der Psalmenkommentar von Tura, Quaternio IX (Pap. Colon. Theol. 1)

SONDERVERÖFFENTLICHUNGEN

18 neue Forschungsstellen im Land Nordrhein-Westfalen, herausgegeben von *Leo Brandt*

Wissenschaft in Not, herausgegeben von *Leo Brandt*

Jahresfeier 1956 der Arbeitsgemeinschaft für Forschung; *Gunther Lehmann*, Dortmund
Arbeit bei hohen Temperaturen, zusammen mit:
Hans Kauffmann, Berlin
Italienische Frührenaissance

Jahresfeier 1960 der Arbeitsgemeinschaft für Forschung; *Theodor Klauser*, Bonn
Christlicher Märtyrerkult, heidnischer Hereonkult und spätjüdische Heiligenverehrung, zusammen mit:
Hermann Schenck, Aachen
Wertung und Nutzen der wissenschaftlichen Arbeit am Beispiel des Eisenhüttenwesens

Aufgaben Deutscher Forschung, zusammengestellt und herausgegeben von *Leo Brandt*
Band 1 Geisteswissenschaften · Band 2 Naturwissensckaften
Band 3 Technik · Band 4 Tabellarische Übersichten zu den Bänden 1–3

Festschrift der Arbeitsgemeinschaft für Forschung des Landes Nordrhein-Westfalen zu Ehren des Herrn Ministerpräsidenten *Karl Arnold* anläßlich des fünfjährigen Bestehens am 5. Mai 1955

Jahrbuch 1963 des Landesamtes für Forschung
Herausgeber: Der Ministerpräsident des Landes Nordrhein-Westfalen — Landesamt für Forschung —

Jahrbuch 1964 des Landesamtes für Forschung
Herausgeber: Der Ministerpräsident des Landes Nordrhein-Westfalen — Landesamt für Forschung —

Jahrbuch 1965 des Landesamtes für Forschung
Herausgeber: Der Ministerpräsident des Landes Nordrhein-Westfalen — Landesamt für Forschung —

GPSR Compliance

The European Union's (EU) General Product Safety Regulation (GPSR) is a set of rules that requires consumer products to be safe and our obligations to ensure this.

If you have any concerns about our products, you can contact us on ProductSafety@springernature.com

In case Publisher is established outside the EU, the EU authorized representative is:

Springer Nature Customer Service Center GmbH
Europaplatz 3
69115 Heidelberg, Germany

Batch number: 10809636

Printed by Printforce, the Netherlands